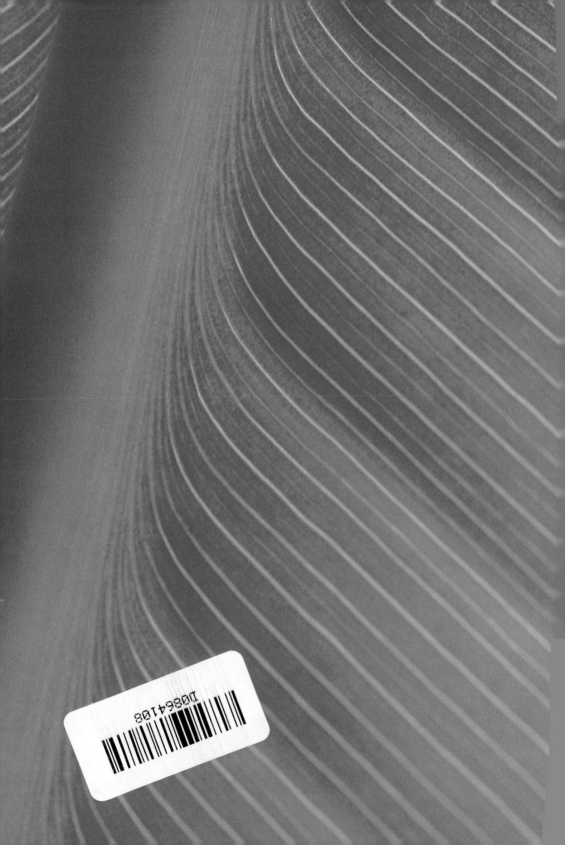

Bouquins
en fleurs

Rosiers rustiques

Bertrand Dumont

Bertrand
Dumont
éditeur

Catalogage avant publication de Bibliothèque et Archives Canada

Dumont, Bertrand

Rosiers rustiques

(Bouquins en fleurs)

Comprend des réf. bibliogr. et un index.
ISBN 2-923382-09-9

1. Rosiers – Québec (Province). 2. Rosiers – Rusticité – Québec (Province). 3. Roses – Culture.
I. Titre. II. Collection.

SB411.5.C3D852 2006   635.9′33734′09714   C2005-942548-2

Bertrand Dumont éditeur inc.
C.P. n° 62, Boucherville (Québec)
J4B 5E6
Tél. : (450) 645-1985
Téléc. : (450) 645-1912
Courriel : info@jardinplaisir.com

Remerciements

Sans aide, il m'aurait été impossible de réaliser ce projet. Je tiens donc à remercier tous mes ami(e)s qui m'ont soutenu durant ce long parcours. Je tiens à dire toute ma gratitude à toutes celles et à tous ceux qui m'ont aidé et conseillé. Un merci tout particulier à Pierre Villeneuve de Pépinière Villeneuve et à Claire Laberge, responsable de la roseraie au Jardin botanique de Montréal.

Finalement, je tiens à remercier ma conjointe, Janine Phaneuf, qui m'a toujours offert généreusement son support et son aide.

En page couverture : rosier 'Complicata'.

ÉDITEUR : Bertrand Dumont
RÉVISION : Raymond Deland
CONCEPTION DE LA MISE EN PAGES : Norman Dupuis
INFOGRAPHIE : Lise Lapierre
NUMÉRISATION : Langis Clavet
Photographies : B. Dumont/Horti-Média

© Bertrand Dumont éditeur inc., 2006

L'ÉDITEUR REMERCIE :
Gouvernement du Québec – Programme de crédit d'impôt pour l'édition de livres – gestion SODEC

Dépôt légal – Bibliothèque nationale
    du Québec, 2006
Bibliothèque et Archives Canada, 2006
ISBN 2-923382-09-9
Imprimé au Canada

Table des matières

Préface

POURQUOI VOULOIR S'OBSTINER à cultiver ici des variétés non adaptées à notre climat ? Pourquoi ne pas plutôt rechercher l'équilibre naturel avec l'environnement, ce qui est un gage de santé pour un rosier au jardin ?

À partir de cette prémisse, Bertrand Dumont porte un regard neuf sur la culture des rosiers rustiques. Il donne aux lecteurs tous les conseils souhaités pour mettre en pratique l'idée du développement durable au jardin. Être en mesure d'évaluer à long terme les conséquences de ce que l'on fait est précisément le but de ce livre. Pour comprendre et respecter les niches écologiques des différentes classes de rosiers, l'auteur innove en appliquant le concept de l'identification de l'habitat et la connaissance du biotope pour chacun des cultivars qu'il nous propose. *Rosiers rustiques* est un outil de référence pour le choix et l'utilisation, la plantation et l'entretien, bref tout ce qu'il faut savoir pour un aménagement réussi en harmonie avec la nature.

De plus, Bertrand Dumont nous offre près de 500 photographies qui nous invitent à faire connaissance avec chacun des cultivars et leurs particularités. Un rosier sélectionné sur place s'adapte mieux au climat, l'auteur l'a compris depuis longtemps.

En outre, Bertrand Dumont ouvre une nouvelle voie sur la richesse du patrimoine, et la stupéfiante diversité du genre *Rosa*, en nous faisant découvrir les rosiers hybridés au Canada.

CLAIRE LABERGE
Horticultrice
Roseraie du Jardin botanique de Montréal

Il ne faut pas confondre rosier et... rosier !

EN HORTICULTURE ORNEMENTALE, les raccourcis sont parfois (souvent ?) dangereux. Combien de fois avez-vous entendu, ou lu, que « les rosiers » demandaient un sol bien drainé, riche, meuble, au pH neutre ? Cet énoncé est partiellement vrai. Pour les rosiers hybrides (hybride de thé, grandiflora et polyantha), cette affirmation est parfaitement exacte. Par contre, le rosier brillant (*Rosa nitida*) pousse dans un sol pauvre, lourd, acide et très humide. Pour ce qui est de la rose de Damas (*Rosa damascena*), elle affectionne un sol plus ou moins riche, lourd, légèrement alcalin, sec et supporte même un sol pauvre. Quant aux rosiers hybrides de *Rosa kordesii* (chez qui l'on trouve de nombreux rosiers de la série Explorateur), ils donnent leur plein potentiel en sol pauvre, léger, neutre, frais et bien drainé. Parler « des rosiers », c'est comme parler « des conifères ». Plus personne aujourd'hui ne pense que les besoins culturaux des cèdres du Canada (*Thuya occidentalis*) sont les mêmes que ceux des genévriers hybrides (*Juniperus* x *media*). Alors, pourquoi mettre tous les rosiers dans le même panier... ou dans les mêmes conditions ?

En horticulture environnementale, une nouvelle manière d'aborder cette science et qui est proposée dans ce livre, on tient compte de la classe des rosiers. Par exemple, un rosier qui fait partie du groupe des rosiers hybrides de *Rosa rugosa* a des besoins (rusticité, soleil et sol) différents d'un rosier mousseux (*Rosa centifolia muscosa*). En respectant la niche écologique des différentes classes de rosiers, on s'assure de résultats fructueux.

En conséquence, avant de choisir un rosier pour votre jardin, il est donc très important que vous lisiez les paragraphes consacrés à «La classification des rosiers», «Définir la rusticité», «Identifier l'habitat» et «Connaître les biotopes» dans le chapitre «Sélectionner le bon rosier pour la bonne place».

Des rosiers d'ici

Cultivés depuis longtemps, les rosiers rustiques ont connu un regain de popularité quand, dans les années soixante-dix, les premiers rosiers de la série Explorateur ont fait leur apparition. Pourtant, selon les historiens, le premier rosier hybridé au Canada à avoir connu une certaine popularité (il est encore cultivé aujourd'hui) est le rosier 'Agnès' (un hybride de *Rosa rugosa*) obtenu en 1900 par William Saunders à Ottawa en Ontario. À partir de 1925, au Manitoba, Frank L. Skinner crée lui aussi des rosiers. À Ottawa, Isabella Preston crée d'autres hybrides, mais bien peu sont encore cultivés aujourd'hui. Ces pionniers sont suivis par Percy Wright en Saskatchewan et par Georges Bugnet en Alberta dans les années cinquante.

Vers la fin de cette période, dans les Prairies, les travaux du Dr H. Marshall aboutissent, en 1962, à la création du premier rosier de la série Parkland, le rosier 'Assiniboine'. À partir des années soixante, c'est la Dre Felicitas Svedja qui reprend le flambeau à Ottawa. Sa première création dans la série Explorateur est, en 1968, le rosier rugueux 'Martin Frobisher'. Depuis, plusieurs rosiers de ces deux séries ont été introduits sur le marché.

C'est pour mettre en lumière le travail de ces horticulteurs environnementalistes avant l'heure (ils cherchaient à créer des cultivars adaptés aux conditions d'ici) que le logo «hybridé au Canada» est apposé à côté de chaque rosier obtenu ici.

Bienvenue donc dans le fascinant monde des rosiers rustiques... maintenant que vous savez que tous les rosiers ne se cultivent pas de la même façon.

BERTRAND DUMONT

Sélectionner le bon rosier pour la bonne place

Originaire d'Asie, le rosier rugueux est cultivé en Chine depuis le Xᵉ siècle.

SELON LES ARCHÉOLOGUES, déjà au XIIᵉ siècle avant J.-C., les habitants de Pylos, en Grèce, cultivaient des roses. Rien de bien étonnant, car on estime que les premières espèces de rosiers sont apparues sur terre il y a quelque 35 millions d'années.

On considère que c'est vers le XIVᵉ siècle que l'hybridation des rosiers a commencé. Ce sont principalement les Européens et les Chinois qui s'adonnent à ce travail. Au cours des siècles suivants, le nombre des hybrides augmente de façon exponentielle, particulièrement en Europe. En 1799, on dénombre environ 90 rosiers cultivés. Au début des années 1800, on en compte plus ou moins 120, puis, vers 1850, près de 800 cultivars sont catalogués. Au début du XXᵉ siècle, il existe plus de 11 000 cultivars. Cent ans plus tard, si un rosiériste voulait cultiver tous les rosiers connus, il devrait inscrire à son catalogue plus de 25 000 cultivars. Bien compliqué pour l'amateur de roses de s'y retrouver.

Heureusement, devant cette pléthore de cultivars, pour s'y reconnaître, les spécialistes les ont regroupés par classes. En général, ces groupes rassemblent des plantes aux qualités esthétiques, mais aussi aux conditions de rusticité et d'habitat communes.

La classification des rosiers

À travers les ans et selon les pays, plusieurs classifications ont été établies. Celle qui a été retenue ici est proposée par l'*American Rose Society*. Divisée en trois grandes catégories, elle renferme 35 classes.

Contrairement à l'idée qui est souvent véhiculée, tous les rosiers ne se cultivent pas de la même façon. À chaque classe sa culture.

Rosiers rustiques

À Stéphane et Claudie,
avec toute mon affection

Toutefois, ne sont présentés ici que les groupes de rosiers décrits dans ce livre. Dans la liste ci-dessous on indique la correspondance avec la classification en anglais entre parenthèses.

Les espèces

Il s'agit de la classe «Species».

Rosier à feuilles rouges

- *Rosa acicularis* – Rosier aciculaire
- *Rosa blanda* – Rose du Labrador
- *Rosa canina* – Églantier
- *Rosa glauca* – Rosier à feuilles rouges
- *Rosa nitida* – Rosier brillant

Les roses anciennes

On les trouve dans la classification américaine sous la dénomination «*Old Garden Roses*».

- *Rosa alba* – Rosier alba
- *Rosa centifolia* – Rosier centfeuilles
- *Rosa centifolia muscosa* – Rosier mousseux (*Moss & Climbing Moss*)
- *Rosa damascena* – Rose de Damas (*Damask*)
- *Rosa eglanteria* hybride – Rosier rubigineux, rosier hybride d'églantier (*Hybrid Eglanteria*)
- *Rosa foetida* hybride – Rosier jaune, rosier hybride de foetida (*Hybrid Foetida*)
- *Rosa gallica* hybride – Rosier gallique, rosier hybride de gallica (*Hybrid Gallica*)
- *Rosa multiflora* hybride – Rosier multiflore, rosier hybride de multiflore (*Hybrid Multiflora*)
- *Rosa pimpinellifolia* hybride – Rosier pimprenelle (Syn. : *Rosa spinosissima*), rosier hybride de pimprenelle (*Hybrid Spinosissima*)
- Rosier hybride perpétuel – Rosier hybride remontant (*Hybrid Perpetual* et *Climbing Hybrid Perpetual*)

Les roses modernes

C'est la catégorie des «*Modern Roses*».

- *Rosa kordesii* hybride – Rosier de Kordes, rosier hybride de kordesii (*Hybrid Kordesii*)
- *Rosa moschata* hybride – Rosier musqué, rosier hybride musqué, rosier hybride de moschata (*Hybrid Musk*)

- *Rosa moyesii* hybride – Rosier de Moyes, rosier hybride de moyesii (*Hybrid Moyesii*)
- *Rosa rugosa* hybride – Rosier rugueux, rosier hybride de rugosa (*Hybrid Rugosa*)
- Rosier arbuste moderne – (*Shrub*)
- Rosier grimpant à larges fleurs – (*Large Flower Climbing*)

Pour faire le bon choix du bon rosier pour le bon emplacement, il est indispensable d'établir des critères de sélection. Les trois principaux caractères retenus ici sont, dans l'ordre :

- la rusticité ;
- l'habitat ;
- les qualités esthétiques.

Les deux premiers étant des critères environnementaux, ils sont objectifs. Le dernier est un élément purement subjectif, puisqu'il fait appel à la beauté.

Définir la rusticité

Un rosier rustique est un rosier qui a la faculté de résister au froid et donc de survivre aux conditions hivernales. Cette résistance au froid, plus communément appelée rusticité, étant variable d'une région à l'autre, au Canada, on a choisi d'établir un système qui divise le territoire en zones : neuf au total. La zone 0 est celle où les températures les plus froides sont atteintes et la zone 8 est celle où les températures hivernales les plus clémentes sont observées. Ces zones ont ensuite été divisées en sous-zones : a et b. Le climat de la sous-zone « a » est un peu plus rigoureux que celui de la sous-zone « b ».

Pour définir ces zones, les climatologues ont compilé plusieurs données :

- les températures hivernales minimales ;
- la durée de la période sans gel ;
- l'enneigement ;
- les pluies de janvier ;
- la vitesse maximale du vent ;
- les précipitations en été ;
- les températures maximales en été.

L'altitude, une donnée qui a une influence directe sur les températures et les précipitations, a aussi été prise en considération.

À l'instar de bien des arbustes, un grand nombre de rosiers résistent aux conditions hivernales sans protection.

Les spécialistes de Ressources naturelles Canada ont porté les données relevées sur le terrain sur une carte, ce qui a permis de définir les contours des zones de rusticité. Chacune de celles-ci indique les endroits qui offrent les conditions de survie propices à la croissance des plantes ligneuses. Pour connaître la zone de rusticité de l'endroit où l'on jardine, il suffit de consulter la carte présentée à la page 285.

Publiée une première fois au début du XXᵉ siècle, cette carte a fait l'objet récemment d'une imposante mise à jour. Cela ne change pas la cote de la plante (zone 3a par exemple), mais modifie plutôt les contours des zones de rusticité. À la suite de ces nouvelles recherches, publiées en 2004, certaines régions sont considérées comme plus chaudes, alors que d'autres sont considérées comme plus froides. Toutefois, il faut bien comprendre que, selon Ressources naturelles Canada : « *L'information présentée sur cette carte indique la rusticité des plantes de façon générale seulement, et sa précision est de plus ou moins deux zones. En effet, des erreurs peuvent se glisser dans les données provenant des stations météorologiques, ainsi que dans les estimations effectuées entre les stations. De plus, la carte peut ne pas refléter les fluctuations du climat d'une année à l'autre, ainsi que les variations locales. En effet, des variations peuvent se produire à l'intérieur d'une zone à cause de certains facteurs locaux comme un changement dans la topographie, des variations dans la couverture neigeuse, des variations climatiques observées d'une année à l'autre, des événements météorologiques exceptionnels et même des techniques de jardinage qui ont un impact significatif sur la survie des plantes à un endroit donné.* »

Il est important de savoir qu'il existe des différences entre le système canadien et le système américain des zones de rusticité. Ce dernier, publié par l'*United States Department of Agriculture*, présente généralement, mais ce n'est pas toujours vrai, une différence d'une zone au profit de la classification américaine. Donc, la zone 4 aux États-Unis correspond à la zone 5 au Canada et ainsi de suite. De plus, la situation est complexe puisqu'il n'y a pas de sous-zones aux États-Unis. Dans ce livre, on a utilisé le système de classification canadienne.

Pas seulement la rusticité

Si, pendant longtemps, on a considéré que la rusticité est liée uniquement à la capacité de résistance de la plante au froid, il en va différemment aujourd'hui. En effet, de plus en plus d'observations d'horticulteurs et de jardiniers montrent que le type de sol où la plante est installée influence beaucoup les conditions de survie de celle-ci à l'hiver.

Contrairement à ce qui est souvent véhiculé, tous les rosiers ne demandent pas le plein soleil et une terre riche, meuble, neutre et bien drainée. Par exemple, le rosier rugueux (*Rosa rugosa*) pousse aussi bien au soleil qu'à l'ombre légère, dans les sols plus ou moins riches, légers, légèrement acides, frais et bien drainés. Il supporte même les sols pauvres et secs dans les endroits où l'humidité atmosphérique est élevée.

Si on installe un rosier rugueux dans un sol trop riche, comme il n'est pas dans ses conditions optimales de croissance, il devient plus faible, moins résistant et il a donc plus de risques d'être attaqué par les insectes et les maladies. De plus, au moment où la plante devrait commencer à s'endurcir pour passer l'hiver (toutes les parties, y compris les racines, s'endurcissent, pas seulement les tiges), elle pousse encore. Elle n'est donc pas prête à affronter les rigueurs de l'hiver. Installer les plantes dans le bon habitat facilite donc leur survie à la période hivernale.

Rosiers rustiques et rusticité

Tous les rosiers rustiques n'ont pas la même rusticité. Certains sont beaucoup plus rustiques que d'autres.

LES ESPÈCES

- *Rosa acicularis* : rustique en zone 1b. À vrai dire, la protection hivernale est inutile.
- *Rosa blanda* : rustique en zone 2a.
- *Rosa canina* : rustique en zone 5b, il faut apporter une protection hivernale à partir de la zone 4. En zone 5b, il arrive que la plante gèle jusqu'au sol, mais elle reprend et fleurit sans problème.
- *Rosa glauca* : rustique en zone 1b.
- *Rosa nitida* : rustique en zone 4a.

LES ROSES ANCIENNES

- *Rosa alba* : rustique en zone 4b, il nécessite une protection hivernale en zones 3 et 2.
- *Rosa centifolia* : rustique en zone 4b, il nécessite une protection hivernale en zones 3 et 2.
- *Rosa centifolia muscosa* : rustique en zone 5b. Dans cette zone, le degré de brûlure hivernale peut varier d'un hiver à l'autre. Une protection hivernale en zones 4, 3 et 2 est nécessaire.
- *Rosa damascena* : rustique en zone 3b, il demande une protection hivernale en zone 2.

- *Rosa eglanteria* : rustique en zone 4b, il est recommandé d'installer un paillis au pied des plants à l'automne. Une protection hivernale doit être faite en zones 3 et 2.

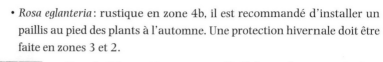

- *Rosa foetida* : rustique en zone 4b. Il demande une protection hivernale en zones 3 et 2.

- *Rosa gallica* : rustique en zone 4b, il est recommandé d'installer un paillis au pied des plants à l'automne. Il nécessite une protection hivernale en zones 3 et 2.

- *Rosa multiflora* : rustique en zone 4a. Il sert très souvent de porte-greffe des cultivars de rosiers.

- *Rosa pimpinellifolia* : rustique en zone 3a, une protection hivernale en zones 3b et 2 s'avère nécessaire.

- *Rosier hybride perpétuel* : rustique en zone 5b, il demande une protection hivernale dans les endroits où la neige ne s'accumule pas et dans toutes les autres zones. Il peut parfois geler jusqu'au sol.

Le rosier de Kordes n'est jamais cultivé pour lui-même, mais il a été utilisé dans l'hybridation d'un grand nombre de rosiers rustiques.

Les roses modernes

- *Rosa kordesii* : rustique en zone 2b, il a servi à l'hybridation de très nombreux rosiers de la série Explorateur.

- *Rosa moschata* : rustique en zone 5b, il gèle jusqu'au sol, mais repousse vigoureusement au printemps. Dans les endroits recouverts de neige, les dégâts sont moins grands. Il lui faut une protection hivernale partout ailleurs.

- *Rosa moyesii* : rustique en zone 5a, il demande une protection hivernale dans toutes les autres zones.

- *Rosa rugosa* : rustique en zone 3a, il demande une protection hivernale en zone 2. De plus, il résiste aux conditions salines du bord de la mer.

- Rosier arbuste moderne : la rusticité est variable.

- Rosier grimpant à larges fleurs : la rusticité est variable.

LES GROUPES ET LES SÉRIES DE ROSES

Il s'agit le plus souvent de rosiers arbustes modernes.

- Rosier de David Austin : en zone 5b, on protège la première année, mais pas les années suivantes. Les dégâts d'hiver peuvent être importants, mais la plante repousse au printemps. La sélection de cultivars présentés ici est généralement d'une bonne résistance au froid en zone 5b. Dans les autres régions, la protection hivernale est nécessaire.

- Rosier du Dr Buck : rustique en zone 4b, il demande une protection hivernale en zones 3 et 2.

- Rosier de la série Explorateur : généralement rustique en zone 3a, il peut parfois subir des dégâts importants en hiver. Il fleurit sans problème l'année suivante.
- Rosier de la série Flower Carpet : rustique en zone 5b, il nécessite une protection hivernale dans les endroits sans neige. Partout ailleurs la protection est indispensable.
- Rosier de la série Meidiland : rustique en zone 5b, il nécessite une protection hivernale dans les endroits sans neige. Ailleurs, elle est indispensable.
- Rosier de la série Parkland : rustique en zone 2a, il demande une protection hivernale en zone 2b.
- Rosier de Poulsen : rustique en zone 4b, il demande une protection hivernale en zones 3 et 2.

Identifier l'habitat

Pour planter un rosier dans le bon habitat, il faut commencer par définir (quitte à les modifier par la suite) les habitats qui composent son jardin. On peut ensuite sélectionner les rosiers en fonction de ces habitats.

La luminosité

C'est un critère très déterminant qu'il est très difficile de modifier. Les définitions sont les suivantes :

- **soleil :** espace qui reçoit plus de huit heures de soleil durant la période la plus chaude de la journée ;
- **ombre légère :** espace recevant du soleil pendant une bonne partie de la journée, mais qui peut être temporairement ombragé par un arbre ou une construction ;
- **mi-ombre :** espace situé en lisière des arbres ou à l'ombre d'une construction durant les heures les plus chaudes de la journée. Il reçoit un minimum de quatre heures de soleil par jour.

Il n'existe pas de rosiers qui poussent à l'ombre, à l'ombre dense, ou encore qui sont indifférents à la quantité de lumière reçue.

BON À SAVOIR

Dans un habitat, les facteurs physico-chimiques (luminosité, ainsi que qualités nutritives, texture, pH et humidité du sol) restent généralement constants. Toutefois, ils peuvent subir des variations périodiques prévisibles, notamment au cours des saisons. Quand vous identifiez ces critères, recherchez des tendances (ex. : pH entre 6,5 et 7,5 plutôt que pH 7,00 pour un sol neutre) de préférence à des données très précises.

Tous les rosiers ne poussent pas dans les mêmes conditions de luminosité et de sol. Il est important de bien connaître les besoins de chaque type de rosier pour optimiser la culture.

Les qualités nutritives

Elles sont définies ainsi :

- **sol pauvre** : sol comportant peu d'éléments nutritifs assimilables ;
- **sol plus ou moins riche** : sol comportant plus ou moins d'éléments nutritifs assimilables ;
- **sol riche** : sol comportant beaucoup d'éléments nutritifs assimilables.

La texture

Pour chaque type de sol, les définitions sont les suivantes :

- **sol caillouteux** : sol composé principalement de pierres, de graviers, mais aussi, en plus petite proportion, de sables ;
- **sol léger** : sol composé principalement de sables et de petites particules non liées ;
- **sol meuble** : sol de type limoneux, bien pourvu en matières organiques, comme une terre à jardin ;
- **sol lourd** : sol de type argileux. Les particules sont très liées entre elles.

Le pH

Exprimé sur une échelle de 1 à 14, le pH (pour potentiel hydrogène) est un indice qui indique le niveau d'acidité ou d'alcalinité du sol. Une valeur de 1 indique une solution très acide, la valeur 7 exprime la neutralité et une solution d'une valeur de 14 indique un haut taux d'alcalinité, aussi appelée basicité.

Pour chaque type de pH, les définitions sont les suivantes :

- **sol très alcalin** : sol ayant un pH de plus de 8,5 ;
- **sol légèrement alcalin** : sol ayant un pH de 7,5 à 8,5 ;
- **sol neutre** : sol ayant un pH de 6,5 à 7,5 ;
- **sol légèrement acide** : sol ayant un pH de 5,5 à 6,5 ;
- **sol très acide** : sol ayant un pH de moins de 5,5.

L'humidité

Chaque type d'humidité du sol est défini de la façon suivante :

- **sol sec** : sol où l'humidité est peu perceptible, voire inexistante, durant la presque totalité de la belle saison ;
- **sol frais, bien drainé** : sol où l'humidité est légèrement palpable, parfois totalement absente et parfois présente en surplus, mais jamais sur de très longues périodes. On peut aussi parler de sol moyennement humide ;

Bien des auteurs soutiennent que les rosiers sont très adaptables aux conditions de culture. Toutefois, il faut savoir que, chez les plantes, le coût de l'adaptabilité s'exprime sous les formes d'insectes ravageurs et de maladies.

Si une très vaste majorité de rosiers aiment les sols bien drainés, certains supportent les sols secs et d'autres des sols plus humides. Il faut en tenir compte.

- **sol humide :** sol où l'humidité est présente la majorité du temps durant la belle saison ;
- **sol très humide :** sol constamment humide.

Ces définitions s'entendent, bien sûr, pour la période hors gel, certains sols pouvant être généralement secs en été, mais très humides lors de la période de dégel.

Les biotopes des rosiers rustiques

Les rosiers cultivés actuellement sont issus d'espèces provenant d'Amérique du Nord ; de l'Asie, d'Iran et de la Turquie jusqu'à la Chine et au Japon ; et, en Europe, de l'Espagne jusqu'à la Russie. Cette vaste distribution est le reflet d'une grande variété d'habitats. La plupart du temps, les hybrides (surtout s'ils sont peu éloignés de l'espèce) conservent les exigences culturales de leurs parents. Connaître celles-ci permet de les planter dans les conditions les plus idéales possible.

EN PRATIQUE

Pour identifier les habitats, ou biotopes, de votre jardin, sans avoir affaire avec un laboratoire, consulter le chapitre «Identifier vos biotopes» dans *Fleurs et jardins écologiques – L'art d'aménager des écosystèmes* par Michel Renaud chez Bertrand Dumont éditeur.

Voici donc les biotopes pour les espèces et les hybrides décrits dans ce livre.

Les espèces

- *Rosa acicularis* : soleil et ombre légère. Sol plus ou moins riche, meuble, légèrement acide, frais et bien drainé.

- *Rosa blanda* : ombre légère. Indifférente quant aux qualités nutritives, à la texture et au pH, cette espèce exige seulement un sol très humide.

- *Rosa canina* : soleil et ombre légère. Sol plus ou moins riche, lourd, légèrement alcalin et humide.

- *Rosa glauca* : soleil et ombre légère. Sol plus ou moins riche, léger, alcalin et sec.

- *Rosa nitida* : soleil. Sol pauvre, lourd, acide et très humide.

Les roses anciennes

- *Rosa alba* : soleil et ombre légère. Sol plus ou moins riche, léger à lourd, neutre et humide.

- *Rosa centifolia* : soleil et ombre légère. Sol plus ou moins riche, lourd, légèrement alcalin et plutôt sec.

- *Rosa centifolia muscosa* : soleil et ombre légère. Sol plus ou moins riche, lourd, légèrement alcalin et plutôt sec.

- *Rosa damascena* : soleil et ombre légère. Sol plus ou moins riche, lourd, légèrement alcalin et plutôt sec. Supporte un sol pauvre.

- *Rosa eglanteria* : soleil et ombre légère. Sol plus ou moins riche, léger, alcalin et sec.

- *Rosa foetida* : soleil et ombre légère. Sol plus ou moins riche, lourd, légèrement alcalin et plutôt sec.

- *Rosa gallica* : soleil et ombre légère. Sol plus ou moins riche, léger, alcalin et sec.

- *Rosa multiflora* : soleil et ombre légère. Sol plus ou moins riche, neutre, frais et bien drainé. Il est indifférent à la texture du sol et supporte la sécheresse.

- *Rosa pimpinellifolia* : soleil. Sol plus ou moins riche, léger, légèrement acide, frais et bien drainé. Il supporte les sols pauvres.

- Rosier hybride perpétuel : issu de très nombreux hybrides, son habitat a été établi par l'observation. Soleil et ombre légère. Sol riche, meuble, neutre, frais et bien drainé.

Le rosier 'Chapeau de Napoléon'
(*Rosa centifolia* 'Chapeau de Napoléon')
a été introduit en France par Vibert
en 1826. Il appartient à la classe
des rosiers anciens, car il a été hybridé
avant 1870.

Le rosier 'Cherry Meidiland'
appartient à cette nouvelle
génération de rosiers arbustes
modernes que l'on appelle
aussi rosiers paysages.

Les roses modernes

- *Rosa kordesii* : soleil. Sol pauvre, léger, neutre, frais et bien drainé.
- *Rosa moschata* : soleil et ombre légère. Sol plus ou moins riche, meuble, neutre, frais et bien drainé.
- *Rosa moyesii* : soleil et ombre légère. Sol plus ou moins riche, meuble, neutre, frais et bien drainé.
- *Rosa rugosa* : soleil et ombre légère. Sol plus ou moins riche, léger, légèrement acide, frais et bien drainé. Il supporte les sols pauvres et secs dans les endroits où l'humidité atmosphérique est élevée.
- Rosier arbuste moderne : issu de très nombreux hybrides, son habitat a été établi par l'observation. Soleil et ombre légère. Sol riche, meuble, neutre, frais et bien drainé. Certains cultivars supportent les sols pauvres.
- Rosier grimpant à larges fleurs : issu de très nombreux hybrides, son habitat a été établi par l'observation. Soleil. Sol riche, meuble, neutre, frais et bien drainé.

LES GROUPES ET LES SÉRIES DE ROSES

Il s'agit le plus souvent de rosiers arbustes modernes.

- Rosier de David Austin : soleil. Sol riche, meuble, neutre, frais et bien drainé.
- Rosier du Dr Buck : soleil. Sol riche, meuble, neutre, frais et bien drainé. Il supporte les sols pauvres.

Certains rosiers rustiques grimpants peuvent servir
de supports aux clématites, car dans les bonnes
conditions, ils n'ont pas besoin d'être couchés à terre.

- Rosier de la série Explorateur : soleil. Sol plus ou moins riche, léger, neutre, frais et bien drainé.

- Rosier de la série Flower Carpet : soleil. Sol riche, meuble, neutre, frais et bien drainé.

- Rosier de la série Meidiland : soleil et mi-ombre. Sol riche, meuble, neutre, frais et bien drainé.

- Rosier de la série 'Parkland' : soleil. Sol riche, meuble, neutre, frais et bien drainé.

- Rosier de Poulsen : soleil. Sol riche, meuble, neutre, frais et bien drainé. Il supporte les sols pauvres.

Le plus souvent, c'est chez les espèces de rosiers, comme ici le rosier aciculaire, que l'on observe les fleurs simples à cinq pétales.

Choisir le bon rosier

Quand on a identifié l'habitat dans lequel on veut introduire des rosiers, en connaissant leurs biotopes, il est assez facile de les faire coïncider. Toutefois, comme la nature regorge d'une grande quantité d'habitats et qu'il est impossible de les recréer à l'identique dans un jardin, il est important de comprendre, dès le départ, que les données présentées plus haut doivent être nuancées. Toutes les indications quant aux exigences culturales de la plante doivent donc être prises comme des préférences et non comme des obligations rigides. En fait, entre un sol lourd et un sol meuble, il existe toute une gamme de sols. On installe donc une plante de sol lourd dans un sol qui a tendance à être plus lourd que meuble, et une plante de sol meuble dans un sol qui a tendance à être plus meuble que lourd.

De plus, dans un jardin comme dans la nature, les éléments sont en perpétuelle évolution. Au début du printemps, un rosier peut recevoir sept heures de soleil, alors qu'à la fin, il en recevra dix. C'est quand même une plante de plein soleil.

Déterminer les qualités esthétiques

Une fois qu'on a établi la zone de rusticité et identifié l'habitat dans lequel on veut planter un rosier, commence le véritable plaisir du jardinier: la sélection sur les critères esthétiques. Contrairement à ce que l'on fait habituellement, il ne faut pas juste considérer les fleurs. Bien d'autres caractéristiques peuvent être retenues.

Le port

La plupart des rosiers rustiques, à l'exception des rosiers grimpants, ont un port arbustif, buissonnant. Cependant, certains ont un port en fontaine (l'extrémité des branches retombe), d'autres un port couvre-sol.

Il faut aussi prendre en compte la hauteur et la largeur de la plante, puisqu'il existe de grandes différences entre les cultivars. Par exemple, le rosier 'Morden Amorette' a 60 cm de haut sur 60 cm de large, alors que le rosier 'Suaveolens' a une hauteur de 2,50 m et une largeur de 1,50 m.

Les tiges et le feuillage

Chez les rosiers, la couleur des tiges est variable. La majorité ont des tiges brunes, mais certaines espèces ont des tiges rougeâtres ou verdâtres. La couleur des tiges peut varier selon le stade de croissance.

Certains pétioles colorés sont aussi très décoratifs.

Les feuilles des rosiers sont composées de folioles. Variant généralement entre trois et sept, quelques espèces, notamment *Rosa pimpinellifolia*, peuvent en avoir jusqu'à 11. Leurs couleurs sont également très diversifiées. Elles vont du vert clair au vert foncé en passant par le vert pomme, le vert bleuté et le pourpre. Leurs dimensions varient aussi énormément. Cela a pour effet que certains cultivars ont un feuillage à texture dense, alors que chez d'autres la texture du feuillage est plus aérienne.

Les aiguillons

«*Il n'y a pas de roses sans épines*» dit l'adage. Doublement faux. Tout d'abord, car les roses n'ont pas d'épines, mais des aiguillons. La différence? Un aiguillon se détache de la tige sans que celle-ci y reste accrochée alors que, quand on enlève une épine, un morceau de tiges s'arrache automatiquement.

Ensuite, parce que, si certains rosiers ont des tiges qui portent de très nombreux aiguillons, d'autres en sont totalement dépourvus.

Les aiguillons peuvent aussi être de différentes couleurs, généralement brunes, mais aussi rouges ou vertes. Il existe une espèce, *Rosa sericea pteracantha*, qui est décorative par ses gros aiguillons rouge sang.

Les fleurs

C'est bien sûr la principale caractéristique esthétique pour laquelle les jardiniers cultivent des rosiers. Il existe plusieurs façons de décrire les fleurs de rosiers: plates, en coupe, en rosette, en pompon, etc., mais tous les spécialistes ne s'entendent pas sur les termes. Il en va de même pour définir une fleur simple ou double. Cependant, il est communément accepté qu'un rosier:

- à fleurs simples a de 5 à 7 pétales (1);
- à fleurs semi-doubles a de 8 à 29 pétales (2);
- à fleurs doubles a de 30 à 45 pétales (3);
- à fleurs très doubles a plus de 45 pétales (4).

La gamme des couleurs va du blanc au rouge en passant par le rose, l'orange et le jaune. Seuls les coloris bleus ne sont pas présents. Il existe même des plantes aux fleurs bicolores.

À quelques exceptions près, l'époque du début de la floraison n'est pas vraiment un critère de sélection, puisqu'elle commence habituellement vers la fin du printemps. Par contre, pour la plupart des rosiers, ce qui doit être pris en considération, c'est la durée de la floraison. Plusieurs rosiers ne fleurissent qu'une fois au printemps, d'autres, après la floraison printanière, ont quelques bouquets qui apparaissent parfois en été. Ceux qui sont dits «remontants» ont plusieurs floraisons qui se succèdent durant la belle saison. Quand ils ont une floraison continue, ils fleurissent sans discontinuer de la fin du printemps au début de l'automne.

BON À SAVOIR

Les températures estivales peuvent «bloquer la floraison» des rosiers. En période de canicule prolongée, plusieurs espèces ont tendance à se mettre en «dormance». La floraison ne reprend que lorsque les températures redescendent. Ce phénomène est particulièrement marqué chez les rosiers qui naturellement fleurissent quand les températures extérieures sont fraîches.

Le parfum est aussi un élément important... mais ce ne sont pas tous les rosiers qui en ont un. Quand bien même ils seraient odorants, leur parfum peut être moyen ou fort.

Les fruits

Toutes les espèces, et un bon nombre de cultivars, ont des fruits décoratifs. Ils ont généralement la forme d'une petite pomme (pommier et rosier sont de la même famille), plus ou moins allongée. La plupart du temps rouges, ils sont parfois orangés (*Rosa moschata*) ou presque noirs (*R. pimpinellifolia*).

Acheter des rosiers rustiques

Quand on veut planter des rosiers couvre-sol, comme le rosier 'Lavender Dream', en large massif, il est plus économique de les acheter à racines nues.

AVANT DE DÉCIDER si on achète des rosiers rustiques à racines nues ou en sac, ou encore en pot, il est primordial de prendre conscience de l'importance de la manière dont les plantes ont été multipliées. Selon la technique utilisée, la survie à l'hiver d'un rosier arbustif peut être différente.

Bouturé ou greffé?

Traditionnellement, pour des raisons de coûts notamment, les rosiers ont été multipliés par greffage. Cette méthode consiste à installer sur un pied mère une ou plusieurs petites parties d'un cultivar de rosier. Après la reprise, une excroissance, que l'on appelle un point de greffe, fait son apparition. Malheureusement, ce point d'union entre les deux plantes est généralement sensible au froid. Chez les rosiers, le gel du point de greffe est une cause de mortalité importante. Heureusement, il existe une méthode pour minimiser les risques de mortalité en région froide chez les rosiers ayant été greffés. Cette technique de plantation particulière est décrite au chapitre «Plantation et entretien des rosiers rustiques».

Contrairement à la plupart des rosiers hybrides (hybrides de thé, floribundas, etc.), la grande majorité des rosiers arbustifs peuvent être multipliés par bouturage. C'est tant mieux, car, comme il n'y a alors pas de point de greffe, les plants sont plus résistants. On dit que les plants ainsi multipliés sont «francs de pied». Comme ce ne sont pas tous les rosiéristes et toutes les jardineries qui proposent de tels plants, il est important de se renseigner au moment de l'achat sur la méthode de multiplication.

Bien que l'on soit attiré par la beauté des fleurs, il faut quand même prendre plusieurs éléments en considération lors de l'achat d'un plant de rosier.

À gauche un rosier greffé et à droite un rosier obtenu par bouture.

Les plants en dormance

Il s'agit de plants sans feuilles, vendus hors de la période de végétation, c'est-à-dire en période de dormance. Comme on ne peut pas se fier sur les qualités végétatives pour sélectionner les plantes, on doit se rabattre sur la classification de rosiers vendus à racines nues (elle est identique pour les rosiers vendus en sac). Les spécifications sont les suivantes :

- catégorie n° 1 : trois tiges et plus. Au moins deux d'entre elles doivent avoir une longueur de 45 cm;
- catégorie n° 2 : deux tiges d'au moins 40 cm de long;
- catégorie n° 3 : deux tiges de 30 cm de long.

Un plant a beau remplir les normes de sa catégorie, il ne doit pas moins posséder certaines qualités. Ses tiges doivent être vertes, fermes, sans pourriture ni traces de déshydratation. Au minimum, elles doivent avoir la grosseur d'un crayon. De plus, les bourgeons doivent être présents et bien gonflés, mais pas en développement. Sur les plants greffés, le point de greffe doit être épais, bien formé et sans traces de blessures. Finalement, les racines doivent être longues, fibreuses et gorgées d'eau.

Si un plant ne répond pas à l'un de ces critères, il doit être rejeté.

Les plants vendus à racines nues

Ceux-ci sont habituellement commercialisés par catalogue, par Internet ou chez certains détaillants de produits horticoles, pour autant que les commandes soient faites à l'automne précédant la livraison.

Les ventes par catalogue (papier ou en ligne) sont préparées, le plus souvent, par des producteurs spécialisés dans la culture des rosiers, les rosiéristes. Ce sont eux qui offrent le plus grand choix et certains rosiers ne sont en vente que chez ces spécialistes.

L'achat de rosiers par catalogue ou par Internet requiert une bonne préparation. Tout d'abord, il faut commander, idéalement à l'automne, ou en hiver. En effet, les plants étant en repos de végétation, ils doivent être livrés avant que celle-ci ne débute.

Avant de commander, il est donc important de préciser et de se faire confirmer la date de livraison. Dans les faits, l'époque à laquelle débute la végétation variant d'une région à l'autre, une réception trop hâtive de rosiers, provenant d'une région où l'hiver est plus doux, peut poser des problèmes. Il faut aussi éviter les périodes de gel intense, à moins d'avertir la compagnie qui achemine les colis, qui fait alors le nécessaire pour que ceux-ci ne se trouvent pas exposés au gel.

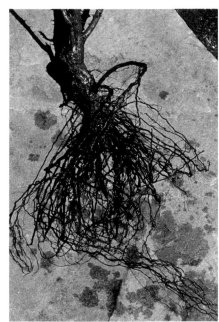

Il est aussi indispensable de s'enquérir de la qualité de l'emballage. Dans la pratique, les racines étant à l'air, elles doivent être bien protégées pour prévenir le dessèchement et, si possible, elles doivent être conservées bien humides. Des plants mal emballés n'ont que de faibles chances de survie. La qualité de l'emballage doit aussi tenir compte de la manière dont sont expédiés les colis. Idéalement, surtout si on approche de la période de végétation, les colis doivent être acheminés par une compagnie d'expédition rapide. Dans le cas d'un paquet qui prend plusieurs jours pour être expédié à son destinataire, les risques de dessèchement sont plus élevés.

De plus, il faut toujours s'assurer que le rosiériste offre la possibilité de retourner la marchandise et que, dans l'éventualité où les rosiers sont abîmés ou de mauvaise qualité, un remboursement complet soit possible.

Rosier à racines nues.

Comme il est souvent difficile de faire coïncider la période de réception avec la période de plantation, il faut savoir qu'il est tout à fait possible de conserver des rosiers à racines nues, chez soi, pour quelque temps.

Une méthode simple consiste à garder les plants, de manière temporaire, en terre en les installant en jauge. Cette technique consiste à creuser un trou, à mettre la terre de côté, à coucher les plants de manière à ce que les tiges touchent la terre excavée et à recouvrir les racines et la partie basse des tiges avec de la terre.

Si la température ne permet pas de travailler la terre, une autre pratique consiste à placer les racines de rosiers dans un tissu que l'on conserve constamment humide et à entreposer le tout dans un endroit frais (entre 1 et 10 °C) et à la noirceur. Un garage non chauffé et non éclairé, une cave non chauffée, un caveau ou une chambre froide peuvent très bien convenir. Il faut cependant vérifier régulièrement que le tissu est toujours bien humide pour éviter que les racines ne se dessèchent.

Les plants vendus en sac

Les rosiers rustiques présentés dans ce type d'emballage sont généralement vendus par les détaillants de produits horticoles, notamment les grandes surfaces, mais aussi par les compagnies qui vendent par catalogue ou par Internet. Toutefois, le choix de rosiers rustiques commercialisés en sac est plus limité que pour ceux vendus à racines nues.

Ils doivent posséder les mêmes spécifications (catégorie) que celles des rosiers rustiques vendus en dormance. Toutefois, leurs racines étant emballées, il est plus difficile de juger de leur état. Au moment de l'achat, il est possible de demander à un conseiller de déballer un plant pour juger de la bonne qualité de l'enracinement. Si, une fois à la maison, on décèle un mauvais état racinaire, il ne faut pas hésiter à retourner la marchandise.

C'est tôt en début de saison que les plants de rosiers sont vendus en sac.

Pour savoir si les racines qui sont enfouies dans un substrat (généralement de la tourbe de sphaigne ou de la sciure de bois) ont été bien conservées, il faut soupeser le sac. Si celui-ci est facile à lever, cela indique que le substrat est sec. Par conséquent, il y a de fortes chances que les racines soient, elles aussi, sèches. Par contre, dans le cas où le sac est lourd, c'est que le substrat est bien humide. Les racines se trouvent donc généralement dans de bonnes conditions d'humidité (un excès d'eau peut toutefois entraîner la pourriture des racines).

Si on opte pour l'achat de rosiers rustiques ainsi conditionnés, on doit le faire le plus tôt possible après leur réception en magasin. En effet, si le détaillant de produits horticoles n'est pas attentif, un séjour prolongé sur les tablettes risque d'entraîner le dessèchement des racines. À moins que les prix ne soient très bons, il faut éviter les achats de fin de saison. Sous réserve d'avoir de bonnes connaissances horticoles, il est fortement déconseillé de se procurer des plants dont les pousses ont commencé à apparaître... à moins que le prix ne soit très bas.

OÙ SE PROCURER DES ROSIERS ?

Entreprises qui vendent, entre autres, des rosiers par catalogue ou par Internet :

HORTICLUB, 2914, boulevard Labelle, Laval (Québec) H7P 5R9. Tél. : (450) 682-9071. Téléc. : (450) 682-7610 ou 1 (800) 282-5746. Internet : (www.horticlub.com).

GARDEN IMPORT INC., Box 760, Thornhill (Ontario) L3T 4A5. Tél. : 1 (800) 339-8314. Téléc. : (905) 881-3499. Internet : (www.gardenimport.com).

HOLE'S, 101 Bellerose Drive, St. Albert (Alberta) T8N 8N8. Tél. : 1-888-884-6537. Téléc. : (780) 459-6042. Internet : (www.holesonline.com).

PÉPINIÈRE BELLE ODORANTE, 2374, route 133 sud, Saint-Jean-sur-Richelieu (Québec) J2X 5R5. Tél. : (450) 346-9240 ou (450) 346-1800. Internet : (www.belleodorante.ca.tc).

T & T SEEDS LTD, Box 1710, Winnipeg (Manitoba) R3C 3P6. Tél. : (204) 895-9964. Téléc. : (204) 895-9967. Internet : (www.ttseeds.com).

Rosiéristes spécialisés qui vendent par catalogue, par Internet ou sur place, suivants le cas :

BRENTWOOD BAY NURSERY, 1395 Benvenuto Avenue, Brentwood Bay (Colombie-Britannique) V8M 1J5. Tél. : (250) 652-1507. Téléc. : (250) 652-2761. Internet : (www.brentwoodbaynurseries.com).

CEDAR HOLLOW ROSE FARM, Vernon (Colombie-Britannique). Tél. : (250) 547-8876 Téléc. : (250) 547-6453. Internet : (www.rosefarm.ca).

CORN HILL NURSERY, 2700 Route 890, Corn Hill (Nouveau-Brunswick) E4Z 1M2. Tél. : (506) 756-3635. Téléc. : (506) 756-1087. Internet : (www.cornhillnursery.com).

CARL PALLEK & SON NURSERIES, Box 137, Virgil (Ontario) LOS 1T0. Tél. : (905) 468-7262. Téléc. : (905) 468-5246.

HEIRLOOM ROSES (CANADA), 161 Pockwock Road, Hammonds Plains (Nova-Scotia) B4B 1N2. Tél. : (902) 471-3364. Téléc. : (902) 835-0653. Internet : (www.oldheirloomroses.com).

HORTICO INC., 723 Robson Road, Waterdown (Ontario) LOR 2H1. Tél. : (905) 689-9323. Téléc. : (905) 689-6566. Internet : (www.hortico.com).

MARTIN & KRAUS, Box 12, 1191 Centre Road, Carlisle (Ontario) LOR 1H0. Tél. : (905) 689-0230. Téléc. : (905) 689-1358. Internet : (wwwgardenrose.com).

MOCKINGBIRD LANE HERBS AND ROSES, 4464 Clarke Road, Port Burwell (Ontario) N0J 1T0. Tél. : (519) 874-4811. Internet : (www.mockingbirdlane.ca).

OLD ROSE NURSERY, 1020 Central Road, Hornby Island (Colombie-Britannique) V0R 1Z0. Tél. : (250) 335-2603. Téléc. : (250) 335-2602. Internet : (www.oldrosenursery.com).

PICKERING NURSERIES INC., 670 Kingston Road, Pickering (Ontario) L1A 3V5. Tél. : 1-866-269-9282. Téléc. : (905) 839-4807. Internet : (www.pickeringnurseries.com).

ROSES BY WALTER LEMIRE, 2900 Highway n° 3, Oldcastle (Ontario) N0R 1L0. Tél. : (519) 737-6788.

Colis de commande postale avec un rosier emballé dans un sac.

Dans certaines conditions, le substrat qui est utilisé pour conserver les racines humides peut être porteur de maladies. Il est donc recommandé, dans tous les cas, de l'enlever au complet, de le mettre à la poubelle, et même de laver les racines.

Les plants en végétation

Il s'agit des rosiers rustiques vendus en pot. Leur commercialisation se fait durant la belle saison. Au début de celle-ci, les plants peuvent simplement porter de jeunes pousses, alors qu'en milieu de saison, ils sont complètement en fleurs.

Les rosiers rustiques en pot sont vendus chez les détaillants de produits horticoles. Le choix est généralement limité. Toutefois, depuis quelques années, la situation s'améliore et il est de plus en plus facile de trouver des rosiers rustiques en pot, notamment pour les séries Explorateur et Parkland.

Les rosiers vendus couramment en pot sont des rosiers greffés, rarement bouturés. Mais encore là, la situation change rapidement. Normalement, le conseiller doit être en mesure de donner cette information.

Les pots dans lesquels sont vendus les plants sont généralement des pots de 7,5 litres (2 gallons) ou de 11 litres (3 gallons).

Les rosiers rustiques vendus en pots de tourbe compressée, mis en marché au printemps, venant juste d'être rempotés, leur système racinaire est peu développé, la motte ne se tient pas. Il faut donc réaliser la plantation avec beaucoup de précautions.

Les critères de classification sont les mêmes pour les rosiers cultivés en pot que pour ceux qui sont commercialisés à racines nues. Toutefois, il est beaucoup plus facile d'apprécier les qualités d'un plant lorsqu'il est en végétation. Des tiges nombreuses et vigoureuses, un feuillage sain, ainsi que des boutons floraux bien développés, sont les signes que le plant est en santé. De plus, quand les plantes sont en fleurs, il est facile de vérifier les qualités, la couleur et la forme de celles-ci.

Généralement cultivés dans des pots de 7,5 litres (2 gallons), les rosiers le sont aussi parfois dans ceux de 11 litres (3 gallons). Les plantes vendues dans des pots de plastique ont habituellement été cultivées dans ceux-ci pendant au moins une année. Par contre, les rosiers vendus dans des pots de tourbe compressée ont, la plupart du temps, été empotés tôt au printemps.

Il faut éviter d'acheter les rosiers rustiques qui restent trop longtemps dans le même pot. La spiralisation des racines entraîne souvent des problèmes à la reprise. On évite donc les rosiers dont le dessus du contenant est recouvert de mousse verte ou encore ceux dont les racines sortent du pot par les trous de drainage.

Les rosiers rustiques en pot n'ont pas besoin d'être plantés tout de suite après l'achat. Si on prend soin de les arroser et de leur apporter de l'engrais (en cas de longue conservation), ils peuvent être laissés dans leur contenant durant plusieurs semaines.

Utiliser les
rosiers rustiques

**Le rosier 'Lilian Austin'
est non seulement utilisé
pour sa beauté, mais aussi
pour son parfum fruité.**

LES ROSIERS RUSTIQUES peuvent être utilisés de bien des façons et ils trouvent facilement une place au jardin. Toutefois, on doit faire coïncider l'endroit où un rosier est employé et l'habitat, ou biotope, que requiert l'espèce à laquelle le cultivar est rattaché.

Au-delà du coup de cœur pour des facteurs esthétiques, il faut impérativement faire preuve de sagesse dans le choix de l'emplacement au jardin. Une bonne identification de l'espace que l'on souhaite aménager va de pair avec une bonne sélection, adaptée aux caractéristiques du site.

Les bonnes approches

Selon qu'ils soient arbustifs, couvre-sol, ou sarmenteux, les rosiers rustiques ont des utilisations spécifiques au jardin.

Les rosiers rustiques arbustifs

Dans la grande majorité des cas, les rosiers rustiques ont la forme d'un arbuste, de plus ou moins grandes dimensions. Leur usage le plus courant est donc celui que l'on réserve habituellement aux arbustes, c'est-à-dire en association dans les plates-bandes. Cependant, les rosiers rustiques dont la floraison est continue peuvent être plantés en roseraie, que celle-ci soit de style formel ou informel. Ceux à floraison unique (non remontante) peuvent être installés en massif. Dans les petits jardins, ils forment alors des groupes de trois à cinq, des ensembles de sept à onze dans les jardins de moyennes dimensions et des massifs de plusieurs

**Les rosiers rustiques ayant
la forme des arbustes, on
les utilise comme ceux-ci,
en association dans les
plates-bandes ou en massifs.**

Les rosiers rustiques sarmenteux peuvent être cultivés sur des obélisques et ainsi agrémenter le milieu ou le fond des plates-bandes.

dizaines de plants dans les grands jardins. Ils peuvent être combinés à des massifs de rosiers à floraison continue, d'arbustes, de plantes vivaces ou de graminées.

Pour les rosiers rustiques qui supportent une ombre légère, la plantation en sous-bois clair ou en lisière des boisés est tout indiquée.

Toujours au jardin, beaucoup de rosiers rustiques permettent de créer des haies défensives ou non. Finalement, plusieurs cultivars conviennent bien à la réalisation de bouquets.

Les rosiers rustiques couvre-sol

Les rosiers rustiques avec de longues tiges rampantes, au port bas, peuvent servir de couvre-sol. Grâce à leurs tiges souples qui s'enracinent sur le sol, ils ont la faculté de retenir la terre sur les talus. Le plus souvent, ils sont utilisés en massifs, mais ils peuvent être incorporés dans les plates-bandes.

Les rosiers rustiques sarmenteux

Les rosiers rustiques sarmenteux, que l'on appelle aussi faussement grimpants (ils ne «grimpent» pas tout seuls, il faut les attacher), sont tout à fait indiqués pour habiller une pergola, une clôture, un treillis ou tout autre support.

Les rosiers rustiques sur tige

Depuis quelques années, certains pépiniéristes proposent des rosiers rustiques qui ont été cultivés sur une tige plus ou moins élevée. Les cultivars qui ont une floraison continue conviennent particulièrement bien à l'aménagement des roseraies. Les autres trouvent leur place en combinaison dans les plates-bandes, tout comme les arbustes conduits ou greffés sur une petite tige.

CULTIVARS DE ROSIERS RUSTIQUES LE PLUS SOUVENT PROPOSÉS SUR TIGE

Rosier 'John Davis' sur tige.

- Rosier 'Alexander MacKenzie'
- R. 'Blanc Double de Coubert'
- R. 'Captain Samuel Holland'
- R. 'Carefree Beauty'
- R. 'Carefree Wonder'
- R. 'Champlain'
- R. 'De Montarville'
- R. 'F.J. Grootendorst'
- R. 'Hansa'
- R. 'Henry Hudson'
- R. 'Henry Kelsey'
- R. 'John Cabot'

- R. 'John Davis'
- R. 'Knock out'
- R. 'Martin Frobisher'
- R. 'Morden Blush'
- R. 'Morden Fireglow'
- R. 'Morden Ruby'
- R. 'Morden Sunrise'
- R. 'Pink Grootendorst'
- R. 'Prairie Joy'
- R. 'Thérèse Bugnet'
- R. 'William Baffin'
- R. 'Winnipeg Parks'

Les bonnes distances

Quand on plante un rosier rustique, lui laisser suffisamment de place pour qu'il se développe est bien sûr très important. Tout comme pour les arbustes, tailler d'année en année pour maintenir les dimensions de la plante est une mauvaise technique. De plus, comme plusieurs rosiers rustiques sont sensibles aux maladies, leur octroyer amplement d'espace permet une bonne aération, ce qui réduit le risque que des maladies se développent.

Les distances auxquelles les rosiers rustiques sont plantés varient de 90 à 120 cm. Pour connaître précisément l'écartement à respecter entre chaque rosier, il suffit de consulter l'information fournie dans la section « Port » de la description des cultivars. Cette largeur est indiquée pour les plants qui poussent en zone 5 (a et b). Dans les régions situées plus au nord, une plantation plus rapprochée doit être pratiquée, car les plantes prennent moins d'envergure (en largeur et en hauteur).

Dans le cas où on plante des rosiers parmi des plantes vivaces, on utilise la largeur pour définir le cercle qu'il faut laisser libre, sans plantation, pour éviter que le rosier n'étouffe la végétation alentour.

Les intérêts écologiques

Les rosiers rustiques sont généralement cultivés pour la beauté de leur floraison et leur parfum. Pour les rôles esthétiques, voir le paragraphe « Déterminer les qualités esthétiques » au chapitre « Sélectionner le bon rosier pour la bonne place » dans le présent ouvrage.

On oublie souvent que les rosiers ont un rôle écologique à jouer. En plus d'être des purificateurs d'air et de pollution, comme les autres plantes, ils entrent en interaction avec la faune, et aussi les humains, qui les entourent.

Il est important que l'air puisse circuler entre les rosiers, notamment si le feuillage de ceux-ci est peu résistant aux maladies.

Les fruits des rosiers rustiques peuvent servir de nourriture aux oiseaux, mais ils sont aussi décoratifs.

Du côté des animaux

Ce sont les oiseaux qui sont le plus attirés par les rosiers. Leurs branches leur servent de protection quand un prédateur veut les attraper. Quelques rosiers rustiques, notamment les grands buissons, servent parfois pour la nidification de certaines espèces. Cependant, ce qu'une vaste majorité d'oiseaux apprécient le plus, ce sont les fruits. Charnus et constitués de nombreuses graines, ils offrent une nourriture riche à la plupart des oiseaux frugivores.

Les chevreuils affectionnent les jeunes pousses des rosiers, quand les aiguillons ne sont pas bien développés. Par la suite, ils évitent les rosiers qui portent de nombreuses aiguilles comme *Rosa rugosa* et *Rosa nitida*. La résistance des rosiers aux chevreuils peut varier d'une année à l'autre, car elle est fonction du niveau de population dans la région. Certaines années, des rosiers sont mangés, car les chevreuils ont épuisé les autres ressources. D'autres années, les rosiers sont très peu attaqués. Ce phénomène est lié à l'augmentation de la population sur un territoire donné. Il arrive de plus en plus souvent que, sous la pression du développement résidentiel, ce soit le territoire des chevreuils qui diminue, augmentant ainsi leur attrait pour les plantes des jardins.

Les rosiers servent aussi de nourriture pour quelques rongeurs. Les souris des champs mangent les racines en hiver et les jeunes tiges. Les taupes dévorent les racines et les jeunes tiges au printemps et continuent d'ingurgiter des racines en été. Quant aux lièvres, ils rongent l'écorce des tiges de certains rosiers en hiver.

Du côté des humains

Les rosiers étant cultivés depuis des milliers d'années, en plus de les cultiver dans les jardins, les jardiniers, mais aussi les parfumeurs et les cuisiniers, leur ont trouvé plusieurs utilisations.

Les fleurs coupées, fraîches et sèches, sont utilisées dans les bouquets. Les pétales séchés sont, soit incorporés à des pots-pourris mixtes, ou encore à des pots-pourris spécifiques de roses. Seuls les cultivars aux fleurs les plus parfumées, notamment chez les roses anciennes, sont employés à de telles fins.

Au cours des millénaires, jardiniers, parfumeurs et cuisiniers ont apprécié les valeurs odoriférantes et gustatives des fleurs de rosiers.

Les cuisiniers émaillent leurs plats de pétales de roses, puisque ceux-ci sont comestibles (à condition de ne pas avoir été traités avec des pesticides). Les pétales servent à confectionner des gelées de roses ou du miel, du sirop, ou du vinaigre parfumé à la rose. L'essence de rose, confectionnée avec des pétales et de l'alcool, peut servir à aromatiser les recettes. On peut aussi préparer de la liqueur de rose.

Les fruits, ou cynorhodons, riches en vitamine C, peuvent être employés pour préparer des purées, des confitures, des sirops, des sauces, du vin, etc.

De tout temps, à cause de leurs effluves, les roses sont entrées dans la composition des parfums. Obtenue par distillation, l'eau de rose est utilisée par les parfumeurs pour créer des fragrances, mais aussi des savons, des bains moussants, des pommades et de nombreux autres produits cosmétiques.

Les seuls véritables problèmes auxquels les humains ont à faire face vis-à-vis des rosiers sont les allergies. Certaines personnes sont allergiques au pollen dégagé par les fleurs. D'autres sont allergiques au parfum. Dans le premier cas, on utilise de préférence des cultivars à fleurs doubles (les étamines ont pris la forme de pétales), dans le deuxième, des cultivars sans parfum.

Quelques cas de problèmes de santé ont été rapportés après qu'une personne se soit piquée avec un aiguillon de rosier. Cela peut être dû au fait que les rosiers sont parfois porteurs de bacilles tétaniques, qui peuvent provoquer le tétanos. Il arrive aussi que la blessure cause un hématome sous-cutané, qui nécessite à l'occasion une intervention chirurgicale. Dans tous les cas, après une piqûre avec un aiguillon de rosier, si le problème perdure après 48 heures, il faut consulter un médecin.

Planter les rosiers rustiques

Peu importe la période de plantation, tous les rosiers, comme le rosier 'Margaret Fleming', fleurissent dès la première année.

CERTAINS ROSIERS RUSTIQUES étant commercialisés en dormance, d'autres étant vendus en pot, il existe deux méthodes de plantation. Il est aussi possible de transplanter les rosiers d'un endroit à l'autre du jardin.

Plantation pendant la dormance

Ce type de plantation est pratiqué pour les plantes vendues à racines nues ou en sac.

L'époque

C'est après les périodes de forts gels que la mise en terre peut être faite. On entend généralement par périodes de forts gels des températures descendant sous la barre des - 8 °C. Cela entraîne que, pour être placés à l'extérieur dans de telles conditions, les plants ne doivent pas avoir commencé à bourgeonner.

Dans la zone 5 (a et b), l'installation dans les plates-bandes se fait en avril et en mai. Dans les régions plus froides, elle se pratique plus tard. En fait, quand le sol peut être facilement travaillé et qu'il est bien ressué, on peut procéder à la plantation.

DATES MOYENNES DE DERNIERS GELS

ZONE 5 : entre le 15 et le 30 mai

ZONE 4 : entre le 30 mai et le 15 juin

ZONE 3 : entre le 10 et le 20 juin

ZONE 2 : entre le 20 et le 30 juin

La plantation des rosiers demande certaines précautions qu'il faut connaître afin d'éviter des déceptions.

Il faut bien ameublir la terre au fond du trou de plantation pour faciliter la pénétration des racines.

La préparation du sol

On commence par choisir l'emplacement du rosier, puis on creuse un trou assez large pour installer les racines confortablement. L'ouverture doit être assez profonde pour que le point de greffe, s'il y en a un, puisse être enterré. Pour connaître la profondeur, plutôt que d'utiliser la plante, on peut calculer la longueur des racines en se servant d'un ruban à mesurer.

Pour faciliter la pénétration des racines dans le sol, la terre qui se trouve au fond du trou doit être ameublie avec une pelle ou une fourche bêche. Il faut éviter de la tasser ou de la lisser, notamment sur les bords, particulièrement si le sol a tendance à être glaiseux. On évite ainsi de créer une cuvette étanche dans laquelle l'eau aura de la difficulté à s'égoutter. L'excès d'eau étant l'ennemi de la plupart des rosiers rustiques (il y a des exceptions), si on n'est pas certain du bon drainage du sol, il suffit de remplir le trou de plantation d'eau. Si celle-ci disparaît au bout de quelques minutes, c'est que le drainage est bon. Par contre, si l'eau stagne sans s'écouler, c'est que le drainage est lent. Il faut donc, soit le modifier, soit choisir d'y planter des rosiers adaptés à cette situation.

Au moment du creusage, on conserve la terre d'excavation. Si les conditions de sol correspondent à celles requises par le cultivar, on fait juste ajouter de la farine d'os moulu. Si les conditions de sol sont différentes de ce que la plante demande, on fait les amendements et ajustements nécessaires (par l'apport de terre, d'amendements ou d'engrais). Les quantités varient selon le but que l'on souhaite atteindre. De la farine d'os moulu est ensuite apportée.

La préparation du plant

C'est seulement au dernier moment, quand le trou est prêt, que l'on sort le plant de l'endroit où il est conservé au frais. En effet, les plants dont les racines passent deux heures en plein soleil, ou au vent, voient leurs chances de reprise baisser de 50 %. Il faut donc les maintenir humides et les conserver à l'ombre le plus longtemps possible. Une plantation par temps nuageux évite bien des inconvénients.

Au moment de la plantation, il faut tenir compte de la méthode de multiplication du rosier. Rosier greffé ou rosier bouturé ne se plantent pas de la même manière.

Le pralinage des racines est fortement recommandé pour les rosiers qui sont commercialisés en dormance.

La préparation du plant consiste à couper les racines trop longues et celles qui ont été abîmées au moment de l'arrachage. On raccourcit sur une partie saine, à l'aide d'un sécateur bien aiguisé en pratiquant une coupe perpendiculairement à la racine. Ensuite, on élimine les petites tiges frêles et celles qui sont brisées. On peut pratiquer la taille de floraison à cette étape, mais il est aussi possible d'y procéder après la floraison (voir chapitre : «Entretenir les rosiers rustiques – La taille»). Il appartient à chaque jardinier de décider.

Dans tous les cas, la coupe doit être faite en biseau (pour éviter que l'eau ne pénètre les tissus de la plante et ne provoque de la pourriture), à proximité d'un œil.

Pour favoriser la reprise, on peut pratiquer le «pralinage» des racines. Pour réaliser cette technique, on prend un grand contenant (ce peut être une brouette) dans lequel on mélange de la terre, du compost et de l'eau jusqu'à obtenir une boue légèrement épaisse. Ensuite, juste avant la plantation, on trempe les racines pendant quelques minutes. Il peut être parfois nécessaire de pratiquer un mouvement de va-et-vient pour s'assurer que toutes les racines sont bien recouvertes. Cette opération a pour but de recouvrir les racines d'une couche d'humidité (la boue) afin de faciliter l'émission de nouvelles racines.

La plantation

Au moment de mettre le rosier en terre, il faut tenir compte du fait que celui-ci a été bouturé ou greffé. Pour les plants qui ont été obtenus par bouture, on place la jonction des racines et des tiges (le collet [la couleur change à cet endroit]) au niveau du sol. Dans le cas des plants obtenus par greffe, on doit provoquer l'affranchissement. Cette technique consiste, au moment de la plantation, à enterrer le point de greffe, pour que, après quelques années, des racines se développent sur les tiges situées au-dessus du point de greffe, rendant ainsi les plantes moins sensibles aux rigueurs de l'hiver. En zones 5 et 4, le point de greffe doit être recouvert de 6 à 8 cm (2 à 3") de terre et dans les zones 3 et 2, de 8 à 10 cm (3 à 4").

Une fois le plant placé dans le trou, à la bonne hauteur, on remplit avec la terre ameublie lors de l'excavation. Le remplissage à moitié complété, on arrose abondamment pour, à la fois, apporter de l'eau aux racines et tasser la terre. On finit ensuite de remplir le trou et on tasse fermement la terre autour des racines. On peut faire cette opération avec les mains ou le talon du pied. Pour évaluer si la terre autour du plant est bien tassée, il suffit de le saisir par une tige et de tirer dessus. Si le plant offre de la résistance ou reste en place, c'est que la terre est bien tassée. Sinon, il faut recommencer à tasser.

L'avantage de la plantation en pot, c'est qu'elle peut être faite durant toute la belle saison de jardinage.

Une fois la plantation terminée, avec de la terre, on forme, autour de la plante, une cuvette. Le diamètre de celle-ci doit être légèrement inférieur à la dimension du trou de plantation (pour que l'eau aille vers les racines plutôt que vers l'extérieur). On remplit cette cuvette d'eau, ce qui complète la plantation.

Plantation en pot

La plantation des rosiers vendus en pot est plus facile et donne généralement de meilleurs résultats que lorsqu'on utilise les plantes vendues à racines nues ou en sac.

L'époque

Les rosiers rustiques cultivés en pot se plantent au printemps, dès qu'ils sont vendus chez les détaillants de produits horticoles, mais également tout au long de la saison de jardinage.

Tôt au printemps, la plantation des rosiers produits ou empotés localement ne pose aucun problème. En effet, leur développement végétatif suit le

rythme des températures de la région. Par contre, si on choisit des rosiers importés de régions plus chaudes, dont le stade végétatif est plus avancé, la plantation doit être entourée de précautions. Si les plants sont en feuilles ou en fleurs, alors que les températures sont encore fraîches, il faut les installer dans un endroit abrité du jardin, et n'effectuer la plantation que quand les conditions climatiques le permettent. Si, toutefois, la plantation a été effectuée et que des périodes de froid arrivent, il suffit de recouvrir le plant d'un morceau de tissu ou de géotextile (jamais de plastique, à moins que celui-ci ne touche pas au feuillage).

La plantation de rosiers rustiques cultivés en pot peut aussi être faite à l'automne. Toutefois, une protection hivernale est alors absolument nécessaire.

La préparation du sol

Idéalement, les dimensions du trou de plantation doivent être le double de la hauteur et de la largeur du pot. Si on utilise le plant pour évaluer le diamètre et la profondeur, il faut laisser celui-ci dans le pot jusqu'au moment de la plantation.

Pour le reste, la préparation du sol pour la plantation d'un rosier en pot est la même que celle d'un rosier en dormance.

La préparation du plant

Bien apprêter le plant consiste surtout, et c'est essentiel, à bien l'arroser, si possible la veille de la plantation. Dans le cas où la motte est très sèche, il faut pratiquer plusieurs arrosages ou encore la faire tremper, toujours dans son pot, dans un seau d'eau pendant quelques minutes.

Il arrive parfois, pendant le transport, que des branches soient brisées ou abîmées : on les supprime. On enlève aussi les mauvaises herbes qui auraient pu apparaître dans le substrat de culture.

Quand les plants sont cultivés dans des pots de plastique, ceux-ci doivent absolument être enlevés. Pour cela, on retourne le pot, puis on tape doucement, avec la main, à différents endroits sur son rebord pour qu'il glisse le long de la motte. Si le pot est difficile à ôter, on utilise un morceau de bois pour taper légèrement tout autour du pot avant de cogner délicatement à différents endroits sur le rebord.

En cas de plantation hâtive d'un rosier empoté dans un pot de tourbe compressée, le pot doit être enlevé délicatement.

Dans le cas où les rosiers ont été cultivés dans des pots de tourbe compressée, il est aussi conseillé d'enlever ceux-ci. Toutefois, comme ces plants sont généralement rempotés tôt au printemps, la technique varie suivant la saison de plantation.

Si le plant est transplanté en été, il suffit d'enlever le pot de tourbe compressée, juste avant la plantation, comme s'il s'agissait d'un pot de plastique.

Lors d'une plantation hâtive, comme le système racinaire n'est pas assez développé pour retenir la motte, on doit avoir recours à une technique particulière. Celle-ci consiste, dans un premier temps, à découper et à retirer délicatement le fond du pot, puis à couper et à éliminer le bord supérieur du pot. Dans un deuxième temps, on place celui-ci dans le trou et on sectionne, puis on enlève délicatement la partie restante du pot.

La plantation

Une fois le trou bien préparé, après s'être assuré que la motte est à la même hauteur que le sol, ou de manière à enterrer le point de greffe si nécessaire, on dépote le plant. Ensuite, on remplit le trou à moitié avec la terre d'excavation et on arrose le tout (ce qui tasse la terre). On complète le remplissage et on tasse à nouveau la terre autour du plant, soit à la main, soit avec le talon du pied, mais toujours en prenant soin de ne pas abîmer la motte.

Une fois la plantation terminée, on forme autour de la plante une cuvette (voir «La plantation des rosiers en dormance») et on arrose à nouveau.

LE CAS PARTICULIER DES ROSIERS RUSTIQUES GRIMPANTS

Qu'il soit proposé en pot ou en dormance, ce type de rosier se transplante comme n'importe quel autre rosier. Toutefois, si le rosier rustique grimpant est planté près d'un poteau (de pergola, par exemple) ou d'un mur, il faut calculer une distance minimale de 30 cm de l'élément construit.

De plus, avant la plantation, il faut installer le support sur lequel sera attaché le rosier. Le palissage intervient après la plantation.

Encore une fois, qu'il soit en pot ou
en dormance, ce type de rosier
se transplante comme n'importe
quel autre rosier.

La seule chose qu'il faut ajouter, c'est
un tuteur. Dans le cas d'un rosier
en dormance, le tuteur est installé avant
la plantation. Pour un rosier en pot,
le tuteur est généralement fourni à
l'achat. Le travail consiste seulement
à l'enfoncer plus profondément dans
le sol pour que celui-ci soit bien ancré.
Il arrive parfois qu'il soit aussi nécessaire
de changer le tuteur.

Transplantation au jardin

Parce qu'il n'est pas installé dans le bon sol ou à la bonne exposition, ou
encore pour des raisons esthétiques, il arrive parfois qu'on ait besoin de
déplacer un rosier. La transplantation doit être faite quand le plant est en dormance. On applique donc les notions présentées au paragraphe «Plantation
pendant la dormance». Cependant, avant l'arrachage, si le plant est gros, il
faut parfois le tailler. On peut couper jusqu'à la moitié de la longueur des
branches. Il est aussi possible d'en profiter pour pratiquer une taille de rajeunissement (voir la rubrique «La taille de rajeunissement»).

Certains rosiers ayant beaucoup d'aiguillons,
un bon moyen de les manipuler est de les entourer
de plusieurs couches de toile géotextile. Celle-ci est
installée de manière à ce que les aiguillons ne
blessent pas le jardinier.

CONSEIL D'EXPERT

Les racines étant parfois attaquées par une
maladie (le pourridié), évitez de replantez
des rosiers à la même place que ceux
qui ont été arrachés. Sinon assurez-vous
de bien nettoyer le sol, ou changez-le.

Au moment de l'arrachage, il faut s'assurer de
conserver le plus de racines possible. Celles-ci seront recoupées au moment
de la mise en terre.

Il faut savoir que, plus le plant à transplanter est gros, plus la reprise est
difficile. Même si on tente de préserver le plus possible de racines au cours de
l'arrachage, plus le plant est vieux, plus il risque de prendre du temps avant
de redonner un bel effet. Il vaut mieux, parfois, sacrifier un vieux plant pour
le remplacer par un plus jeune.

Entretenir
les rosiers rustiques

Rustique et résistant aux maladies, le rosier 'Martin Frobisher' ne demande qu'un entretien minimal.

CONTRAIREMENT À UNE IDÉE REÇUE, ce ne sont pas tous les rosiers qui demandent beaucoup d'entretien. Pour preuve, les rosiers rustiques dont la culture ressemble plus à celle des arbustes qu'à celle des exigeants rosiers hybrides de thé.

La taille

Chez les rosiers rustiques, on pratique la taille selon le type de rosier.

Les rosiers arbustifs et anciens

Ce groupe comprend les espèces de rosiers, la plupart des roses modernes et une vaste majorité de roses anciennes. On peut leur appliquer deux méthodes de taille, selon l'âge de la plante.

LA TAILLE D'ENTRETIEN

À l'instar de la vaste majorité des arbustes, les rosiers rustiques nécessitent peu de taille. Celle-ci consiste généralement, dans les premières années de croissance, à couper le bois mort et à laisser la plante prendre sa pleine expansion. La suppression du bois mort se fait ordinairement au printemps (juste après que la plante ait commencé à produire de nouvelles pousses), mais il est aussi possible de le faire en tout temps durant la belle saison.

La taille d'entretien proprement dite, qui permet de contrôler le développement de la plante, commence généralement quand la plante atteint sa taille adulte, ce qui permet de mieux en saisir la

Contrairement aux rosiers hybrides de thé, floribundas et grandifloras, l'entretien des rosiers rustiques est plutôt simple.

Plusieurs livres écrits en Europe conseillent, notamment pour les rosiers anciens, de tailler après la floraison. Comme cette taille intervient quand les plantes sont en végétation, on l'appelle taille en vert. Au Québec, il est déconseillé de pratiquer une telle taille, car elle risque d'épuiser inutilement la plante, qui à cause d'une saison plus courte, n'aura pas assez de temps pour se préparer à l'hiver.

La taille d'entretien des rosiers arbustifs consiste à supprimer le bois mort et à contrôler le développement de la plante si nécessaire.

forme naturelle et d'effectuer les tailles en conséquence. Elle consiste simplement à réduire la dimension des tiges en taillant en biseau juste au-dessus d'un œil (bourgeon) situé vers l'extérieur. Elle s'apparente à une taille de nettoyage.

LA TAILLE DE RAJEUNISSEMENT

Elle intervient généralement après que la plante ait passé plusieurs années au jardin. On l'effectue quand le rosier devient trop gros ou que la floraison a tendance à s'épuiser. Elle consiste à supprimer complètement les branches les plus vieilles (généralement celles qui ont le plus fort diamètre et qui sont de couleur foncée) et à ne conserver que cinq à sept tiges également distribuées sur le pourtour du plant. Ces branches sont ensuite raccourcies du tiers de leur longueur.

La taille de rajeunissement peut être pratiquée de façon constante, en supprimant une ou deux vieilles branches chaque année.

Les rosiers hybrides perpétuels

Chez ces plantes vigoureuses, on supprime les plus vieilles tiges et celles qui sont mortes, pour n'en conserver que six à huit. On choisit les plus vigoureuses et les mieux situées. Chaque tige est coupée juste au-dessus du quatrième ou cinquième œil.

Les rosiers de David Austin et du Dr Buck

Ces cultivars sont taillés comme les rosiers hybrides de thé. La taille consiste à conserver entre trois et cinq tiges, les plus vigoureuses et les mieux situées. Cependant, il est parfois nécessaire de conserver des tiges plus grêles pour équilibrer le plant. Sur les tiges que l'on garde, on taille à environ quatre ou cinq yeux du sol, toujours en sélectionnant des yeux qui vont vers l'extérieur.

Rosier hybride perpétuel à la sortie de l'hiver.

La taille d'un rosier sur tige doit tenir compte du cultivar greffé en tête.

Les rosiers grimpants rustiques

Selon l'endroit où on les plante, ces rosiers requièrent plus ou moins de taille. Dans les régions les plus proches de leur zone de rusticité limite, il faut supprimer le bois mort, ce qui suffit généralement. Dans les autres régions, en plus de supprimer le bois mort, on retire les plus vieux rameaux et ceux qui se dirigent dans la mauvaise direction. On retranche une ou deux vieilles branches pour permettre à de nouvelles pousses de se développer. C'est habituellement au moment de la taille que l'on en profite pour retravailler ou refaire le palissage de la plante. Tous ces travaux s'effectuent chaque printemps.

Les rosiers rustiques sur tige

On les taille selon le type de rosier qui est greffé au sommet. Comme ce sont généralement des rosiers arbustifs, on les taille peu, en se contentant d'enlever le bois mort. En aucun cas, il ne faut tailler sous le bourrelet de greffe, car cela aurait pour effet de couper la tête du cultivar de rosier sur tige.

Les rosiers couvre-sol

Chez ces rosiers, on supprime les parties mortes et les branches qui s'entrecroisent ou qui poussent vers l'intérieur. C'est en appliquant cette méthode que les plants occupent rapidement un espace le plus large possible. Une taille trop courte restreint la croissance de la plante. La taille est faite au printemps.

L'arrosage

Contrairement à ce qui est souvent véhiculé, tous les rosiers ne demandent pas un sol frais et bien drainé. Certains préfèrent un sol plutôt sec (*Rosa glauca*, *Rosa centifolia*, *Rosa damascena*, *Rosa eglanteria*, *Rosa foetida* et *Rosa gallica* notamment), d'autres, moins nombreux, un sol très humide (*Rosa blanda* et *Rosa nitida*). Si on prend soin de faire coïncider les besoins des plantes avec les conditions que l'on observe dans le jardin, les exigences en arrosages sont minimes. S'ils sont nécessaires, ceux-ci doivent être faits selon les exigences de chaque groupe de plantes. Une fois la période de reprise passée, leurs fréquences varient en fonction des conditions climatiques.

Pendant longtemps, on a véhiculé l'idée que, pour éviter les maladies, il fallait s'abstenir de mouiller le feuillage des rosiers avec de l'eau. Les plus récentes recherches montrent qu'en fait, arroser le feuillage des rosiers, dans certaines conditions, est bénéfique. On peut comparer les conditions idéales à celles d'une rosée du matin (l'eau est présente tôt le matin, mais disparaît dès les premières chaleurs). À l'opposé, les conditions inappropriées sont celles où les feuilles restent humides plus de six à sept heures.

L'arrosage du feuillage est bénéfique, car il «nettoie» celui-ci, ce qui évite le développement, notamment lors des fortes chaleurs, des tétranyques et autres insectes prédateurs.

On peut donc arroser le feuillage des rosiers par journée ensoleillée, tôt le matin (avant 9 heures), afin de s'assurer que le soleil l'asséchera rapidement. De cette manière, on n'expose pas les rosiers sensibles à la maladie des taches noires à contracter cette maladie. Un arrosage du feuillage plus tardif, au milieu de la journée, risque d'entraîner la brûlure de celui-ci.

Si on ne peut arroser tôt le matin, on remplit d'eau la cuvette d'arrosage (que l'on a conservée ou refaite). Une autre solution consiste à utiliser un tuyau poreux ou un système de micro-irrigation.

S'il n'est pas possible d'arroser tôt le matin ou en fin d'après-midi, l'arrosage doit se faire directement sur le sol, et non sur le feuillage. Toutes les méthodes sont alors bonnes pour irriguer les rosiers.

Pour les rosiers gourmands, un apport régulier de compost peut être fait sur le sol et intégré grâce à un binage délicat pour ne pas abîmer les racines.

QUELQUES ENGRAIS ORGANIQUES

- Poudre d'os : source de phosphore.
- Roche de phosphate ou « os fossile » : source de phosphore.
- Sul-po-mag : source de potasse.
- Fumier de poulet granulaire : source d'azote, de phosphore et de potasse.

Il est aussi possible d'arroser le soir, pour autant que les feuilles aient le temps de sécher avant le crépuscule.

De plus, comme pour les autres arbustes, quand la plante le demande, il est recommandé de pratiquer un arrosage en profondeur pour éviter les problèmes dus à des sécheresses passagères. Après chaque arrosage, l'eau doit avoir pénétré à au moins 30 cm (12") dans le sol et non être restée en surface. Il est donc recommandé d'arroser longtemps et peu souvent, plutôt que le contraire. En termes de quantité, cela signifie que, au milieu de l'été, un rosier qui aime les sols frais et bien drainés demande environ 10 à 20 litres (2,5 à 5 gallons) d'eau par semaine. En cas de périodes de canicule ou de fortes chaleurs, il faut augmenter les quantités.

La fertilisation et les amendements

En généralisant à outrance, bien des auteurs conseillent de nourrir abondamment les rosiers. Malheureusement, ce qui est vrai pour les rosiers hybrides de thé, par exemple, ne l'est pas forcément pour d'autres rosiers. Certaines espèces demandent un sol pauvre, d'autres un sol plus ou moins riche. Plusieurs hybrides, quant à eux, demandent un sol riche. On doit tenir compte des besoins spécifiques de chaque groupe quand on choisit de fertiliser. Cela implique que certains rosiers ne recevront aucune fertilisation alors que d'autres en recevront beaucoup.

La fertilisation doit aussi prendre en considération la manière dont le sol a été préparé. Par exemple, pour des rosiers de sol riche, si, à la plantation, on a apporté une bonne dose de compost, la fertilisation avec des engrais organiques s'avère plus ou moins nécessaire. Elle l'est encore moins si on ajoute, chaque printemps, une bonne quantité de compost de qualité, mais sans excès.

ÉCOLO-CONSEIL

Les émulsions de poissons, un engrais organique, malgré leurs odeurs, stimulent la formation des boutons ainsi que la floraison chez les rosiers. Elles favorisent aussi l'obtention d'un feuillage vert et sain. Vendues sous forme liquide, elles sont très faciles à utiliser par-dessus un paillis.

Au besoin, il est toujours possible d'ajouter des engrais organiques pour venir régler des problèmes de carences spécifiques.

Il est parfois nécessaire de modifier le pH du sol pour se rapprocher du pH idéal pour le rosier choisi. Si le pH est trop acide, on ajoute de la chaux ou de la cendre de bois. On utilise soit la chaux horticole, qui se dégrade rapidement dans le sol, ou de la chaux dolomitique, à la dégradation plus lente, mais qui contient du magnésium. Si le pH est trop basique, on emploie du soufre microfin.

Recouvrir le sol d'un paillis de cèdre ou d'aiguilles de pin acidifie également le sol à long terme.

Le désherbage et le sarclage

Quand les rosiers sont cultivés sur un sol nu, il faut pratiquer des désherbages et des sarclages répétés. Ceux-ci doivent être faits assez souvent pour que les herbes indésirables ne puissent prendre trop de développement. Des sarclages réguliers permettent à l'eau de se déplacer dans le sol. Cependant, lors de ces opérations, il faut éviter de travailler la terre trop profondément pour ne pas endommager les racines superficielles des rosiers.

Le paillage

Cette technique consiste à étendre sur le sol des produits, d'origine organique, qui ont pour buts principaux de réduire l'arrosage et le désherbage. En fait, l'installation d'un paillis permet :

• de réduire l'évaporation et de conserver sa fraîcheur au sol ;

Le sarclage, s'il est pratiqué, doit être superficiel.

L'installation de paillis au pied des rosiers rustiques n'a que des avantages.

- de prévenir la formation d'une croûte sur le sol et sa compaction qui empêche l'eau de bien y pénétrer lors des arrosages ou des pluies;
- de contrôler une vaste majorité de mauvaises herbes;
- d'éviter le sarclage du sol et donc les risques de blesser les racines superficielles;
- de prévenir les éclaboussures de terre sur les feuilles lors des arrosages;
- d'apporter de la matière organique au sol;
- d'offrir une couverture propre et agréable à l'œil.

Tous ces facteurs sont bons à la fois pour les rosiers rustiques et les jardiniers.

Les paillis que l'on utilise couramment dans les plates-bandes conviennent très bien aux rosiers. Les paillis d'écorce broyée sont les moins chers et les plus efficaces. Si le paillis de pin est intéressant, c'est le paillis de pruche qui est recommandé. Sa couleur est constante, il se dégrade lentement et est très stable. Bien que très utilisé, le paillis de cèdre est à déconseiller, car, trop fibreux, il finit par former un feutre impénétrable à l'eau. De plus, sa couleur grise s'agence mal avec celle des rosiers.

Dans tous les cas, il faut choisir des paillis précompostés (les paillis d'écorce broyée vendus dans le commerce le sont généralement) pour éviter que ceux-ci n'utilisent l'azote du sol quand ils commencent leur processus de décomposition.

Lors de la première installation, on épand environ 8 cm (3") de paillis, directement sur le sol. En aucun cas, on n'installe un feutre ou une toile géotextile.

Le paillis n'empêche pas de bien nourrir les rosiers rustiques, si on doit le faire. Au printemps, on enlève délicatement, à la main, le paillis autour des rosiers, puis on épand sur le sol une couche de 2 à 3 cm (1") de compost ou d'engrais organique. On gratte le sol pour bien mélanger terre et compost en ayant soin de ne pas abîmer les racines. On recouvre avec le paillis et on en ajoute au besoin.

Le nettoyage des fleurs fanées

Si, chez les rosiers hybrides de thé et floribundas, il est indispensable de supprimer les fleurs qui ont fleuri, il n'en est pas de même avec les rosiers rustiques, à l'exception de ceux qui ont une floraison continue.

Donc, chez les rosiers rustiques à floraison continue, on supprime les fleurs solitaires ou les bouquets de fleurs fanées pour que de nouvelles floraisons abondantes puissent se produire.

Chez les rosiers rustiques, la suppression des fleurs fanées n'est pas obligatoire.

Les drageons sont des nouvelles tiges qui poussent tout autour du plant principal.

Chez les rosiers rustiques à floraison répétée, l'enlèvement des fleurs fanées permet l'apparition de nouveaux bouquets de fleurs. Toutefois, il n'y a pas obligation de supprimer toutes les fleurs fanées pour obtenir de nouvelles floraisons.

Pour ce qui est des rosiers rustiques non remontants, il peut être intéressant de ne pas supprimer les fleurs fanées pour pouvoir profiter des fruits, qui sont décoratifs dans bien des cas. Il faut aussi noter que ces fruits attirent généralement les oiseaux. Par conséquent, le fait de conserver ou de supprimer les fleurs fanées est un choix personnel du jardinier.

D'un point de vue technique, les fleurs solitaires ou les bouquets de fleurs fanées sont coupés juste au-dessus d'une feuille à cinq folioles. Cette méthode permet à d'autres fleurs d'apparaître rapidement.

La suppression des drageons et des gourmands

Il est important de faire une distinction entre drageons et gourmands.

Les drageons

Chez les rosiers rustiques, les drageons sont des tiges qui poussent alentour du rosier et qui permettent sa propagation. Elles ont les mêmes caractéristiques que le cultivar. Si les rosiers rustiques sont issus de boutures, les rejets naissent à partir des racines. S'ils ont été greffés, les tiges sont produites par les branches qui ont été enterrées au moment de la plantation et qui ont pris racine dans le sol. On les supprime uniquement si on désire contrôler la croissance de la plante ou dans les conditions où le rosier devient envahissant. Dans certains cas, notamment quand on veut retenir les pentes ou le sol, on favorise la propension de certains rosiers à drageonner.

BON À SAVOIR

Si vous choisissez de planter
des rosiers rustiques multipliés
par boutures, vous ne verrez
pas apparaître de gourmands,
car ce «problème» est relié au
porte-greffe et au point de greffe.

Les gourmands

Chez les rosiers rustiques, les gourmands sont des tiges qui se développent, soit à partir du point de greffe, soit sur les racines des porte-greffes. Ces tiges vigoureuses, sans fleurs, portent des feuilles plus petites et plus dentées que celles du cultivar.

Dans tous les cas, les gourmands doivent être supprimés, car ils peuvent prendre le dessus sur le cultivar. Pour les supprimer, on dégage la terre qui les recouvre et on les suit jusqu'à leur point de jonction (racine ou point de greffe). On les coupe alors le plus près possible de celui-ci et on replace la terre.

Dans le cas des rosiers tiges, il arrive parfois que des pousses (gourmands) apparaissent sur la tige principale. On doit absolument les supprimer à l'aide d'un sécateur. Si on ne supprime pas ces jeunes pousses, on court le risque que le rosier tige devienne un rosier buisson. De plus, cette tige est le plus souvent un rosier différent (généralement un rosier botanique), qui est beaucoup moins décoratif que celui greffé en tête.

Le tuteurage

Excepté pour les rosiers sarmenteux et ceux cultivés sur tige, dans la plupart des cas, les rosiers rustiques ne demandent pas de tuteurage. Toutefois, certains rosiers ont comme parents des rosiers sarmenteux ou lianes. C'est le cas de plusieurs rosiers de David Austin, de quelques rosiers du Dr Buck et d'hybrides de *Rosa moschata*. Pour ceux-ci, on utilise un tuteur (bois, bambou, métal, etc.) et un lien qui ne risque pas de blesser la plante.

Les rosiers rustiques sarmenteux doivent être régulièrement palissés. Cela consiste à distribuer harmonieusement les branches sur un support et à les attacher à celui-ci. Comme toujours, les attaches ne doivent pas abîmer l'écorce des tiges.

Seuls les rosiers rustiques grimpants demandent des interventions de tuteurage répétées au cours de la saison.

Les rosiers rustiques sur tige font généralement l'objet d'un tuteurage les premières années suivant la plantation. Quand la tige est devenue assez grosse, il est possible d'enlever le tuteur.

Les accidents physiologiques

Si on adapte bien les rosiers aux conditions du jardin (comme décrit au chapitre : «Sélectionner le bon rosier pour la bonne place»), les rosiers ne souffrent pas d'accidents physiologiques, souvent appelés carences. Toutefois, si la plante n'a pas été implantée dans le bon biotope, il faut parfois intervenir pour remédier à un dysfonctionnement écologique.

Les carences peuvent être provoquées par plusieurs facteurs :

• le manque en quantité suffisante d'un élément minéral ;

• un pH inadapté qui empêche l'assimilation de certains éléments minéraux ;

• la trop grande proportion d'un élément minéral qui limite l'absorption d'autres éléments minéraux.

Elles peuvent prendre plusieurs formes :

• feuilles et tiges vert pâle ;

• feuilles de coloration vert bleuâtre foncé, parfois violacées ;

• feuilles décolorées, mais nervures vertes ;

• feuilles plus petites que la normale ;

- brunissement du bord des feuilles ;
- tiges frêles ;
- croissance ralentie ;
- malformations des boutons floraux ou du feuillage ;
- mort des bourgeons terminaux ;
- déformation de la plante.

Comme, pour un jardinier amateur, il est trop difficile d'identifier précisément la cause d'une carence, il est conseillé d'intervenir globalement. Le premier élément que l'on vérifie est le pH. Si celui-ci n'est pas adapté aux besoins de la plante, on le modifie, soit en apportant de la chaux (pour rendre basique un sol acide) ou du soufre microfin (pour rendre acide un sol basique).

Les carences sont les signes d'une mauvaise adaptation de la plante à son environnement.

Si le pH est correct, ou une fois qu'il a été ajusté, dans le cas où le problème perdure, on apporte un fertilisant. Si on choisit d'utiliser un engrais naturel, on doit s'assurer qu'il comporte les éléments dits « essentiels » : azote (N), phosphore (P) et potassium (K), ainsi que ceux qualifiés de « secondaires » : calcium (Ca), magnésium (Mg), soufre (S) et chlore (Cl), sans, bien sûr, oublier les oligo-éléments : fer (Fe), manganèse (Mn), bore (B), cuivre (Cu), molybdène (Mb), zinc (Zn) et cobalt (Co), si importants malgré le fait qu'ils soient requis en infimes quantités.

Les bons composts renferment les minéraux essentiels, secondaires et les oligo-éléments. Dans la plupart des cas, les concentrations sont indiquées sur le sac.

Dans tous les cas, on suit les directives indiquées sur l'emballage pour connaître les modalités et les quantités à épandre.

ÉCOLO-CONSEIL

Si vous apportez de l'azote en excès à vos rosiers, vous observerez une croissance exagérée du feuillage, une floraison retardée ou carrément diminuée, voire inexistante, et une plus grande sensibilité aux maladies et aux insectes.

Les insectes ravageurs et les maladies

Encore une fois, si on prend soin de « Sélectionner le bon rosier pour la bonne place », c'est-à-dire d'offrir la bonne luminosité et les bonnes qualités nutritives, de texture, de pH et d'humidité du sol, les infestations d'insectes ravageurs et les attaques de maladies sont minimales. Comme ils sont souvent issus d'hybridations moins complexes, les rosiers rustiques sont, dans la plupart des cas, moins sensibles aux attaques des insectes ravageurs et des maladies. Il n'en reste pas moins que certains problèmes apparaissent.

La prévention

Il existe plusieurs stratégies de prévention pour minimiser la présence d'insectes ravageurs et de maladies sur les rosiers rustiques.

Une première série de gestes de prévention concerne l'utilisation des rosiers. En évitant la monoculture (comme dans une roseraie par exemple) et en favorisant l'utilisation en combinaison avec d'autres plantes dans les plates-bandes, on minimise les problèmes. De plus, en associant les rosiers rustiques avec certaines plantes dites «répulsives», on empêche une propagation des insectes ravageurs. Finalement, s'abstenir d'utiliser des insecticides sur l'ensemble du terrain permet aux insectes prédateurs des insectes nuisibles de bien faire leur travail.

La sélection et l'entretien sont aussi de bonnes méthodes de prévention des insectes ravageurs et des maladies de rosiers rustiques. Il est donc idéal de :

- faire coïncider les besoins des cultivars (rusticité, lumière, sol, etc.) aux conditions climatiques du jardin ;
- choisir des cultivars résistants aux maladies ;
- acheter des plants de bonne qualité et en santé ;
- planter les rosiers de façon à ce que l'air puisse circuler librement tout autour du feuillage ;

- pratiquer les bons gestes d'entretien au bon moment ;
- éviter les excès d'engrais ;
- surveiller régulièrement la santé des rosiers et intervenir tôt ;
- enlever et détruire les feuilles mortes à l'automne ;
- pratiquer un traitement à l'huile au stade dormant ainsi qu'avec du soufre mouillable, tôt au printemps.

PLANTES RÉPULSIVES

Comme ici les herbes aux chats, les aulx décoratifs, thyms, romarins, armoises, alysses, capucines, pétunias, géraniums à odeur et œillets mignardises repoussent aussi les insectes ravageurs qui s'attaquent aux rosiers rustiques.

L'identification

Pour bien «combattre» les insectes ravageurs et les maladies, il est important de bien les identifier.

LA MALADIE DES TACHES NOIRES

Elle se traduit par la présence, sur le dessus des feuilles, de taches rondes et noires, entourées d'un anneau jaune. Une grande quantité de taches noires sur les feuilles provoque leur chute prématurée. Une attaque importante peut provoquer la défoliation, ce qui a pour effet de réduire considérablement la floraison. Cette maladie se développe quand les températures oscillent entre 15 et 25 °C et que le feuillage demeure humide durant sept à douze heures dans une journée.

L'OÏDIUM

Aussi appelée blanc, cette maladie se caractérise par la présence d'une couche poudreuse blanchâtre à la surface des feuilles. La plante perd de sa vigueur et les feuilles, ainsi que les fleurs, peuvent être déformées. Des températures entre 20 et 25 °C et une humidité atmosphérique élevée favorisent l'expansion de la maladie.

LE MILDIOU

Différente du blanc, même si on les confond parfois, cette maladie prend la forme d'un feutrage blanc... sur le dessous des feuilles. Des taches plus claires, qui brunissent avec le temps, apparaissent à la surface de celles-ci. De fortes infestations entraînent la défoliation. Un temps chaud et humide amplifie la progression de cette maladie.

LA MOISISSURE GRISE

Les symptômes de cette maladie sont la présence d'un duvet gris sur les vieilles fleurs, mais aussi sur les tiges et les jeunes pousses, ce qui peut compromettre la floraison. Des températures fraîches et un sol inondé par un excès d'arrosage favorisent le développement de cette maladie. Réduire les arrosages et couper les fleurs dès qu'elles se flétrissent sont de bons moyens de la prévenir.

LES PUCERONS

Ce sont de petits insectes ravageurs caractéristiques que l'on observe le long des pousses tendres. Ils sucent la sève des tiges.

LES CHENILLES À BOSSES

Elles dévorent toutes les feuilles sauf la nervure centrale.

D'AUTRES PRÉDATEURS

Il existe quelques autres insectes ravageurs comme les acariens, les tenthrèdes, les thrips et les cochenilles et des maladies comme l'anthracnose ou les chancres qui attaquent les rosiers rustiques. Il importe peu que l'on puisse ou non les identifier, car les méthodes de contrôle pratiquées pour les insectes ravageurs et les maladies les plus communes viennent à bout de ces prédateurs.

Le contrôle

Il existe quatre grandes approches pour contrôler les insectes ravageurs et les maladies. Toutefois, avant même de les réaliser et après avoir mis en œuvre les méthodes de prévention, si les problèmes persistent, il faut pratiquer la tolérance. Rien n'est parfait dans la nature, inutile donc de rechercher la perfection au jardin. Quelques feuilles dévorées par des insectes ou quelques taches sur les feuilles ne mettent généralement pas en danger la vie des rosiers rustiques.

MÉTHODES DE CONTRÔLE MÉCANIQUE

Ces méthodes s'appliquent principalement aux insectes ravageurs. On peut supprimer les trop grosses infestations de pucerons en coupant les tiges infestées. En surveillant le dessous des feuilles, si on observe des masses d'œufs de chenilles à bosses, on peut couper les parties infestées. Ces chenilles peuvent aussi être ramassées à la main et noyées dans une eau savonneuse.

Il est aussi possible d'arroser à jet puissant les jeunes pousses pour en déloger les pucerons. On pratique cette méthode en s'assurant que les feuilles auront le temps de sécher avant la nuit. On peut profiter de cette opération pour dépoussiérer le feuillage, ce qui permet à celui-ci de mieux respirer.

MÉTHODES DE CONTRÔLE PHYSIQUE

Elles consistent à utiliser des barrières ou des pièges. Par exemple, des pièges jaunes, collants, permettent de capturer des insectes et de diminuer les populations. Les paillis représentent une barrière pour une grande majorité d'insectes.

MÉTHODES DE CONTRÔLE BIOLOGIQUE

Ce sont principalement des méthodes qui ont pour but d'introduire des insectes prédateurs aux insectes ravageurs. Les coccinelles, les guêpes parasites, les chrysopes et les punaises prédatrices sont les principales espèces utilisées.

Il existe aussi des nématodes qui peuvent être utilisés dans la lutte aux vers blancs.

Certaines espèces de guêpes sont des prédateurs des insectes ravageurs.

MÉTHODES DE CONTRÔLE CHIMIQUE

Bien entendu, il est totalement déconseillé d'utiliser des pesticides (insecticides et fongicides) qui pourraient avoir un effet nuisible sur l'environnement. Si le rosier rustique qui a été attaqué est en danger, on peut, avec précautions, utiliser deux sortes de produits.

Les préparations commerciales de pesticides à faible impact recommandées pour les rosiers sont :

- **insecticides :** Btk (*Bacillus thuringiensis kurstaki*), Bti (*Bacillus thuringiensis israelensis*), huile au stade dormant, savon insecticide ;
- **insecticide et fongicide :** neem (lustrant à feuilles) ;
- **fongicides :** bicarbonate de soude, soufre, sel d'Epsom.

Les recettes maison (infusion, macération, décoction) de pesticides à faible impact suggérées pour les rosiers sont à base de :

- **insecticides et fongicides :** ail, piment de Cayenne ;
- **insecticide :** rhubarbe ;
- **fongicide :** thé de compost.

Il existe sur le marché, plusieurs livres proposant des recettes maison (voir bibliographie). Pour les produits commerciaux, il faut se fier aux prescriptions indiquées sur l'emballage.

Le bicarbonate de soude est un pesticide à faible impact efficace pour combattre les maladies fongiques chez les rosiers.

La protection hivernale

Pourquoi aborder un tel chapitre dans un livre sur les rosiers rustiques ? Le climat du Québec, du nord au sud, est tellement différent, qu'une plante rustique en zone 5 ne l'est pas, sans protection, en zone 3. La protection hivernale s'applique donc dans le cas où un rosier rustique arbustif est installé à la limite de sa zone de rusticité, ou carrément en dehors. Il arrive aussi que, les premières années, le plant ait besoin d'une protection pour passer à travers une période d'adaptation. C'est le cas des rosiers rustiques plantés à l'automne qui bénéficient d'une telle protection au cours du premier hiver. Dans tous les autres cas, la protection hivernale est inutile pour ce genre de rosier.

Préparer le plant pour l'hiver

Même si un rosier est rustique, le jardinier doit mettre toutes les chances de son côté pour éviter les problèmes.

La prévention contre les coups de froid commence à l'achat, quand on prend soin de choisir des plants obtenus par boutures. On la poursuit au moment de la plantation, quand on enterre le point de greffe des rosiers qui ont été greffés.

La bonne survie d'un cultivar de rosier à l'hiver se joue dès la sélection, mais aussi à la plantation et durant l'entretien.

Si les rosiers rustiques ont bien été sélectionnés, plantés et entretenus, la « protection hivernale » est très simple.

De plus, la stratégie du bon rosier à la bonne place et les bonnes approches dans l'utilisation et l'entretien ont une influence positive sur le niveau de la rusticité. On peut dire, en général, que des plantes vigoureuses et en santé sont plus résistantes aux conditions hivernales que des plantes chétives et malades.

Il faut ajouter le fait que de trop fertiliser encourage la plante à pousser, plutôt qu'à durcir ses tissus pour se préparer à l'hiver. De plus, vers la fin de la saison, il faut éviter les arrosages excessifs afin de ne pas favoriser la croissance de jeunes pousses qui n'auront pas le temps de s'aoûter.

En outre, au moment des dernières floraisons des rosiers rustiques à floraison continue, il est conseillé de ne pas supprimer les fleurs fanées. Ainsi, on évite de solliciter la plante pour une nouvelle floraison et on lui « indique » plutôt qu'elle doit se préparer pour l'hiver.

La protection doit intervenir le plus tard possible, mais avant les grands froids. Une protection installée trop hâtivement risque d'empêcher la plante de se préparer adéquatement. Toutefois, elle devient difficile à installer après les grands froids et les risques de dégâts sont alors élevés.

La protection hivernale des rosiers arbustifs

Dans la grande majorité des cas, il suffit d'attacher les branches ensemble, à l'aide d'une ficelle, pour éviter que la neige, mais surtout la glace, ne vienne faire éclater le centre de la plante.

Si on doit avoir recours à une protection hivernale, la procédure suivante doit être mise en place :

- nettoyer autour du plant et ramasser les feuilles mortes ;
- rabattre les tiges d'environ un tiers à la moitié ;

- si nécessaire, supprimer toutes les tiges abîmées ou non aoûtées, les feuilles restées sur le plant, ainsi que les fleurs fanées ;
- arroser abondamment une dernière fois quelques jours avant que le sol ne gèle ;
- faire au pied du plant un monticule de terre rapportée d'au moins 30 cm de haut et qui recouvre tout le diamètre à la base de la plante. Secouer tranquillement les branches pour que le substrat remplisse bien les interstices entre les branches ;
- dans les conditions les plus difficiles, entourer le plant d'une toile géotextile, maintenue en place à l'aide d'une corde.

La protection hivernale des rosiers couvre-sol

Comme ils sont bas, ces rosiers sont généralement recouverts par la neige. Ils demandent donc peu de protection hivernale. Dans les endroits où ils sont faiblement rustiques, on les protège comme des rosiers arbustifs.

La protection hivernale des rosiers grimpants

Sur l'île de Montréal, dans les endroits très protégés des vents dominants en hiver, la protection hivernale des rosiers grimpants est ordinairement inutile. Dans les endroits moins protégés, il faut apporter une protection.

On procède de la façon suivante :

- nettoyer autour du plant et ramasser les feuilles mortes ;
- supprimer toutes les tiges abîmées ou non aoûtées, les feuilles restées sur le plant, ainsi que les fleurs fanées ;

Coucher les rosiers rustiques grimpants au sol est parfois la seule solution pour obtenir une floraison abondante.

- arroser abondamment une dernière fois quelques jours avant que le sol ne gèle ;

- entourer le plant et son support d'une toile géotextile, maintenue en place à l'aide d'une corde.

Si les conditions sont encore plus difficiles, on procède comme précédemment, mais, avant d'installer un géotextile, on décroche les tiges du support et on les couche sur le sol.

La protection hivernale des rosiers sur tige

Les deux premières années, ces rosiers ont besoin d'une protection du point de greffe. Pour la réaliser, on entoure le haut du « tronc » et le bas des branches d'un géotextile que l'on retient par une ficelle. Par la suite, si le rosier est dans la bonne zone de rusticité, la protection hivernale est inutile.

L'enlèvement de la protection hivernale

Celle-ci ne doit pas être enlevée trop rapidement, sinon les gelées printanières risquent de provoquer des dégâts. L'indication de la période idéale vient généralement des arbres indigènes. Quand les bourgeons de ceux-ci éclatent, c'est qu'il est temps d'enlever la protection.

Dans le cas d'une ficelle, il suffit de la couper quand les risques de fortes chutes de neige ou de verglas sont passés.

Si le rosier est recouvert d'une toile géotextile, on enlève celle-ci graduellement plutôt que tout d'un coup.

EN PRATIQUE

Si, une fois qu'on a enlevé la protection hivernale et que la plante commence à bourgeonner, on annonce des périodes de froid, recouvrez celle-ci pour la nuit, ou pour la période de gel, d'un tissu ou d'une toile géotextile (jamais de plastique).

Le monticule de terre formé à la base du plant doit être dégagé quand le sol n'est plus gelé. En aucun cas, on ne doit avoir de la difficulté à déblayer le substrat. La terre peut être étendue autour du plant, mais il faut veiller à ne pas trop enterrer le bas des tiges pour prévenir l'asphyxie du plant.

La multiplication

Si, pour des raisons de rentabilité, les spécialistes multiplient les rosiers rustiques par greffage, cette technique est peu accessible aux amateurs. Il existe cependant trois méthodes de multiplication qui ne demandent pas de connaissances techniques importantes et qui sont faciles à réaliser au jardin.

Le bouturage

La plupart des cultivars de rosiers rustiques peuvent être multipliés par bouturage. C'est en fait une méthode simple et économique pour l'amateur qui veut obtenir de nouveaux rosiers. Il existe deux types de boutures.

LES BOUTURES SEMI-HERBACÉES

Elles sont prélevées quand les tiges commencent à durcir. Des boutures trop molles ont tendance à pourrir. Bien que la longueur des boutures puisse varier selon l'espèce, il est généralement admis que l'on doit garder de deux à quatre feuilles intactes ainsi que trois bourgeons. Les boutures sont ensuite trempées dans de l'hormone d'enracinement n° 2 (0,2 % d'AIB).

Un mélange fait de sable grossier ou de perlite grossière et d'un maximum de 30 % de tourbe de sphaigne peut être employé. Le substrat utilisé ne doit pas trop retenir l'eau.

Une fois repiquées, comme les boutures doivent toujours rester légèrement humides, on pratique une vaporisation régulière, mais sans excès. On les place à la lumière, mais à l'abri du soleil.

Une fois par semaine on vérifie l'arrosage. Le substrat de bouturage est irrigué au besoin. De plus, il faut éviter de placer les boutures dans un endroit où la chaleur est excessive. Une bonne ventilation est primordiale.

Quand les racines atteignent deux centimètres, les boutures sont mises en terre dans un endroit semi-ombragé du jardin.

Les boutures semi-herbacées sont les plus faciles à réussir.

Au printemps suivant, les plantes peuvent être transplantées, pour peu que le système radiculaire soit bien développé. Un rabattage, à quatre bourgeons, permet une bonne ramification des plants. Certains cultivars demandent de rester deux ans en « pépinières » avant d'être plantés à leur emplacement définitif au jardin.

LES BOUTURES DE BOIS SEC

Cette technique consiste à prélever, au début de l'hiver, des morceaux de rameaux de 10 à 15 cm de long. Ceux-ci sont coupés sous un œil dans leur partie inférieure et au-dessus d'un œil dans la partie supérieure. Les boutures sont ensuite placées dans du sable humide, dans un endroit frais (10 à 15 °C) durant tout l'hiver. Le seul travail consiste à surveiller de temps en temps que le sable ne s'assèche pas.

Au printemps, quand le sol est suffisamment réchauffé, les boutures sont mises en terre à une distance de 30 à 40 cm en tout sens ou dans un pot de 10 cm (4"). Les boutures ne sont enterrées qu'aux deux tiers. Au cours de l'été se développeront des tiges qui seront pincées pour donner plus de branches à la plante.

Après un ou deux ans de culture, ces boutures peuvent trouver leur place définitive au jardin.

Le marcottage

C'est la façon la plus simple de multiplier les rosiers. Cette technique se pratique au printemps, quand les nouvelles tiges, encore tendres, atteignent une longueur qui permet de les coucher au sol. Après avoir brisé légèrement l'écorce à l'endroit où la tige sera enterrée, on la courbe, une partie étant alors sous terre, alors que le bout de la tige est hors terre, ce qui forme un V. On maintient le tout sur le sol en déposant au-dessus une brique ou une roche, ou encore en l'ancrant avec un morceau de fil de fer. On recouvre ensuite le « V » de 5 à 7 cm de terre. Deux ou trois mois suffisent pour que des racines apparaissent. C'est alors qu'on sépare la marcotte du plant mère. On transporte ensuite le rejeton dans sa nouvelle demeure.

Peu utilisé, le marcottage est une technique simple qui donne d'excellents résultats.

La division

Il n'y a pas que les plantes vivaces qui se divisent, certains rosiers aussi. Ce sont généralement des plantes qui drageonnent beaucoup et dont les branches partent toutes du sol.

La division se fait tôt au printemps, en général avant le début de la période de végétation. Si elle est pratiquée plus tard, la reprise risque d'être un peu plus difficile.

Ce travail consiste, à l'aide d'une pelle, à couper la plante en deux (ou en quatre, suivant la grosseur, il faut alors la déterrer complètement), à en laisser une partie en place et à transplanter l'autre à l'endroit désiré. La plantation doit alors être entourée de toutes les précautions nécessaires.

JARDINS OÙ L'ON PEUT ADMIRER DES ROSES AU QUÉBEC

La Seigneurie des Aulnaies :
(www.laseigneuriedesaulnaies.qc.ca).

Le Domaine Maizerets :
(www.societedudomainemaizerets.org).

Le Gîte et jardin À la vallée des Roseaux :
(www.vallee-des-roseaux.com).

Le Jardin botanique du Nouveau-Brunswick :
(www.umce.ca/jardin).

Le Jardin communautaire ruisseau Bois-Joli :
109, rue des Plaquebières, Sept-Îles
(Québec). Tél. : (418) 968-4135.

Le Jardin des Arts : 466, chemin Royal, Saint-Laurent (Île-d'Orléans) (Québec) G0A 3Z0.

Le Jardin Roger-Van den Hende :
(www.fsaa.ulaval.ca/jardin).

Les jardins de la Maison Antoine-Lacombe :
(www.st-charles-borromee.org/attraits.html).

Les Jardins des Floralies :
(www.parcjeandrapeau.com).

Les Jardins St-Maurice :
(www.lino.com/~jardins).

Voir aussi les « adresses utiles » en page 284.

Découvrir les rosiers rustiques

Le rosier 'Gertrude Jekyll' présente de magnifiques fleurs très parfumées, une floraison continue, une assez bonne résistance aux maladies et il est largement vendu sur le marché.

PARMI LES 25 000 CULTIVARS, qui existent aujourd'hui dans le monde, tous ne sont pas commercialisés. Soit parce qu'ils n'en valent pas le peine (ils ne sont pas vigoureux ou sont très sensibles aux insectes ravageurs et aux maladies), soit parce qu'ils n'ont pas assez de différences avec des cultivars connus, soit encore parce que leur promotion a été mal faite (ce qui ne veut pas dire qu'ils ne sont pas intéressants), soit finalement parce qu'ils ne sont plus à la mode (comme bien des rosiers anciens).

Les 420 cultivars proposés ici ont été choisis selon plusieurs critères. Bien sûr, celui de la rusticité est le premier. Par la suite, les considérations esthétiques (beauté des fleurs, qualité du feuillage, etc.) ont aussi été prises en compte. La résistance aux maladies a été observée. Finalement, la disponibilité sur le marché a été vérifiée. Ces critères sont ce que l'on appelle des «choix d'auteur», ce qui fait qu'un autre auteur aurait pu choisir de présenter d'autres cultivars.

La sélection de ces cultivars est aussi le fruit d'observations sur le terrain. Quand on choisit d'illustrer chaque plante que l'on présente, il faut les photographier. Comme cela ne se fait pas toujours du premier coup, il faut retourner plusieurs fois sur le site de prise de vue (la roseraie du Jardin botanique de Montréal la plupart du temps)... ce qui permet d'observer l'évolution des cultivars. La sélection de ces 420 rosiers n'est donc pas le fruit du hasard.

Il existe un vaste choix de rosiers rustiques. La plupart peuvent être utilisés comme des arbustes pour agrémenter les plates-bandes.

Rosier 'Abbotsford'
Rosa hybrida 'Abbotsford'
Zone 4b

Rosier 'Abraham Darby'
Rosa hybrida 'Abraham Darby'
Zone 5b

Introduit en 1985, ce rosier, obtenu par Austin, est un rosier arbuste moderne. Largement vendu sur le marché, il est aussi commercialisé sous les noms de Rosa *'AUScot', de* Rosa *'Abraham', et de* Rosa *'Country Darby'.*

Introduit en 2000 par la Pépinière Abbotsford au Québec, c'est un rosier arbuste moderne. Il est très largement vendu sur le marché.

Port : ce couvre-sol, aux tiges arquées, forme un arbuste compact de 40 cm de haut sur 60 cm de large. Les feuilles vertes, lustrées, sont résistantes au mildiou et à la maladie des taches noires.

Fleurs : petites, regroupées en grandes grappes, les fleurs sont doubles, rose pâle, puis rose fuchsia et finalement lavande foncé. La floraison, très abondante, est continue de la fin du printemps aux premiers gels. Les fleurs ne sont pas parfumées.

Culture : voir la culture des rosiers arbustes modernes.

Au jardin : on utilise ce rosier comme couvre-sol, mais aussi en massif, dans les plates-bandes ou comme haie.

Port : ce buisson, haut de 80 cm et large de 60 cm, a un port érigé et large. Son feuillage, vert et luisant, a une assez bonne résistance aux insectes et maladies, excepté à la rouille à laquelle il est sensible.

Fleurs : réunies en bouquets, les fleurs, qui ont une forme de roses anciennes, sont cuivre abricot, doubles et très parfumées. Elles éclosent généralement, de manière répétée, de la fin du printemps au début de l'automne.

Culture : voir la culture des rosiers de David Austin.

Au jardin : on le plante en larges massifs, en association dans les plates-bandes ou pour les fleurs coupées.

Rosier aciculaire
Rosa acicularis
Zone 1b

Cette espèce de rosier s'observe à l'état indigène au Québec. Elle porte aussi le nom d'églantier. Rare sur le marché, on peut se la procurer chez les pépiniéristes qui cultivent des plantes indigènes. C'est une plante emblème de l'Alberta.

Rosier 'Adelaide Hoodless'
Rosa hybrida 'Adelaide Hoodless'
Zone 2b

Ce rosier arbuste moderne a été hybridé par Henry H. Marshall à Morden au Manitoba. Introduit en 1973 par Agriculture et Agroalimentaire Canada, il fait partie de la série Parkland. Il est aujourd'hui largement vendu.

Port : ce rosier prend la forme d'un arbuste vigoureux dont les branches retombent en arche. Il mesure 1,00 m sur 1,00 m. Son feuillage vert foncé résiste bien à l'oïdium, mais a une résistance moyenne à la maladie des taches noires.

Fleurs : regroupées par grappes de 35, les fleurs sont semi-doubles, rouge foncé et très légèrement parfumées. La floraison, qui a lieu de la fin du printemps au début de l'automne, est très abondante.

Culture : voir la culture des rosiers de la série Parkland.

Au jardin : on le plante en massif ou en combinaison dans les plates-bandes.

Port : c'est un arbuste de 1,00 m de haut sur autant de large. Les tiges épineuses portent un feuillage vert mat qui prend de belles teintes rouge orangé en automne. La plante a tendance à drageonner abondamment. La résistance aux maladies est généralement assez bonne.

Fleurs : solitaires, les fleurs sont simples et roses. Leur parfum est agréable. La floraison s'épanouit à la fin du printemps. Les fruits rouges sont comestibles.

Culture : ce rosier, de plein soleil ou d'ombre légère, aime les sols plus ou moins riches, meubles, légèrement acides, frais et bien drainés. Rustique jusqu'en zone 1b, la protection hivernale est inutile.

Au jardin : on l'utilise en larges massifs dans les grands espaces et pour la naturalisation.

Rosier 'Admired Miranda'
Rosa hybrida 'Admired Miranda'
Zone 5b

Ce rosier arbuste moderne a été obtenu par Austin (Royaume-Uni) et commercialisé en 1985. Enregistré sous le nom de Rosa 'AUSmir', il est aujourd'hui largement vendu sur le marché.

Port : ce buisson, à la forme plutôt évasée, fait 75 cm de haut sur 85 cm de large. Son feuillage vert est malheureusement peu résistant aux maladies.

Fleurs : réunies par une à cinq, peu nombreuses, les fleurs sont doubles, rose pâle avec des reflets abricot. Fleurissant de juin à septembre, elles sont bien parfumées.

Culture : voir la culture des rosiers de David Austin.

Au jardin : on l'utilise dans les massifs et les plates-bandes. C'est aussi un bon rosier pour les fleurs coupées.

Rosier à feuilles rouges
Rosa rubrifolia
Zone 2a

Cette espèce botanique porte aussi le nom de Rosa glauca ou Rosa ferruginea. Introduite en culture avant 1820, il est assez fréquent de la trouver sur le marché.

Port : cet arbuste ouvert, buissonnant, porte des tiges arquées, rouge pourpre, sans aiguillons. Il culmine à 1,80 m et s'étale sur 1,30 m. Ses feuilles sont faites de cinq à neuf folioles ovales, découpées, gris pourpre. La couleur du feuillage peut varier selon le climat ou la nature du sol. Il a une bonne résistance aux maladies. S'il n'est pas installé dans le bon biotope, il attire les insectes.

Fleurs : réunies en petites grappes, les petites fleurs simples, en forme d'étoile, sont rose lilas, leurs bases étant blanches et les étamines jaunes. Elles éclosent au début du printemps et n'ont aucun parfum. En automne, les fruits, d'abord rouges, deviennent pourpres.

Culture : ce rosier pousse au soleil ou à l'ombre légère. On le plante dans un sol plus ou moins riche, léger, alcalin et sec. Sa rusticité étant élevée, la protection hivernale est inutile.

Au jardin : les utilisations sont nombreuses. On peut l'employer en massifs, dans la composition des plates-bandes ou comme haie.

Rosier 'Agnes'
Rosa rugosa 'Agnes'
Zone 3b

Hybridé en 1920 par William Saunders à Ottawa en Ontario, ce rosier hybride de Rosa rugosa *a été introduit par Agriculture et Agroalimentaire Canada en 1922. Il se nomme aussi* Rosa *'Agnès'. Sa mise en marché est bonne, il est vendu par de nombreux rosiéristes.*

Port : cet arbuste a un port érigé, lâche. Ses branches sont épineuses. Haut de 1,50 m, il est large de 1,20 m. Ses feuilles, petites et vert sombre, sont très résistantes aux maladies.

Fleurs : de forme bombée, les fleurs ressemblent à des roses anciennes. Elles sont doubles, jaune chamois ou jaune ambré avec un très fort parfum fruité. Elles éclosent à la fin du printemps, puis sporadiquement par la suite. Les fruits sont décoratifs.

Culture : voir la culture des *Rosa rugosa.*

Au jardin : la plantation en massif ou comme haie et le mariage dans les plates-bandes sont conseillés.

Rosier 'Aïcha'
Rosa pimpinellifolia 'Aïcha'
Zone 4b

Ce rosier appartient au groupe des rosiers hybrides de Rosa pimpinellifolia. *On le trouve sous les noms de* Rosa *'Aïcha' ou de* Rosa pimpinellifolia *'Aicha' chez les producteurs spécialisés, car il est rarement cultivé. Il a été introduit en 1966 par Petersen (Danemark).*

Port : cet arbuste est haut de 2,00 m et large de 1,30 m. Son feuillage vert foncé est légèrement attaqué par les maladies.

Fleurs : solitaires, les fleurs sont semi-doubles, jaune moyen à jaune d'or. Très parfumées, elles éclosent tôt au printemps, mais sont non remontantes.

Culture : voir la culture des *Rosa pimpinellifolia.* Malgré sa bonne rusticité, une protection hivernale est recommandée les premières années.

Au jardin : on l'utilise en massif ou incorporé dans les plates-bandes.

Rosier 'Alain Blanchard'
Rosa gallica 'Alain Blanchard'
Zone 4b

Introduit par Vibert (France) en 1839, ce rosier, de la catégorie des rosiers hybrides de Rosa gallica, *est cultivé par un assez grand nombre de rosiéristes.*

Port : cet arbuste buissonnant est dense. Haut de 1,20 m, il est large d'autant. Ses tiges épineuses portent un feuillage vert foncé, plus ou moins résistant aux maladies, mais sensible au mildiou.

Fleurs : en forme de roses anciennes, les fleurs sont semi-doubles, rouge pourpre, puis pourpres, panachées de points rouges. Les étamines jaunes sont très apparentes. La floraison principale a lieu à la fin du printemps, puis est sporadique par la suite. Elle est très parfumée.

Culture : voir la culture des *Rosa gallica*.

Au jardin : on peut disposer ces rosiers en massif ou les utiliser en association dans les plates-bandes, en haies et en faire des fleurs coupées.

Rosier 'Alba Maxima'
Rosa alba maxima
Zone 4b

Ce rosier du groupe des Rosa alba *a été introduit en culture avant 1700. Il porte de nombreux noms comme notamment :* Rosa alba 'Maxima', Rosa 'Great Double White', Rosa 'Maxima', Rosa 'The Jacobite Rose' *et* Rosa 'Cheshire Rose'. *Il est aujourd'hui assez répandu chez les rosiéristes.*

Port : ce grand arbuste (H. : 1,80 m. L. : 1,20 m), au port lâche, a des tiges peu épineuses. Son feuillage gris vert a une très bonne résistance aux maladies.

Fleurs : réunies en grappes, les fleurs, de forme plate, sont doubles, blanc rosé au début, puis blanches à pleine éclosion et très parfumées. La floraison a lieu au milieu du printemps. Elle est suivie de fruits peu nombreux.

Culture : voir la culture des *Rosa alba*.

Au jardin : on le plante en combinaison dans les plates-bandes, en isolé ou en massif. Il peut aussi être utilisé comme haie.

Rosier 'Alba Meidiland'
Rosa hybrida 'Alba Meidiland'
Zone 5b

Ce rosier arbuste moderne a été introduit en 1987 par Meilland (France). Il porte aussi les noms de Rosa 'MEIflopan' et de Rosa 'Alba Meillandécor'. Il est largement vendu sur le marché.

Port : ce couvre-sol, aux tiges arquées et rampantes, porte un feuillage vert foncé, luisant, plutôt résistant aux maladies. Haut de 80 cm, il s'étend sur 1,80 m.

Fleurs : petites, réunies en bouquets, les fleurs sont doubles, blanches et peu parfumées. Une floraison abondante a lieu à la fin du printemps, puis sporadiquement, des bouquets de fleurs éclosent par la suite. Les fruits sont décoratifs.

Culture : voir la culture des rosiers de la série Meidiland.

Au jardin : ce rosier couvre-sol convient bien sûr à la plantation sur les talus, mais on peut aussi l'utiliser en grands massifs.

Rosier 'Alchymist'
Rosa hybrida 'Alchymist'
Zone 5a

Ce rosier, qui est un arbuste moderne, peut aussi être cultivé comme un petit grimpant. Il a été introduit en 1956 par Kordes (Allemagne). On lui connaît de nombreux synonymes tels : Rosa 'Alchemist', Rosa 'Alchymiste', Rosa 'Alchimiste' et Rosa 'The Alchemist'. Il est assez largement vendu sur le marché.

Port : ce rosier, érigé et vigoureux, atteint 1,50 m de haut et autant de large. Ses jeunes pousses sont pourpres et son feuillage adulte est brillant, vert bronzé. Il a une très bonne résistance aux maladies.

Fleurs : le plus souvent solitaires, les fleurs, en forme de coupe, sont très doubles, ce qui compose une rosette plissée. Jaunes aux reflets orange, elles sont bien parfumées. Elles éclosent au début de l'été.

Culture : voir la culture des rosiers arbustes modernes.

Au jardin : on l'utilise en combinaison dans les plates-bandes, en massif ou en isolé ; et aussi palissé sur un support ou un treillis.

Rosier 'Alexander MacKenzie'
Rosa hybrida 'Alexander MacKenzie'
Zone 2b

Hybridé par Felicitas Svedja à Ottawa en Ontario, ce rosier a été introduit par Agriculture et Agroalimentaire Canada en 1985. Il s'agit d'un rosier arbuste moderne de la série Explorateur. On lui attribue aussi les noms de Rosa 'A. MacKenzie' et Rosa 'Alex MacKenzie'. Il est largement vendu sur le marché.

Port : rosier au port dressé et vigoureux, il mesure 1,50 à 2,00 m de haut sur autant de large. Ses jeunes pousses rougeâtres produisent un feuillage vert moyen, luisant. Ce cultivar est résistant à l'oïdium, à la maladie des taches noires et n'attire pas les chenilles.

Fleurs : réunies en grappes de six à douze, les fleurs, en forme de coupe, sont doubles et assez parfumées. Leur couleur est rouge foncé à rouge moyen. Les boutons ont la forme d'une tulipe. La floraison est remontante de la fin du printemps aux premières gelées.

Culture : voir la culture des rosiers de la série Explorateur.

Au jardin : on l'utilise dans les plates-bandes, en massif, mais aussi pour confectionner des haies.

Rosier 'Alfred de Dalmas'
Rosa centifolia muscosa
'Alfred de Dalmas'
Zone 5b

Ce rosier, introduit sur le marché en 1855 par Laffay (France), fait partie du groupe des rosiers mousseux (Rosa centifolia muscosa). On le trouve aussi sous les noms de Rosa 'Alfred de Damas' ou de Rosa 'Mousseline'. On peut se le procurer chez les producteurs spécialisés.

Port : ce rosier a un port compact et régulier. Il ne mesure que 90 cm de haut et 60 cm de large. Ses tiges sont peu épineuses et son feuillage vert. Celui-ci est plutôt résistant aux maladies.

Fleurs : réunis en grappes, les boutons, recouverts d'une légère mousse, éclosent en fleurs semi-doubles moyennement parfumées, blanc crème légèrement teinté de rose. La floraison s'épanouit à la fin du printemps, puis est sporadique jusqu'aux gelées.

Culture : voir la culture des *Rosa centifolia muscosa*.

Au jardin : c'est avant tout une plante à intégrer dans les plates-bandes.

Rosier 'Amelia Fleming'
Rosa hybrida 'Amelia Fleming'
Zone 5b

Cette rose a été introduite par Joyce Fleming de Niagara-on-the-Lake en Ontario en 1994. Il s'agit d'un rosier de type floribunda qui présente une bonne rusticité en zone 5b. On le trouve chez les producteurs spécialisés.

Port : de forme buissonnante, cette plante a 1,20 m de haut et 90 cm de large. Le feuillage est vert mat et sa résistance aux maladies est excellente.

Fleurs : réunies en grappes, les fleurs, en coupe ouverte, sont simples, roses avec des étamines jaunes, très visibles et moyennement parfumées. La floraison est continuelle du début de l'été aux gelées.

Culture : voir la culture des rosiers arbustes modernes.

Au jardin : on l'utilise dans les plates-bandes, en petit groupe ou en massif.

Rosier 'Amy Robsart'
Rosa eglanteria 'Amy Robsart'
Zone 4b

Cet arbuste, qui est rattaché au groupe des rosiers hybrides de Rosa eglanteria, a été introduit en culture en 1894 par Penzance (Royaume-Uni). Il n'est cultivé aujourd'hui que par les rosiéristes.

Port : de croissance vigoureuse, désordonnée, ce rosier, haut de 2,00 m et large de 1,50 m, a un port arqué. Ses feuilles vertes, mates, inodores, sont décoratives en automne, tout comme ses fruits rouges. Le feuillage est malheureusement peu résistant aux maladies.

Fleurs : solitaires ou réunies en petites grappes, les fleurs, en forme de vase, sont grandes, simples à semi-doubles, rose intense avec des étamines jaunes. Elles sont moyennement parfumées. La floraison, non remontante, éclôt à la fin du printemps.

Culture : voir la culture des *Rosa eglanteria*.

Au jardin : on le marie à d'autres végétaux dans les plates-bandes ; ou on le plante en massif, comme haie, mais aussi attaché sur un treillis à cause de son port ébouriffé.

Rosier 'Anaïs Ségalas'
Rosa gallica 'Anaïs Ségalas'
Zone 4b

Introduit en 1837 par Vibert (France), ce rosier hybride de Rosa gallica n'est aujourd'hui cultivé que par les rosiéristes.

Port : cet arbuste, de 1,00 m de haut sur autant de large, a des tiges arquées, gris vert, très épineuses. Ses petites feuilles arrondies, vert clair, sont assez résistantes aux maladies.

Fleurs : réunies en petits bouquets, les grandes fleurs, très doubles, très parfumées, sont mauve lilas, devenant plus pâles sur le bord des pétales. La floraison s'ouvre au début de l'été.

Culture : voir la culture des *Rosa gallica*. Ce rosier pousse aussi dans un sol pauvre.

Au jardin : on l'emploie, en isolé ou en massif, en association dans les plates-bandes ; et aussi comme haie.

Rosier 'Anne de Bretagne'
Rosa hybrida 'Anne de Bretagne'
Zone 5b

Introduit en 1979 par Meilland (France), ce rosier est aussi connu sous les noms de Rosa 'MEIlturaphar', de Rosa 'Décor Rose' et de Rosa 'Meillandécor Rose'. Ce rosier arbuste moderne prend la forme d'un couvre-sol (c'est pourquoi il présente une certaine rusticité). Il est malheureusement plutôt rare sur le marché.

Port : haut de 90 cm et large d'autant, malgré ses tiges robustes, ce rosier a une forme étalée. Le feuillage semi-mat est vert clair lumineux. Sa résistance aux maladies est bonne.

Fleurs : regroupés en bouquets, les boutons serrés donnent naissance à des fleurs, en coupe lâche, doubles, rose saumon foncé, sans parfums. La floraison naît à la fin du printemps, puis est remontante par la suite.

Culture : voir la culture des rosiers arbustes modernes. Enlever les fleurs fanées facilite la répétition de la floraison.

Au jardin : son utilisation première se fait comme couvre-sol, mais on peut aussi l'utiliser en massif ou en combinaison dans les plates-bandes.

Rosier 'Appleblossom Flower Carpet'
Rosa hybrida
'Appleblossom Flower Carpet'
Zone 4b

Ce rosier, qui prend la forme d'un couvre-sol, fait partie de la catégorie des rosiers arbustes modernes. Son introduction sur le marché par Noack (Allemagne) date de 1997. Il porte aussi les noms de Rosa 'NOAmel', *de* Rosa 'Maneva' *et de* Rosa 'Sommermelodie'. *Il est très largement vendu.*

Port : ce rosier couvre-sol, aux tiges arquées, qui rampent sur le sol, atteint 40 cm de haut, mais s'étale sur plus de 1,00 m. Son feuillage vert foncé, luisant, présente une très bonne résistance aux maladies.

Fleurs : réunies en grappes, les fleurs semi-doubles sont rose pâle avec des reflets blancs et des étamines jaunes, voyantes. Elles laissent échapper un parfum léger. La floraison, qui débute à la fin du printemps, est bien répétée tout au cours de la belle saison.

Culture : voir la culture des rosiers de la série Flower Carpet.

Au jardin : ce couvre-sol est idéal en massif ou sur les talus.

Rosier 'Applejack'
Rosa hybrida 'Applejack'
Zone 4b

Ce rosier buissonnant a été introduit sur le marché en 1973 par Buck (États-Unis). Il appartient au groupe des arbustes modernes. On le trouve aussi sous le nom de Rosa 'Apple Jack'. *Il est vendu par les rosiéristes.*

Port : vigoureux, ce rosier a d'abord un port érigé, puis retombant. Il atteint 2,50 m de haut et 2,10 m de large. Ses tiges robustes portent un feuillage vert et coriace qui offre une bonne résistance aux maladies.

Fleurs : réunies en grappes, des boutons pointus éclosent des fleurs semi-doubles, presque plates. Elles ont une belle couleur rose avec des lignes rouges et ont un très fort parfum de pomme. Elles résistent bien à la chaleur. La floraison a lieu à la fin du printemps, puis est répétée par la suite. Les fruits sont décoratifs.

Culture : voir la culture des rosiers du Dr Buck.

Au jardin : que ce soit dans les plates-bandes, en massif, ou comme haie, il faut prévoir beaucoup de place pour que cette plante se développe. On peut aussi la palisser sur un support ou treillis pour en faire un rosier sarmenteux.

Rosier 'Armada'
Rosa hybrida 'Armada'
Zone 4b

Ce rosier arbuste moderne a été introduit par Harkness (Royaume-Uni) en 1988. On le connaît aussi sous le nom de Rosa 'HARuseful'. On peut l'acheter chez les rosiéristes.

Port : cet arbuste a un port buissonnant. Haut de 1,20 m, il s'étale sur 1,00 m. Le feuillage, dont la résistance aux maladies est très bonne, est vert et lustré.

Fleurs : réunies en grappes, les fleurs sont de dimensions moyennes, doubles, rose cerise, pâlissant à pleine éclosion, moyennement parfumées. Les fruits ronds sont verts. La floraison principale éclôt au début du printemps, puis est abondamment répétée par la suite.

Culture : voir la culture des rosiers arbustes modernes.

Au jardin : on plante ce rosier en isolé ou dans les plates-bandes en petit groupe ou en massif.

Rosier 'Assemblage des Beautés'
Rosa gallica 'Assemblage des Beautés'
Zone 4b

Ce rosier appartenant au groupe des rosiers hybrides de rosiers galliques (Rosa gallica) a été introduit par Delaâge (France) en 1823. Il est aussi cultivé sous les noms de Rosa gallica 'Assemblage de Beauté' et de Rosa gallica 'Rouge Éblouissante'. Il est vendu chez les rosiéristes.

Port : les tiges, vert sombre, lustrées, peu épineuses, donnent un port érigé à ce rosier de 1,20 m de haut sur 90 cm de large. Les feuilles sont vert moyen et prennent une belle couleur à l'automne. Les jeunes pousses sont gris verdâtre. La résistance aux maladies est bonne.

Fleurs : réunis en petits bouquets, les boutons ronds produisent des fleurs rouge cramoisi brillant, devenant pourpre violacé par la suite. Les fleurs, très doubles, ont une forme de coupe remplie. Elles sont très parfumées. La floraison s'épanouit à la fin du printemps.

Culture : voir la culture des *Rosa gallica*.

Au jardin : on l'emploie dans la composition des plates-bandes ou en massif.

Rosier 'Assiniboine'
Rosa suffulta 'Assiniboine'
Zone 3b

Ce rosier arbuste moderne, de la série Parkland, a été hybridé par Henry H. Marshall et introduit en 1962 par le Centre de recherche sur les plantes ornementales de Morden au Manitoba. Il est plus ou moins facile à se procurer sur le marché.

Port : de forme buissonnante, ce rosier a 1,20 m de haut sur autant de large. Son feuillage, vert luisant, résistant à la plupart des maladies, est malheureusement sensible à la rouille.

Fleurs : réunies en petits bouquets, en forme de coupe, les fleurs sont simples ou semi-doubles, rouge intense avec des étamines jaune d'or. Elles sont plutôt parfumées. La floraison s'ouvre au début de l'été, puis sporadiquement par la suite. Les fruits sont orangés.

Culture : voir la culture des rosiers de la série Parkland. Si la plante gèle au sol elle repousse la plupart du temps, surtout si elle a été bouturée plutôt que greffée.

Au jardin : on l'emploie dans les plates-bandes, en massif ou comme haie.

Rosier 'Astrid Lindgren'
Rosa hybrida 'Astrid Lindgren'
Zone 5a

Ce rosier, rattaché au groupe des rosiers arbustes modernes, a été introduit en 1991 sur le marché par Poulsen (Danemark). Il est cultivé par les rosiéristes où on le trouve parfois sous le nom de Rosa *'Dream Sequence'.*

Port : ce rosier érigé, vigoureux, atteint 1,20 m de haut sur 1,10 m de large. Ses grandes feuilles sont vert bleu satiné. La résistance aux maladies est bonne.

Fleurs : réunies en grosses grappes, les fleurs sont doubles, rose pâle, avec un parfum léger et fruité. La principale floraison naît au début du printemps, puis est abondamment répétée par la suite.

Culture : voir la culture des rosiers Poulsen.

Au jardin : on le cultive dans les plates-bandes, en massif, en haie, et aussi pour les fleurs coupées.

Rosier 'Augusta'
Rosa hybrida 'Augusta'
Zone 5a

Ce rosier arbuste moderne prend la forme d'un couvre-sol. Aussi connu sous le nom de Rosa 'POUldava', il a été introduit par Poulsen (Danemark) en 1995. Il est malheureusement peu cultivé.

Port : les tiges étalées, rampantes, forment un petit monticule de 60 cm de haut sur 1,10 m de large. Les petites feuilles sont vert clair, semi-lustrées, et leur résistance aux maladies est très bonne.

Fleurs : réunies en petites grappes, doubles, les fleurs ont une jolie couleur de pêche. Le parfum est léger et la floraison est continue de la fin du printemps aux premières gelées.

Culture : voir la culture des rosiers Poulsen.

Au jardin : c'est bien sûr un excellent couvre-sol, que l'on peut aussi utiliser en massifs ou sur les talus.

Rosier 'Aylsham'
Rosa nitida 'Aylsham'
Zone 3b

Ce rosier est apparenté au rosier brillant (Rosa nitida), originaire de l'est de l'Amérique du Nord. Ce cultivar a été introduit en 1948 par Percy H. Wright de Moose Range en Saskatchewan. Il est malheureusement rarement vendu.

Port : cet arbuste, de 1,20 m de haut sur 1,00 m de large, a un port érigé. Les tiges portent de très nombreux aiguillons «offensifs». Celles-ci ont tendance à drageonner. Les petites feuilles oblongues sont vertes et très lustrées. Leur résistance aux maladies est très bonne. Le feuillage devient rouge brillant et jaune à l'automne.

Fleurs : solitaires ou réunis par deux ou trois, les boutons ovoïdes donnent naissance à des fleurs doubles, rose foncé, peu parfumées. La floraison éclôt à la fin du printemps.

Culture : voir la culture des _Rosa nitida_.

Au jardin : on le plante en massif, car il a tendance à drageonner. Il peut aussi être utilisé comme haie basse.

Rosier 'Ballerina'
Rosa hybrida 'Ballerina'
Zone 5b

C'est un rosier hybride musqué (Rosa moschata). Il a été introduit en 1937 par Bentall (Royaume-Uni). Il est assez commun sur le marché.

Port : chez cet arbuste, les tiges, peu épineuses, arquées et souples, forment un petit monticule de 1,10 m de haut sur 90 cm de large. Le feuillage, vert luisant, dense, offre une bonne résistance aux maladies.

Fleurs : réunies en corymbes pyramidaux de 25 fleurons, des boutons rose foncé s'épanouissent des fleurs simples, rose pâle, les parties extérieures des pétales étant rose plus foncé et le cœur blanc. Elles n'ont aucun parfum. La floraison, abondante, est continue du début de l'été à l'automne. Les fruits décoratifs sont petits et orange.

Culture : voir la culture des *Rosa moschata*.

Au jardin : on l'utilise comme couvre-sol, sur les talus, en massif ou comme haie basse, en association dans les plates-bandes et comme fleurs coupées.

Rosier 'Baron Girod de l'Ain'
Rosa hybrida 'Baron Girod de l'Ain'
Zone 5b

Ce rosier buisson appartient au groupe des rosiers hybrides perpétuels. Son introduction par Reverchon (France) date de 1897. Il est cultivé sous les noms de Rosa 'Baron Giraud de l'Ain', de Rosa 'Princesse Christine von Slam' et de Rosa 'Royal Mondain'. Il est aujourd'hui cultivé par les rosiéristes.

Port : érigé, ouvert, peu branchu, très épineux, ce rosier atteint 90 cm de haut sur autant de large. Le feuillage, vert pâle, est plus ou moins résistant aux maladies. Une situation chaude et sèche diminuerait la présence de la maladie des taches noires.

Fleurs : réunies en grappes par deux à cinq, les fleurs sont doubles, rouge foncé avec une très petite lisière blanche sur le bord des pétales. Elles exhalent un très fort parfum. La floraison a lieu à la fin du printemps, puis est répétée une fois en été, et une autre fois au début de l'automne.

Culture : voir la culture des rosiers hybrides perpétuels.

Au jardin : on plante ce rosier en combinaison dans les plates-bandes, en massif, pour les haies et pour les fleurs coupées.

Rosier 'Baroness Rothschild'
Rosa hybrida 'Baroness Rothschild'
Zone 4b

Ce rosier, du groupe des rosiers hybrides perpétuels, porte aussi les noms de Rosa 'Baronne Adolphe de Rothschild' et de Rosa 'Baronne Rothschild'. On doit son introduction en 1868 à Pernet (France). Aujourd'hui, sur le marché, on le trouve chez les rosiéristes.

Port : ce buisson érigé et vigoureux porte un feuillage vert gris. Celui-ci est malheureusement peu résistant aux maladies. La plante a 1,20 m de haut et 90 cm de large.

Fleurs : sur un pédoncule court, les fleurs, très doubles, ont une forme de coupe, littéralement remplie de pétales. Elles sont rose pâle et plus ou moins parfumées. La floraison a lieu à la fin du printemps, puis quelques fleurs apparaissent par la suite.

Culture : voir la culture des rosiers hybrides perpétuels. Ce cultivar est réputé pour avoir une très bonne rusticité.

Au jardin : on l'utilise en association dans les plates-bandes, en massif, en haie ou comme fleurs coupées.

Rosier 'Baronne Prévost'
Rosa hybrida 'Baronne Prévost'
Zone 4b

Ce rosier, qui appartient à la catégorie des rosiers hybrides perpétuels, a été introduit en 1842 par Desprez (France). Il est aujourd'hui cultivé par les rosiéristes.

Port : érigé (H. : 1,50 m. L. : 1,00 m), ce buisson a des rameaux qui portent de nombreux aiguillons rouges. Le feuillage, dense, vert, est sensible aux maladies des taches noires.

Fleurs : solitaires ou en petites grappes, les boutons serrés ouvrent sur des fleurs en grandes coupes, plates, très doubles. Rose vif, le coloris est plus clair vers l'extérieur et les pétales pâlissent au gris mauve à pleine éclosion. La fleur est bien parfumée. La floraison apparaît au début de l'été, puis remonte plus ou moins au cours de l'été.

Culture : voir la culture des rosiers hybrides perpétuels. Ce rosier possède une bonne résistance au froid.

Au jardin : l'emploi en combinaison dans les plates-bandes, mais aussi en massif ou pour confectionner les haies est recommandé.

Rosier 'Bayernland Cover'
Rosa hybrida 'Bayernland Cover'
Zone 4b

Introduit en 1999 par Poulsen (Danemark), ce rosier est rattaché à la catégorie des rosiers arbustes modernes. Il est aussi connu sous les noms de Rosa 'POUlrijk' et de Rosa 'Devon'. Il est encore rare sur le marché.

Port : étalé et bas, ce rosier couvre-sol a 60 cm de haut et s'étale sur autant. Les petites feuilles, vertes, brillantes, ont une excellente résistance aux maladies.

Fleurs : réunies en grappes, nombreuses, les fleurs sont semi-doubles, de couleur rose. La floraison éclôt au printemps, puis est répétée par la suite.

Culture : voir la culture des rosiers Poulsen.

Au jardin : c'est un excellent couvre-sol, que l'on utilise aussi sur les talus, en massif ou dans les plates-bandes.

Rosier 'Belinda'
Rosa hybrida 'Belinda'
Zone 5b

Ce rosier appartient à la classe des rosiers hybrides de Rosa moschata (rosiers hybrides musqués). Son introduction par Bentall (Royaume-Uni) date de 1936. Il est vendu par les rosiéristes.

Port : cet arbuste, érigé et vigoureux, atteint 1,25 m de haut sur 1,50 m de large. Son feuillage, vert foncé, mat, est résistant aux maladies.

Fleurs : réunies en nombreuses grappes, les fleurs sont semi-doubles, rose clair avec un cœur blanc et des étamines jaunes. Elles sont moyennement parfumées. De la fin du printemps aux premières gelées, la floraison est continue.

Culture : voir la culture des *Rosa moschata*.

Au jardin : on l'utilise dans les plates-bandes, en massif ou en haie. Ce rosier peut aussi être palissé pour former un petit rosier sarmenteux.

Rosier 'Belle Amour'
Rosa alba 'Belle Amour'
Zone 3b

Ce rosier appartient au groupe des Rosa alba. *Il est parfois rattaché à la catégorie des rosiers de Damas* (Rosa damascena), *parfois aussi à celle des rosiers galliques* (Rosa gallica). *Il a été introduit sur le marché français vers 1940. Il est aujourd'hui cultivé par les rosiéristes.*

Port : érigé, vigoureux, cet arbuste a des tiges épineuses. Il monte à 1,80 m et s'étend sur 1,50 m. Son feuillage vert foncé, un peu bleuté, denté et rude au touché, est plutôt résistant aux maladies.

Fleurs : réunies en grappes, les fleurs, qui sont petites, semi-doubles, ressemblent aux fleurs de camellias. Roses à reflets saumon, elles deviennent plus pâles à la pleine éclosion. Les étamines jaunes sont très voyantes. Elles laissent émaner un parfum de myrrhe. La floraison a lieu à la fin du printemps. Les fruits rouges sont ronds.

Culture : voir la culture des *Rosa alba*. Ce rosier présente une bonne rusticité.

Au jardin : on le plante en association dans les plates-bandes, en massif ou pour confectionner des haies.

Rosier 'Belle de Crécy'
Rosa gallica 'Belle de Crécy'
Zone 4b

Ce rosier, qui prend la forme d'un arbuste, fait partie de la classe des rosiers hybrides de Rosa gallica. *Il a été introduit sur le marché en 1829 par Roeser (France). On le trouve aussi sous le nom de* Rosa *'La Météore'. Il est aujourd'hui cultivé par les rosiéristes.*

Port : moyennement vigoureux, cet arbuste atteint 1,20 m de haut sur 90 cm de large. Ses tiges sont souples, brunes tachetées de vert et portent très peu d'aiguillons. Le feuillage, vert sombre aux reflets bleutés, est généralement plutôt résistant aux maladies, mais l'oïdium est parfois un problème.

Fleurs : réunies en bouquets, les fleurs plates, de forme originale, sont très doubles. Rose cerise avec des reflets violets, à plein épanouissement elles deviennent gris lavande. En fait, la couleur varie beaucoup tout au long de la floraison. Les fleurs sont moyennement parfumées. La floraison est abondante au printemps.

Culture : voir la culture des *Rosa gallica*. Une plantation en milieu protégé est souhaitable.

Au jardin : on l'emploie en alliance avec d'autres végétaux dans les plates-bandes, mais aussi en massif ou comme haie.

Rosier 'Belle Isis'
Rosa gallica 'Belle Isis'
Zone 4b

Rosier 'Belle Poitevine'
Rosa rugosa 'Belle Poitevine'
Zone 3a

Ce cultivar est un rosier hybride de Rosa rugosa. *Son introduction, qui est due à Bruant (France), date de 1894. Il est aujourd'hui vendu par les rosiéristes.*

Ce rosier, classé avec les rosiers hybrides de Rosa gallica, a été introduit par Parmentier (Belgique) en 1845. On peut se le procurer aujourd'hui chez les rosiéristes.

Port : compact et érigé, cet arbuste atteint 1,20 m de haut et se développe sur autant de large. Les branches sont piquantes. Le feuillage, gris vert, est assez résistant aux maladies.

Fleurs : réunis en petits bouquets, les gros boutons roses, striés de rose foncé, donnent des fleurs plates, très doubles, rose corail pâle. Le parfum de myrrhe et de musc est puissant. La floraison s'ouvre à la fin du printemps.

Culture : voir la culture des *Rosa gallica*.

Au jardin : on l'utilise en combinaison dans les plates-bandes ; mais aussi en massif et comme haie.

Port : arbuste semi-vigoureux, ce rosier monte à 1,00 m et se déploie sur 1,50 m. Il a tendance à produire des drageons. Son feuillage dense, vert intense, semi-lustré, est très rugueux. Il a une très bonne résistance aux maladies. À l'automne, il prend une belle couleur jaune.

Fleurs : réunis en grappes, les longs boutons pointus donnent naissance à des fleurs plates, semi-doubles, parfois doubles, aux pétales frisés. Leur couleur varie du rose au rose magenta avec, au centre, des étamines jaune très pâle. Les fleurs sont moyennement parfumées. La floraison principale a lieu à la fin du printemps puis d'autres fleurs apparaissent de façon continuellement répétée par la suite. Les fruits, peu nombreux, sont gros et rouges.

Culture : voir la culture des *Rosa rugosa*.

Au jardin : ce rosier est excellent pour confectionner des haies, pour être planté en massif ou intégré dans les plates-bandes.

Rosier 'Betty Bland'
Rosa blanda 'Betty Bland'
Zone 2b

Ce rosier, issu de la rose du Labrador (Rosa blanda), est un des premiers rosiers à être introduits par une pépinière canadienne, Skinner's Nursery, au Manitoba. Cela s'est fait par Frank L. Skinner en 1926. Aujourd'hui il est malheureusement difficile à trouver sur le marché, et on ne peut l'acheter que chez les rosiéristes.

Port : arbuste vigoureux, ce rosier atteint 1,75 m de haut sur 1,20 m de large. Ses tiges sont rouges et son feuillage gris vert, mat, est plutôt résistant aux maladies.

Fleurs : solitaires, les fleurs sont doubles, plates une fois épanouies, rose foncé, devenant roses à pleine éclosion. Le cœur de la fleur est plus pâle, marqué d'étamines jaunes. Les fleurs sont moyennement parfumées. La floraison, qui éclôt à la fin du printemps, n'est pas remontante. Les fruits sont petits, ronds, rouge foncé et persistants.

Culture : voir la culture des *Rosa blanda*. La rusticité de ce rosier est excellente.

Au jardin : on l'utilise en combinaison dans les plates-bandes, en massif, pour confectionner des haies, et aussi pour la naturalisation.

Rosier 'Black Boy'
Rosa centifolia muscosa 'Black Boy'
Zone 4b

Ce rosier, du groupe des rosiers mousseux (Rosa centifolia muscosa), a été introduit sur le marché par Kordes (Allemagne) en 1958. Malgré sa bonne rusticité, il est très rare sur le marché.

Port : cet arbuste, érigé et vigoureux, mesure 1,50 m de haut sur autant de large. Son feuillage est vert, épais, lustré. Sa résistance aux maladies est moyenne à bonne.

Fleurs : solitaires ou en petites grappes, les fleurs forment des coupes aux pétales très doubles, rouges virant au rose foncé. Leur parfum est intense. La floraison est abondante à la fin du printemps, puis il y a quelques fleurs par la suite. Les fruits rouge orangé sont décoratifs.

Culture : voir la culture des *Rosa centifolia muscosa*.

Au jardin : on plante ce rosier en association dans les plates-bandes, en massif ou pour confectionner des haies.

Rosier 'Blanc Double de Coubert'
Rosa rugosa 'Blanc Double de Coubert'
Zone 2a

Ce rosier est issu du groupe des rosiers hybrides de Rosa rugosa. Il a été introduit en 1892 par Cochet-Cochet (France). Il est assez commun sur le marché.

Rosier 'Black Prince'
Rosa hybrida 'Black Prince'
Zone 5b

Ce rosier est rattaché à la catégorie des rosiers hybrides perpétuels. Son introduction, que l'on doit à Paul (Royaume-Uni), date de 1866. C'est une plante très rare sur le marché, malgré ses qualités.

Port : ce rosier, érigé et vigoureux, prend la forme d'un buisson qui mesure 1,20 m de haut sur 90 cm de large. Les tiges sont épineuses. Le feuillage, vert mat, est malheureusement sensible à l'oïdium.

Fleurs : généralement solitaires, en forme de coupe, les fleurs sont doubles, rouge foncé avec des reflets noirs et un doux parfum. La floraison principale s'ouvre à la fin du printemps, puis quelques fleurs apparaissent par la suite.

Culture : voir la culture des rosiers hybrides perpétuels.

Au jardin : on cultive ce rosier dans les plates-bandes, en massif ou comme haie.

Port : cet arbuste vigoureux, drageonnant, monte à 1,20 m et s'étale sur 1,80 m. Les tiges sont épineuses. Les feuilles, vert foncé, brillantes, coriaces, sont gaufrées. Elles présentent une très bonne résistance aux maladies. À l'automne, elles prennent une belle couleur jaune brillant.

Fleurs : réunies en grappes de cinq à dix, les fleurs sont grandes, plates, semi-doubles à doubles, blanches. Elles sont extrêmement parfumées, notamment en début de soirée. La floraison principale naît à la fin du printemps, puis d'autres floraisons, de moindre importance, sont répétées par la suite. Les fruits rouge orangé, peu nombreux, sont décoratifs.

Culture : voir la culture des *Rosa rugosa*. La rusticité est très élevée.

Au jardin : on emploie ce rosier en composition dans les plates-bandes, en massif, comme haie ou pour retenir les talus.

Rosier 'Blush Hip'
Rosa alba 'Blush Hip'
Zone 4b

Introduit au Royaume-Uni vers 1846, ce rosier fait partie de la catégorie des Rosa alba. *Il est aujourd'hui cultivé par les rosiéristes.*

Port : érigé et vigoureux cet arbuste produit des tiges peu épineuses qui ont tendance à être flexibles. Elles culminent à 2,50 m et se déploient sur 1,75 m. Le feuillage vert, rude, est dentelé et coriace. Celui-ci est plutôt résistant aux maladies.

Fleurs : réunis en grappes, les boutons rouge vif donnent des fleurs en forme de coupe, très doubles, rose clair. Elles sont très parfumées. La floraison a lieu tôt à la fin du printemps.

Culture : voir la culture des *Rosa alba*.

Au jardin : on le plante généralement en association dans les plates-bandes, en massif ou comme haie. À cause de ses longues tiges souples, ce rosier peut aussi être palissé sur un mur.

Rosier 'Blanchefleur'
Rosa centifolia 'Blanchefleur'
Zone 4b

Ce rosier est rattaché à la catégorie des Rosa centifolia. *Il a été introduit par Vibert (France) en 1835. Il est aujourd'hui rare sur le marché.*

Port : cet arbuste, érigé et vigoureux, possède des tiges très épineuses, souples, qui forment une plante de 1,50 m de haut sur autant de large. Le feuillage vert pâle est un peu glauque. Il est plutôt résistant aux maladies.

Fleurs : réunis en petites grappes, les boutons sont blancs avec une pointe rouge au bout. Ils donnent des fleurs plates, très doubles, blanc crème. Elles dégagent un fort parfum. Très florifère, il fleurit à la fin du printemps.

Culture : voir la culture des *Rosa centifolia*.

Au jardin : on l'utilise dans les plates-bandes, en massif ou comme haie.

Rosier 'Bonavista'
Rosa hybrida 'Bonavista'
Zone 3a

Ce rosier a été hybridé par Felicitas Svedja à Ottawa en Ontario dans les années soixante. Il s'agit en fait d'un ancêtre des rosiers de la série Explorateur. Aujourd'hui, il est seulement cultivé par les rosiéristes. Il fait partie du groupe des rosiers arbustes modernes.

Port : arbustif, ce rosier mesure 1,00 m de haut sur autant de large. Le feuillage, vert pâle, mat, est plutôt résistant aux maladies.

Fleurs : regroupées en grappes par trois à six, les fleurs sont semi-doubles, rose pâle, presque blanches au centre avec des étamines jaunes. Elles sont moyennement parfumées. Elles éclosent au début de l'été.

Culture : voir la culture des rosiers de la série Explorateur.

Au jardin : il entre dans la composition des plates-bandes, on le plante aussi en massif ou comme haie.

Rosier 'Bonica'
Rosa hybrida 'Bonica'
Zone 5b

Ce rosier arbuste moderne a été introduit par Meilland (France) en 1985. On le trouve aussi sous les noms de Rosa 'MEIdomonac', de Rosa 'Bonica '82' et de Rosa 'Demon'. Il est largement diffusé sur le marché.

Port : ce couvre-sol bas est caractérisé par des branches arquées, flexibles, qui s'étalent sur 1,70 m, mais qui ne montent que sur 1,00 m. Les petites feuilles sont vert émeraude aux reflets cuivre. Plutôt résistantes aux maladies, elles sont parfois sensibles à la maladie des taches noires.

Fleurs : réunies en grappes, les fleurs forment de petites coupes, doubles, rose clair au centre avec des teintes de rose pâle sur le bord extérieur des pétales. Elles sont peu parfumées. La floraison est continue de la fin du printemps aux gelées. Les fruits sont décoratifs.

Culture : voir la culture des rosiers de la série Meidiland.

Au jardin : on l'utilise avant tout comme couvre-sol, mais aussi dans les plates-bandes, en massif et comme fleurs coupées.

Rosier 'Botzaris'
Rosa damascena 'Botzaris'
Zone 3b

Ce rosier qui appartient au groupe des rosiers de Damas (Rosa damascena) a été introduit par Robert (France) en 1856. Il est actuellement cultivé par des rosiéristes.

Port : cet arbuste érigé forme un rosier dense aux tiges épineuses. Ses dimensions sont plutôt modestes (H. : 1,10 m. L. : 80 cm). Le feuillage vert est semi-lustré. Celui-ci a une assez bonne résistance aux maladies.

Fleurs : réunies en petits bouquets, les fleurs sont plates, très doubles, blanc crème avec des reflets de vert au centre. Elles sont très parfumées au début de l'été.

Culture : voir la culture des *Rosa damascena*.

Au jardin : on l'emploie en association dans les plates-bandes, en massif ou comme haie.

Rosier 'Bredon'
Rosa hybrida 'Bredon'
Zone 5b

Introduit en 1984 par Austin (Royaume-Uni), ce rosier est rattaché à la catégorie des rosiers arbustes modernes. On le trouve aussi sous le nom de Rosa 'AUSbred'. Il est plus ou moins répandu sur le marché.

Port : buisson érigé et compact, ce rosier culmine à 90 cm et s'étale sur 60 cm. Son feuillage, vert sombre, mat, est sensible à l'oïdium et à la maladie des taches noires.

Fleurs : réunies en petites grappes, les fleurs, plutôt petites, sont doubles, jaune chamois plus foncé au centre. Très parfumées, elles exhalent un parfum de fruits. La floraison à la fin du printemps est abondante, puis elle est largement répétée par la suite.

Culture : voir la culture des rosiers de David Austin.

Au jardin : idéal pour entrer dans la composition des plates-bandes, on plante aussi ce rosier en massif ou on l'utilise pour les fleurs coupées.

Rosier brillant épineux
Rosa nitida 'Defender'
Zone 2a

Ce rosier ressemble beaucoup à Rosa nitida spinosa, une plante indigène de l'est du Canada. Il a été introduit par Darthuis Nursery (Pays-Bas) en 1971. Il est aussi connu sous les noms de Rosa 'Dart's Defender' et de Rosa nitida 'Dart's Defender'. Il est malheureusement rare sur le marché.

Port : cet arbuste au port vigoureux est haut de 1,50 m et large de 1,00 m. Toutefois, comme il se propage par drageons, il peut devenir envahissant. Ses tiges sont pourvues de très nombreux aiguillons. Le feuillage, vert très brillant, devient rouge et jaune à l'automne. Il a une bonne résistance aux maladies.

Fleurs : réunies en petites grappes, en forme de coupe, les fleurs semi-doubles sont rose foncé avec des étamines jaunes. Très parfumées, elles éclosent à la fin du printemps. Par la suite, les fruits sont rouges.

Culture : voir la culture des *Rosa nitida*.

Au jardin : c'est une excellente plante pour les haies défensives que l'on peut aussi planter en massif, en combinaison dans les plates-bandes ou pour retenir les talus.

Rosier 'Brook Song'
Rosa hybrida 'Brook Song'
Zone 4b

Ce rosier, qui fait partie du groupe des rosiers arbustes modernes, a été introduit en 1985 par Buck (États-Unis). Il est actuellement cultivé par les rosiéristes.

Port : ce petit rosier buisson mesure 1,00 m de haut sur 80 cm de large. Son feuillage vert foncé, coriace, résiste bien aux maladies.

Fleurs : réunis en petites grappes, les boutons sont jaune foncé, teintés de rouge. Ils ouvrent sur des fleurs doubles, jaune pâle à reflets jaune ambre. Celles-ci sont légèrement parfumées. La floraison est continue de la fin du printemps aux premières gelées.

Culture : voir la culture des rosiers du Dr Buck.

Au jardin : facile à marier dans les plates-bandes, on l'emploie aussi en massif et pour les fleurs coupées.

Rosier 'Brother Cadfael'
Rosa hybrida 'Brother Cadfael'
Zone 5b

Il s'agit d'un autre rosier arbuste moderne introduit par Austin (Royaume-Uni). Mis en culture en 1990 sous le nom de Rosa *'AUSglobe', il est aujourd'hui assez largement cultivé.*

Port : ce rosier érigé et compact prend la forme d'un buisson qui culmine à 1,00 m et s'étend sur 90 cm. Les jeunes pousses rouge bronze donnent un feuillage vert foncé et brillant, généralement résistant aux maladies, mais légèrement sensible à l'oïdium certaines années.

Fleurs : réunies en petites grappes, les fleurs sont grandes, en forme de coupe, très doubles, roses. Le parfum de fruit est prononcé. La floraison est continue de la fin du printemps à l'automne.

Culture : voir la culture des rosiers de David Austin.

Au jardin : on l'utilise principalement en association dans les plates-bandes, mais aussi en massif ou pour les fleurs coupées.

Rosier 'Buff Beauty'
Rosa hybrida 'Buff Beauty'
Zone 5b

*Ce rosier est un rosier hybride musqué (*Rosa moschata*). Son introduction date de 1939 et elle est due à Bentall (Royaume-Uni). Il est assez répandu sur le marché.*

Port : arbuste vigoureux, large, ce rosier s'élève à 2,00 m et se déploie sur 1,50 m. Les branches sont parfois arquées. Les jeunes pousses sont rougeâtres. Le feuillage vert semi-mat a une bonne résistance aux maladies.

Fleurs : réunies en grappes, les fleurs sont doubles, jaunes avec des reflets abricot. Elles sont moyennement parfumées. Elles éclosent en début d'été, puis sporadiquement par la suite.

Culture : voir la culture pour des *Rosa moschata*.

Au jardin : on le cultive en association dans les plates-bandes, mais aussi en massif ou pour les haies.

Rosier 'Camaïeux'
Rosa gallica 'Camaïeux'
Zone 4b

Rosier 'Bullata'
Rosa centifolia 'Bullata'
Zone 3b

Ce rosier est rattaché à la catégorie des rosiers centfeuilles (Rosa centifolia). On le connaît aussi sous les noms de rosier à feuilles de laitue, Lettuce-leaved Rose et Rosa centifolia bullata. Il a été introduit en culture vers 1800. Il est rare sur le marché. C'est plutôt une plante pour les collectionneurs.

Port : arbustif, érigé, ce rosier a un port lâche, les branches étant souvent arquées. Haut de 1,20 m, il est large de 1,50 m. Sa particularité vient de son feuillage large et gaufré, qui ressemble à des feuilles de laitue pommée, vert mat. Malheureusement, celui-ci est sensible à l'oïdium. Les tiges et les aiguillons sont rougeâtres.

Fleurs : réunies en petites grappes, en forme de coupe, les fleurs sont très doubles, rose moyen et parfumées. La floraison éclôt à la fin du printemps.

Culture : voir la culture des *Rosa centifolia*. Les fleurs de ce rosier supportent mal les températures humides.

Au jardin : on le marie à d'autres végétaux dans les plates-bandes, mais on le plante aussi pour confectionner des massifs ou des haies.

Ce rosier, du groupe des rosiers hybrides de Rosa gallica, a été introduit par Vibert (France) en 1830. Aujourd'hui il est cultivé par les rosiéristes.

Port : ce rosier bas et compact forme un buisson aux branches souples, arquées, peu épineuses. Il est haut de 90 cm et large d'autant. Il peut aussi s'étendre plus, car il produit des rejets. Le feuillage est gris vert, plutôt résistant aux maladies.

Fleurs : de forme plate, les fleurs sont doubles, blanches avec des stries et des taches rose pâle, violettes, pourpres ou lavande selon le stade de floraison. Elles sont fortement parfumées. La floraison s'épanouit à la fin du printemps.

Culture : voir la culture des *Rosa gallica*.

Au jardin : on le cultive en combinaison dans les plates-bandes, en massif, comme haie ou pour les fleurs coupées.

Rosier 'Candy Rose'
Rosa hybrida 'Candy Rose'
Zone 5b

Ce rosier fait partie de la catégorie des rosiers arbustes modernes. Il a été introduit par Meilland (France) en 1983. On le connaît aussi sous le nom de Rosa 'MEIranovi'. Il est vendu chez les rosiéristes.

Port : vigoureux, ce rosier de type couvre-sol a des tiges arquées. Haut de 1,00 m, il peut se développer sur 1,25 m. Les jeunes pousses sont teintées de pourpre. Le feuillage, vert foncé, lustré, est assez résistant aux maladies.

Fleurs : réunies en bouquets, les petites fleurs sont semi-doubles, rose foncé avec un cœur rose pâle, presque blanc et des étamines jaunes, très voyantes. Elles sont peu ou pas parfumées. La floraison éclôt à la fin du printemps, puis sporadiquement jusqu'à la fin de l'été.

Culture : voir la culture des rosiers de la série Meidiland.

Au jardin : on le plante comme couvre-sol, en massif ou dans les plates-bandes.

Rosier 'Cantabrigiensis'
Rosa hybrida 'Cantabrigiensis'
Zone 4b

Ce rosier est rattaché au groupe des rosiers arbustes modernes. Il a été introduit au Royaume-Uni en 1931. Il porte aussi les noms de Rosa cantabrigiensis, de Rosa pteragonis cantabrigiensis et de Rosa 'The Cambridge Rose'. Il est cultivé par les rosiéristes.

Port : ce grand arbuste (H. : 2,00 m. L. : 1,50 m) a un port plutôt lâche. Les tiges sont brunes et très épineuses. Le feuillage est petit, vert pâle, très coloré à l'automne. La résistance aux maladies est assez bonne.

Fleurs : en forme de coupe, les fleurs sont simples, jaune pâle, presque crème, avec des étamines jaune d'or, voyantes. Elles laissent émaner un léger parfum. La floraison éclôt tôt à la fin du printemps.

Culture : cette plante de plein soleil est peu exigeante quant à la qualité du sol. Elle préfère cependant quand celui-ci est bien drainé. La protection hivernale est nécessaire à partir de la zone 4a.

Au jardin : on le plante, en massif ou en isolé, en association dans les plates-bandes.

Rosier 'Capitaine John Ingram'
Rosa centifolia muscosa
'Capitaine John Ingram'
Zone 5b

Ce rosier fait partie de la catégorie des rosiers mousseux (Rosa centifolia muscosa). Introduit en 1855 par Laffay (France), il est aujourd'hui cultivé par les rosiéristes. Il porte parfois le nom de Rosa 'Captain Ingram'.

Port : vigoureuses, denses, les tiges de cet arbuste sont très épineuses. Haut de 1,20 m, la largeur de ce rosier est de 1,00 m. Le feuillage vert foncé, mat, est malheureusement sensible aux maladies.

Fleurs : réunis en petites grappes, les boutons sont recouverts d'une abondante mousse. Les fleurs, plates à pleine ouverture, doubles, sont spectaculaires par leur couleur pourpre veloutée avec des teintes de rouge foncé et de marron, devenant plus clair en fin de floraison. Elles sont très parfumées. La floraison a lieu à la fin du printemps et, parfois, quelques fleurs apparaissent à l'automne.

Culture : voir la culture des *Rosa centifolia muscosa*.

Au jardin : l'utilisation principale est en association dans les plates-bandes, mais on peut aussi le cultiver en massif.

Rosier 'Captain Samuel Holland'
Rosa hybrida 'Captain Samuel Holland'
Zone 3b

Ce rosier fait partie du groupe des rosiers hybrides de Rosa kordesii. Hybridé par Felicitas Svedja à Ottawa, en Ontario, et testé par Ian Ogilvie à L'Assomption au Québec, il fait partie de la série Explorateur, développée par Agriculture et Agroalimentaire Canada. Il a été introduit en 1990. Il est largement vendu sur le marché.

Port : ce rosier, aux longues tiges sarmenteuses, porte un feuillage vert foncé, lustré. Celui-ci est résistant à l'oïdium et à la maladie des taches noires. Il peut atteindre 1,80 m de haut sur 1,30 m de large.

Fleurs : solitaires ou réunies en grappes, les fleurs sont petites, doubles, rouge violacé et très légèrement parfumées. La floraison est continue de juin aux gelées.

Culture : voir la culture des *Rosa kordesii*. Ce rosier est résistant aux insectes.

Au jardin : on l'emploie dans toutes les situations où il peut être attaché sur un support.

HYBRIDÉ AU CANADA

Rosier 'Cardinal de Richelieu'
Rosa gallica 'Cardinal de Richelieu'
Zone 4b

Ce rosier appartient au groupe de rosiers hybrides de Rosa gallica. Il a été introduit en 1840 par Parmentier (France). Il est aujourd'hui vendu par de nombreux rosiéristes.

Port : bas, cet arbuste, à la forme régulière, a des tiges vertes, peu épineuses. Il atteint 1,20 m de haut et 90 cm de large. Les jeunes pousses vert et brun donnent des feuilles vert foncé, semi-lustrées, plutôt résistantes aux maladies.

Fleurs : réunies en bouquets de trois ou quatre, les fleurs sont petites, doubles, d'abord grenat, puis pourpre foncé avec des reflets argentés et un œil plus clair au centre. Elles exhalent un très fort parfum. La floraison a lieu au début de l'été.

Culture : voir la culture des *Rosa gallica*. Un sol plutôt riche convient bien à ce cultivar.

Au jardin : on les plante en association dans les plates-bandes, en massif ou pour confectionner des haies.

Rosier 'Carefree Beauty'
Rosa hybrida 'Carefree Beauty'
Zone 4a

Ce rosier, de la catégorie des rosiers arbustes modernes, a été introduit en 1977 par Buck (États-Unis). On le connaît aussi sous les noms de Rosa 'BUCbi' et de Rosa 'Audace'. Très populaire, il est commun sur le marché.

Port : avec ses 80 cm de haut et ses 90 cm de large, cet arbuste buissonnant a un port compact. Ses feuilles, vert sombre, brillantes, sont résistantes aux maladies.

Fleurs : des boutons effilés, regroupés en petites grappes, éclosent des fleurs plates, semi-doubles, rose clair avec un revers rose pâle. Elles dégagent un très fort parfum. La floraison est continue de la fin du printemps à l'automne.

Culture : voir la culture des rosiers arbustes modernes. Cette plante supporte les sols plus ou moins riches.

Au jardin : idéal en combinaison avec des plantes vivaces dans les plates-bandes et en massif.

Rosier 'Carefree Delight'
Rosa hybrida 'Carefree Delight'
Zone 5b

L'introduction de ce rosier arbuste moderne, qui date de 1991, a été faite par Meilland (France). On lui connaît de nombreux noms : Rosa 'MEIpotal', Rosa 'Bingo', Rosa 'Bingo Meidiland' et Rosa 'Bingo Meillandécor'. Il est facile à trouver sur le marché.

Port : chez cet arbuste, proche d'un couvre-sol, les longues tiges arquées, très épineuses, qui partent dans tous les sens forment un monticule de 80 cm de haut sur 1,00 m de large. Le feuillage vert foncé, lustré, est très résistant aux maladies.

Fleurs : regroupées en grosses grappes, en forme de coupe, les fleurs sont simples à semi-doubles, rose clair au centre blanc avec des étamines jaune d'or. Elles ne sont pas parfumées. La floraison est continue. Les fruits, petits et rouges, attirent les oiseaux.

Culture : voir la culture des rosiers de la série Meidiland.

Au jardin : il est facile à intégrer dans les plates-bandes, mais on peut aussi le planter en larges massifs ou sur les talus.

Rosier 'Carefree Wonder'
Rosa hybrida 'Carefree Wonder'
Zone 5b

Ce rosier appartient à la catégorie des rosiers arbustes modernes. Il a été introduit en 1978 par Meilland (France). Il porte aussi les noms de Rosa 'MEIpitac', de Rosa 'Carefully Wonder' et de Rosa 'Dynastie'. Il est aujourd'hui assez commun sur le marché.

Port : ce rosier au port buissonnant, informel, monte à 80 cm et se développe sur 90 cm de large. Les aiguilles sont rougeâtres. Le feuillage semi-brillant, vert, est très résistant aux maladies.

Fleurs : regroupés en petites grappes, les boutons effilés donnent naissance à des fleurs de forme plate, doubles, rose clair avec un revers rose pâle. Elles sont légèrement parfumées. La floraison est continue du printemps aux premières gelées. Les fruits sont orangés.

Culture : voir la culture des rosiers de la série Meidiland.

Au jardin : on l'utilise dans les plates-bandes, en massif ou sur les talus.

Rosier 'Carmen'
Rosa rugosa 'Carmen'
Zone 3a

Arbustif, ce rosier appartient au groupe des rosiers hybrides de Rosa rugosa. *Il a été introduit en 1907 par Lambert (Allemagne). Il est aujourd'hui cultivé par les rosiéristes.*

Port : buissonnant, ce grand rosier a 1,80 m de haut et 1,20 m de large. Son feuillage est dense, vert foncé, rugueux. Il est plus ou moins résistant aux maladies.

Fleurs : grandes, simples, en forme de coupe, les fleurs ont les pétales froissés. Rouge foncé, elles portent des étamines jaunes, très voyantes. Leur parfum est léger. La floraison a lieu à la fin du printemps, sporadiquement par la suite. Les fruits rouges sont décoratifs.

Culture : voir la culture des *Rosa rugosa*.

Au jardin : on peut le marier à d'autres plantes dans les plates-bandes ; ou encore, l'utiliser en massif ou pour confectionner une haie.

Rosier 'Carmenetta'
Rosa hybrida 'Carmenetta'
Zone 2b

Ce rosier est issu d'un croisement entre Rosa rubrifolia *et* Rosa rugosa. *Celui-ci a été réalisé par Isabel Preston à la Ferme expérimentale centrale à Ottawa en Ontario. Il a été introduit sur le marché en 1923. Il est aussi cultivé sous le nom de* Rosa x rubrosa. *Il est aujourd'hui cultivé chez les rosiéristes.*

Port : cet arbuste, large, buissonnant, porte des tiges arquées, rouge pourpre, sans aiguillons. Il culmine à 2,10 m et s'étale sur 2,50 m. Ses feuilles sont faites de cinq à neuf folioles ovales, découpées, pourpre bleuté. La couleur du feuillage peut varier selon le climat ou la nature du sol. Il a une bonne résistance aux maladies. S'il n'est pas installé dans le bon biotope, il attire les insectes.

Fleurs : réunies en petites grappes, les fleurs simples, petites, sont en forme d'étoile. Elles sont rose lilas, leur base étant blanche et les étamines jaunes. Elles éclosent au début du printemps et sont légèrement parfumées. En automne, les fruits, d'abord rouges, deviennent pourpres.

Culture : ce rosier pousse au soleil ou à l'ombre légère. On le plante dans un sol plus ou moins riche, léger, alcalin et sec. Sa rusticité étant élevée, la protection hivernale est inutile.

Au jardin : ses utilisations sont nombreuses : en massif, dans les plates-bandes ou en haie. Il demande beaucoup de place.

Rosa 'Célina'
Rosa centifolia muscosa 'Célina'
Zone 5b

Ce rosier, qui appartient à la classe des rosiers mousseux (Rosa centifolia muscosa), a été introduit par Hardy (France) en 1855. Aujourd'hui, il n'est cultivé que par les rosiéristes.

Rosier 'Celestial'
Rosa alba 'Celestial'
Zone 4b

Ce rosier fait partie de la catégorie des Rosa alba. *Son introduction date environ de 1759 en France et de 1797 au Royaume-Uni. On le trouve parfois sous le nom de* Rosa *'Céleste'. De nombreux rosiéristes le cultivent encore aujourd'hui. Attention, il existe trois cultivars de rosiers cultivés sous ce nom.*

Port : ce rosier arbustif vigoureux mesure 1,20 m de haut et autant de large. Les tiges sont vertes et les aiguilles rouges. Son feuillage vert bleuté sombre est très résistant au mildiou et à la maladie des taches noires, mais plus sensible à la rouille.

Fleurs : en forme de coupe, les fleurs sont semi-doubles, rose pur avec des étamines jaunes. Elles sont agréablement parfumées. Elles éclosent à la fin du printemps. Les fruits rouges sont allongés.

Culture : voir la culture des *Rosa alba*. Éviter de tailler court.

Au jardin : il entre dans la composition des plates-bandes ; ou encore dans la composition de massif ou de haie.

Port : arbustif, de petites dimensions, il atteint 1,10 m de haut sur 80 cm de large. Son feuillage est vert foncé, mat. Sa résistance aux maladies est moyenne, car il est souvent attaqué par l'oïdium.

Fleurs : réunis en grappes, les boutons, légèrement moussus, donnent des fleurs semi-doubles, rouges avec des reflets pourpres et des étamines jaunes, très voyantes. La floraison, qui est moyennement parfumée, a lieu à la fin du printemps.

Culture : voir la culture des *Rosa centifolia muscosa*. Ce cultivar étant plus ou moins vigoureux, un bon apport de compost jeune chaque année est conseillé.

Au jardin : on l'emploie dans les plates-bandes, en massif ou comme haie.

Rosier 'Celsiana'
Rosa damascena 'Celsiana'
Zone 2b

Ce rosier fait partie du groupe des rosiers de Damas (Rosa damascena). Il a été introduit en culture avant 1750. Il est aujourd'hui cultivé par les rosiéristes.

Port : arbustif, ce rosier forme un large monticule de 90 cm de haut sur 1,20 m de large. Les aiguillons sur les tiges sont nombreux. Son feuillage vert est légèrement gris.

Fleurs : réunies en grappes, les fleurs semi-doubles sont plates, rose tendre en début de floraison, puis rose délavé par la suite avec des étamines jaunes. Elles exhalent un très fort parfum de musc. La floraison, qui éclôt à la fin du printemps, est très abondante.

Culture : voir la culture des *Rosa damascena*.

Au jardin : on le plante en massif, dans les plates-bandes ou comme haie.

Rosier 'Champlain'
Rosa hybrida 'Champlain'
Zone 3a

Ce rosier est rattaché à la classe des rosiers hybrides de Rosa kordesii. Hybridé par Felicitas Svedja à Ottawa en Ontario, il fait partie de la série Explorateur, développée par Agriculture et Agroalimentaire Canada. Son introduction date de 1982. Il est largement vendu sur le marché.

Port : ce rosier forme un petit buisson aux tiges plutôt épineuses. Il a 90 cm de haut sur autant de large. Les jeunes pousses sont de couleur bronze. Son feuillage vert foncé, luisant, a une bonne résistance à l'oïdium, mais est plus ou moins résistant à la maladie des taches noires, surtout si le sol est détrempé.

Fleurs : réunies en grappes, les fleurs sont doubles, rouge carmin avec des étamines jaune d'or. Elles sont légèrement parfumées. La floraison est continue de la fin du printemps aux premières gelées.

Culture : voir la culture des *Rosa kordesii*.

Au jardin : utilisé en massif, on peut aussi le planter en combinaison dans les plates-bandes ou pour confectionner des haies.

HYBRIDÉ AU CANADA

Rosier 'Chapeau de Napoléon'
Rosa centifolia 'Chapeau de Napoléon'
Zone 4b

Ce rosier, du groupe des Rosa centifolia, *a été introduit par Vibert (France) en 1826. On lui connaît de nombreux noms :* Rosa centifolia *'Crested Moss'*, Rosa centifolia *'Cristata'*, Rosa centifolia muscosa cristata, Rosa *'Crispé Mousseux' et* Rosa *'Crested Procence Rose'. Il est aujourd'hui cultivé par les rosiéristes.*

Port : ce rosier a des tiges souples, arquées, qui forment un arbuste de 1,50 m de haut sur 1,20 m de large. Le feuillage, vert mat, est plutôt résistant aux maladies.

Fleurs : réunis en grappes, les boutons, très moussus, ressemblent à un tricorne. Les fleurs, en forme de coupe profonde, sont très doubles. Roses avec des reflets argentés, elles sont parfumées. La floraison a lieu à la fin du printemps.

Culture : voir la culture des *Rosa centifolia*.

Au jardin : on l'utilise en mariage dans les plates-bandes avec d'autres plantes, mais aussi en massif, comme haie et pour les fleurs coupées.

Rosier 'Charles Albanel'
Rosa rugosa 'Charles Albanel'
Zone 2b

Ce rosier, qui est rattaché à la classe des rosiers hybrides de Rosa rugosa, *appartient à la série Explorateur. Hybridé par Felicitas Svedja à Ottawa en Ontario, il a été introduit en 1982 par Agriculture et Agroalimentaire Canada. Il est largement répandu sur le marché.*

Port : ce rosier couvre-sol, aux tiges courtes, plutôt épineuses, ne monte qu'à 50 cm, mais s'étale sur 1,00 m. Son feuillage vert foncé, gaufré, semi-mat, tourne au jaune à l'automne. Il est très résistant à la maladie des taches noires et à l'oïdium.

Fleurs : réunies par trois ou quatre, les grandes fleurs sont plates, doubles, rouge moyen à mauves. Elles répandent un agréable parfum. La floraison principale s'épanouit à la fin de l'été puis des floraisons sporadiques, de moindre importance, éclosent jusqu'aux premières gelées. Les fruits, décoratifs, sont rouge orangé.

Culture : voir la culture des *Rosa rugosa*.

Au jardin : on le cultive dans les plates-bandes, en massif, comme haie et sur les talus.

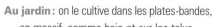

Rosier 'Charles Austin'
Rosa hybrida 'Charles Austin'
Zone 5b

Ce rosier, de la catégorie des rosiers arbustes modernes, a été introduit par Austin (Royaume-Uni) en 1973. On le connaît aussi sous le nom de Rosa 'AUSfather'. Il est largement vendu sur le marché. Il existe un sport de ce rosier, Rosa 'Yellow Charles Austin' (Rosa 'AUSyel'), semblable en tout point, mais à fleurs jaune citron.

Port : érigé, ce rosier buissonnant fait 1,20 m de haut sur 90 cm de large. Son feuillage, vert foncé, lustré, a une bonne résistance aux maladies, excepté à l'oïdium.

Fleurs : réunies en grappes, les fleurs, en forme de coupe, sont doubles, abricot en début de floraison, devenant délavées avec le temps, puis légèrement teintées de rose. Elles laissent émaner un parfum fruité. Ce rosier fleurit abondamment à la fin du printemps, puis un peu au cours de l'été.

Culture : voir la culture des rosiers de David Austin.

Au jardin : on l'utilise principalement dans les plates-bandes, mais aussi en massif et comme fleurs coupées.

Rosier 'Charles de Mills'
Rosa gallica 'Charles de Mills'
Zone 4b

Ce rosier appartient à la classe des rosiers hybrides des roses galliques (Rosa gallica). Il a été introduit par Hardy (France) vers 1790. Il est aujourd'hui cultivé par de nombreux rosiéristes. Il porte aussi les noms de Rosa gallica 'Charles Mills', de Rosa gallica 'Charles Wills' et de Rosa gallica 'Bizarre Triomphante'.

Port : arbustif, drageonnant, ce rosier a un port érigé. Il est haut de 1,50 m et large de 1,10 m. Les tiges sont peu épineuses. Le feuillage, vert foncé, semi-lustré, est très résistant aux maladies.

Fleurs : réunies en petites grappes, d'abord en forme de coupe, puis aplaties à pleine éclosion, les fleurs sont très doubles, rouge pourpre à reflets rouge carmin foncé et très parfumées. La floraison a lieu à la fin du printemps.

Culture : voir la culture des *Rosa gallica*.

Au jardin : on l'emploie en association dans les plates-bandes, en massif ou comme haie.

Rosier 'Charles Rennie Mackintosh'
Rosa hybrida 'Charles Rennie Mackintosh'
Zone 5b

Buissonnant, ce rosier, du groupe des rosiers arbustes modernes, a été hybridé par Austin (Royaume-Uni). Son introduction date de 1988. On le connaît aussi sous les noms de Rosa 'AUSren', de Rosa 'Glückburg' et de Rosa 'Rosarium Glückburg'. Il est vendu sur le marché par les producteurs spécialisés.

Port : érigées, denses, les tiges fragiles de ce buisson sont épineuses. De port compact, il mesure 90 cm de haut sur 70 cm de large. Les petites feuilles sont vert foncé. Sa résistance aux maladies est bonne, mais, certaines années, il est attaqué par l'oïdium.

Fleurs : en forme de coupe, très doubles, les fleurs ressemblent à des pivoines. Elles sont de couleur pourpre en début de floraison, puis lilas à lilas clair par la suite. Elles laissent émaner un bon parfum de musc, pas trop prononcé. La floraison est continue, de la fin du printemps aux premières gelées.

Culture : voir la culture des rosiers de David Austin.

Au jardin : facile à intégrer dans les plates-bandes, on le cultive aussi en massif et pour les fleurs coupées.

Rosier 'Charlotte'
Rosa hybrida 'Charlotte'
Zone 5b

Ce rosier appartient à la catégorie des arbustes modernes. Il a été introduit par Austin (Royaume-Uni) en 1993. Il porte aussi les noms de Rosa 'AUSpoly' et de Rosa 'Elgin Festival'. Il est répandu chez les rosiéristes.

Port : buissonnant, ce rosier porte des tiges dressées. Compact, il mesure 1,00 m de haut sur 90 cm de large. Le feuillage, vert clair avec des pointes bronze, est résistant à la maladie des taches noires, mais sensible à l'oïdium.

Fleurs : réunies par deux ou quatre, les fleurs, en forme de coupe profonde, sont très doubles. D'abord jaune pur au centre et jaune beurre à l'extérieur, les fleurs tournent parfois au blanc crème. Leur parfum, qui rappelle celui de la rose thé, est agréable. La floraison, qui commence au début du printemps, est répétée par la suite.

Culture : voir la culture des rosiers de David Austin.

Au jardin : on l'utilise dans les plates-bandes, en massif et pour les fleurs coupées.

Rosier 'Chaucer'
Rosa hybrida 'Chaucer'
Zone 5b

*Ce rosier fait partie du groupe des rosiers ar-
bustes modernes. Il a été introduit sur le marché par Austin (Royaume-Uni) en 1970. Il a
été enregistré sous le nom de Rosa 'AUScon'.
Il est vendu par les rosiéristes.*

Port : buissonnant, ce rosier a un port dressé.
Compact, il mesure 1,00 m de haut sur
90 cm de large. Son feuillage vert clair, mat,
est résistant à la maladie des taches noires,
mais sensible à l'oïdium.

Fleurs : réunies par deux à quatre, les fleurs,
en forme de coupe profonde, sont doubles,
rose tendre, pâlissant à pleine éclosion. Le
parfum de myrrhe est très prononcé. La floraison principale éclôt à la fin du printemps,
puis est répétée jusqu'aux premiers gels.

Culture : voir la culture des rosiers de David
Austin.

Au jardin : on l'emploie dans les plates-bandes,
en massif et pour les fleurs coupées.

Rosier 'Cherry Meidiland'
Rosa hybrida 'Cherry Meidiland'
Zone 5b

*Introduit sur le marché par Meilland (France)
en 1995, ce rosier est rattaché à la catégorie
des rosiers arbustes modernes. On le connaît
aussi sous les noms de Rosa 'Cherry Meillandécor' et de Rosa 'MEIrumor'. Il est cultivé
par les rosiéristes, mais on le trouve parfois
sur le marché dans les jardineries.*

Port : ce rosier couvre-sol, aux branches
arquées, a un port étalé, ce qui donne un
arbuste d'à peine 50 cm de haut, mais de
1,10 m de large. Son feuillage, vert foncé
luisant, a une bonne résistance aux maladies.

Fleurs : réunies en grappes, les fleurs sont
simples, rouge cerise à cœur blanc et à étamines jaune d'or. Elles sont peu parfumées.
La floraison est continue de la fin du printemps aux premières gelées.

Culture : voir la culture des rosiers de la série
Meidiland.

Au jardin : on le plante comme couvre-sol,
sur les talus ou en massif.

Rosier 'Chianti'
Rosa hybrida 'Chianti'
Zone 5b

Ce rosier a été introduit sur le marché en 1967 par Austin (Royaume-Uni). Son nom d'enregistrement est Rosa 'AUSwine'. Il est rattaché au groupe des rosiers arbustes modernes. Les rosiéristes l'offrent sur le marché.

Rosier 'Chloris'
Rosa alba 'Chloris'
Zone 4b

Introduit par Descemet (France) en 1820, ce rosier appartient à la classe des Rosa alba. On le connaît aussi sous les noms de Rosa 'Rosée du Matin' ou de Rosa 'Cloris'. Il est cultivé par de nombreux rosiéristes.

Port : érigées, vigoureuses, les branches peu épineuses de ce rosier arbustif sont souples. Il mesure 1,50 m sur autant de large. Le feuillage vert foncé, lustré, a une très bonne résistance aux maladies.

Fleurs : réunies en petites grappes, les fleurs ont une forme de coupe profonde. Elles sont doubles, rose clair, parfois plus foncées au centre. Elles sont moyennement parfumées. La floraison s'épanouit au milieu du printemps.

Culture : voir la culture des *Rosa alba*. Ce rosier supporte les sols pauvres.

Au jardin : facile à marier dans les plates-bandes, on le cultive aussi en massif et comme fleurs coupées.

Port : érigé, large, très branchu, ce rosier buisson atteint 1,20 m de haut et autant de large. Son feuillage vert foncé, brillant, est sensible à la maladie des taches noires et à l'oïdium après la floraison.

Fleurs : réunies en petites grappes, en forme de coupe, les fleurs sont doubles, rouge cramoisi tournant au pourpre marron. Son parfum de rosier ancien est très prononcé. La floraison principale a lieu à la fin du printemps, puis elle est un peu répétée par la suite.

Culture : voir la culture des rosiers de David Austin.

Au jardin : utilisé en association dans les plates-bandes, on le plante aussi en massif et pour les fleurs coupées.

Rosier 'Claire Laberge'
Rosa rugosa 'Claire Laberge'
Zone 4a

Ce rosier, nommé en l'honneur de l'actuelle horticultrice responsable de la roseraie au Jardin botanique de Montréal, est un rosier hybride de Rosa rugosa. Il a été introduit en 2001 par Bob et Joyce Fleming à Niagara-on-the-Lake en Ontario. Il commence à être diffusé sur le marché.

Port : les tiges érigées, très épineuses, s'élèvent à 1,50 m et se déploient sur 1,00 m. Le feuillage est composé de petites feuilles, vert clair, lustrées et gaufrées. Elles ont une bonne résistance aux maladies.

Fleurs : réunies en grappes, les fleurs sont doubles, roses et très parfumées. La floraison est abondante à la fin du printemps, puis répétée jusqu'aux gelées. Les fruits rouges sont persistants.

Culture : voir la culture des *Rosa rugosa*.

Au jardin : en combinaison dans les plates-bandes et en massif.

Rosier 'Claire Rose'
Rosa hybrida 'Claire Rose'
Zone 5b

Ce rosier, qui a été introduit par Austin (Royaume-Uni) en 1990, appartient au groupe des rosiers arbustes modernes. Il a été enregistré sous le nom de Rosa 'AUSlight'. Il est assez commun sur le marché.

Port : chez ce rosier, les tiges dressées portent des rameaux légèrement étalés. Compact, il mesure 1,00 m de haut sur 80 cm de large. Le feuillage vert clair, lustré, offre une bonne résistance aux maladies, mais est parfois sensible à l'oïdium.

Fleurs : solitaires ou réunies par grappes de deux à trois, les fleurs d'abord en forme de coupe sont ensuite plates. Doubles, elles sont roses au début, puis deviennent rose pâle à plein épanouissement. Elles sont très parfumées. La principale floraison a lieu à la fin du printemps, puis des floraisons de moindre importance sont répétées par la suite.

Culture : voir la culture des rosiers de David Austin.

Au jardin : il convient au mariage avec d'autres végétaux dans les plates-bandes, et à la plantation en massif ou pour les fleurs coupées.

Rosier 'Complicata'
Rosa gallica 'Complicata'
Zone 4b

Ce rosier est rattaché à la catégorie des rosiers hybrides de Rosa gallica. *Sa date d'introduction est inconnue. On le trouve parfois sous le nom de* Rosa gallica *'Ariana d'Algier'. Il n'est cultivé que chez quelques rosiéristes.*

Port : il a la forme d'un arbuste, mais il peut devenir sarmenteux dans de bonnes conditions de culture. Ses tiges longues arquées, gris vert, peu épineuses, montent à 3,00 m et se développent sur 1,80 m. Son feuillage vert, mat, résiste bien aux maladies.

Fleurs : réunies en petites grappes, en forme de coupe, les fleurs sont simples, rose soutenu, blanches au centre, avec des étamines jaune d'or, très voyantes. Elles exhalent un léger parfum de miel. La floraison éclôt à la fin du printemps. Les fruits sont rouge orangé.

Culture : voir la culture des *Rosa gallica*.

Au jardin : on l'utilise aussi bien en combinaison dans les plates-bandes que sur un support pour former un rosier sarmenteux.

Rosier 'Comte de Nanteuil'
Rosa gallica 'Comte de Nanteuil'
Zone 4b

Ce rosier, qui a été introduit en 1834 par Roeser (France), fait partie du groupe des rosiers hybrides de Rosa gallica. *Il est aussi connu sous les noms de* Rosa *'Comte Boula de Nanteuil' et de* Rosa *'Boule de Nanteuil'. Il est aujourd'hui cultivé par les rosiéristes.*

Port : de forme arbustive, semi-vigoureuse, ce rosier, de petites dimensions, est de 1,10 m de haut sur 90 cm de large. Le feuillage vert foncé, mat, est généralement assez résistant aux maladies, mais est sensible à l'oïdium.

Fleurs : réunies en grappes, très grandes, les fleurs sont doubles, rouge pourpre foncé avec des reflets d'argent et des étamines jaune d'or, voyantes à pleine éclosion. Le parfum de rose de Damas est bien prononcé. C'est au début de l'été que la floraison a lieu.

Culture : voir la culture des *Rosa gallica*.

Au jardin : idéal pour les petits jardins, on l'incorpore dans les plates-bandes où il peut aussi servir pour les fleurs coupées.

Rosier 'Comtesse de Murinais'
Rosa centifolia muscosa
'Comtesse de Murinais'
Zone 4a

Ce rosier est rattaché à la catégorie des rosiers mousseux (Rosa centifolia muscosa). Son introduction par Vibert (France) date de 1843. Il est cultivé par les rosiéristes.

Port : arbustif, ce rosier érigé a des tiges gracieusement arquées. Si elles sont attachées, la plante devient un rosier sarmenteux de petites dimensions. La plante s'élève à 1,80 m et s'étale sur 1,20 m. Le feuillage vert clair est malheureusement sensible aux maladies.

Fleurs : réunis en petites grappes, les boutons floraux sont recouverts de mousse vert clair, odorante. Les fleurs sont plates, doubles, blanches avec parfois des reflets rose clair au début de floraison. Elles sont parfumées. Ce rosier fleurit à la fin du printemps.

Culture : voir la culture des *Rosa centifolia muscosa*.

Au jardin : on l'emploie dans les plates-bandes ou attaché sur un support.

Rosier 'Conrad Ferdinand Meyer'
Rosa rugosa 'Conrad Ferdinand Meyer'
Zone 4a

Introduit en culture par Müller (Allemagne) en 1899, c'est un rosier hybride de Rosa rugosa. Il est aujourd'hui cultivé par les rosiéristes.

Port : arbuste érigé, très vigoureux, ce rosier a des tiges épineuses, flexibles, qui montent à 1,80 m et qui ont 1,20 m de large. Les nouvelles pousses sont pourpre très foncé. Elles donnent naissance à un feuillage vert foncé, rugueux, plus ou moins résistant aux maladies, notamment à la rouille. Les feuilles prennent de belles teintes jaunes à l'automne.

Fleurs : en forme de coupe, réunies en grappes, les grandes fleurs sont doubles, rose argenté et très parfumées. La floraison s'ouvre à la fin du printemps, puis est répétée par la suite.

Culture : voir la culture des *Rosa rugosa*.

Au jardin : on l'utilise dans les plates-bandes ou comme petit rosier sarmenteux quand on prend soin de l'attacher sur un support.

Rosier 'Constance Spry'
Rosa hybrida 'Constance Spry'
Zone 5b

Ce rosier arbuste moderne a été introduit par Austin (Royaume-Uni) en 1961. On le connaît aussi sous les noms de Rosa 'Constanze Spry' et de Rosa 'AUSfirst'. Il est assez largement vendu sur le marché.

Port : érigé, ce rosier buisson porte de longues tiges arquées, souples, qui peuvent monter jusqu'à 1,80 m de haut et s'étaler sur autant. Le feuillage vert foncé, mat, a une bonne résistance aux maladies, tout en étant légèrement sensible à l'oïdium.

Fleurs : réunies en petites grappes, les grandes fleurs, en forme de coupe, ressemblent à des pivoines. Doubles, rose tendre, elles ont un puissant parfum de myrrhe. La floraison, qui dure longtemps, naît à la fin du printemps, puis est un peu répétée en été.

Culture : voir la culture des rosiers de David Austin.

Au jardin : on cultive ce rosier en association dans les plates-bandes, en massif, pour les fleurs coupées ou encore attaché sur un support.

Rosier 'Coral Flower Carpet'
Rosa hybrida 'Coral Flower Carpet'
Zone 4b

C'est à Noack (Allemagne) que l'on doit l'introduction sur le marché, en 1997, de ce rosier arbuste moderne. Il porte aussi les noms de Rosa 'NOAla' et de Rosa 'Alfabia'. Il est très largement vendu.

Port : ce rosier couvre-sol, aux tiges arquées qui rampent sur le sol, monte à peine à 80 cm, mais s'étale sur plus de 1,50 m. Son feuillage vert foncé, luisant, présente une très bonne résistance aux maladies.

Fleurs : réunies en grappes, les fleurs semi-doubles sont rose corail, puis corail foncé, avec des étamines jaunes, voyantes. Leur parfum est léger. La floraison, qui débute à la fin du printemps, est bien répétée tout au cours de la belle saison.

Culture : voir la culture des rosiers de la série Flower Carpet.

Au jardin : ce couvre-sol est idéal en massif ou sur les talus.

Rosier 'Coral Meidiland'
Rosa hybrida 'Coral Meidiland'
Zone 5b

Introduit en 1993 par Meilland (France), ce rosier de la série Meidiland fait partie de la catégorie des rosiers arbustes modernes. Enregistré sous le nom de Rosa 'MEIpopul', il porte aussi les noms de Rosa 'Douceur Normande', de Rosa 'Goose Fair', de Rosa 'Sandton City', de Rosa 'Amstelveen' et de Rosa 'Stadt Hildescheim'. Il est assez commun sur le marché.

Port : avec des tiges très épineuses, arquées et rampantes, ce rosier a un port en couvre-sol. Il mesure 1,00 m de haut sur 2,00 m de large. Son feuillage vert foncé, lustré, possède une très bonne résistance aux maladies.

Fleurs : réunies en bouquets, les petites fleurs simples ont la forme d'une coupe. Rose corail, elles sont légèrement parfumées. La floraison est continue du début de l'été aux premières gelées. Les fruits sont très décoratifs.

Culture : voir la culture des rosiers de la série Meidiland.

Au jardin : on l'emploie avant tout comme couvre-sol, notamment en grands massifs.

Rosier 'Coral Gables'
Rosa hybrida 'Coral Gables'
Zone 4b

Ce rosier est rattaché à la catégorie des rosiers arbustes modernes. Son introduction par Poulsen (Danemark) date de 1991. Il est aussi connu sous les noms de Rosa 'POUlalo' et de Rosa 'Coral Border'. Généralement rare sur le marché, ce rosier est de plus en plus cultivé.

Port : arbustif, dressé, ce rosier a un port large. Il s'élève à 1,20 m et se déploie sur 1,00 m. Le feuillage vert foncé, lustré, est très résistant aux maladies.

Fleurs : réunies en grandes grappes, les fleurs sont très doubles, rose corail et non parfumées. La floraison éclôt à la fin du printemps, puis est largement répétée jusqu'à la fin de l'été.

Culture : voir la culture des rosiers Poulsen.

Au jardin : on plante ce rosier pour faire des compositions dans les plates-bandes, pour créer des massifs, des haies ou aménager les talus.

Rosier 'Cornelia'
Rosa hybrida 'Cornelia'
Zone 5b

Ce rosier fait partie de la catégorie des rosiers hybrides de Rosa moschata *(rosier hybride musqué). Il a été introduit en 1925 par Pemberton (Royaume-Uni). Sur le marché, on le trouve chez les rosiéristes.*

Port : avec ses longues tiges arquées, ce rosier arbustif a une silhouette tout en souplesse. Les tiges rougeâtres sont peu épineuses. Il atteint 1,75 m de haut sur 1,50 m de large. Le feuillage est vert bronzé et il a une bonne résistance aux maladies.

Fleurs : très nombreuses, les petites fleurs, en forme de rosettes, sont regroupées en inflorescences. Elles sont doubles, roses avec des reflets abricot, orange ou jaunes. Leurs couleurs varient tout au long de la floraison. Le parfum de musc est plus ou moins prononcé. C'est à la fin du printemps qu'éclôt la floraison, puis cela se fait de manière répétée le reste de la belle saison.

Culture : voir la culture des *Rosa moschata*.

Au jardin : on l'utilise aussi bien en massif, dans la composition des plates-bandes, pour les fleurs coupées ou comme petit rosier grimpant si ses tiges souples sont palissées sur un support.

Rosier 'Corylus'
Rosa hybrida 'Corylus'
Zone 3b

Ce rosier est issu du croisement entre un Rosa rugosa rubra *et un* Rosa nitida. *Il porte plusieurs caractéristiques de ces deux plantes. C'est un rosier du groupe des arbustes modernes. Son introduction par Le Rougetel (Royaume-Uni) s'est faite en 1988. Malgré ses qualités, il est encore rare sur le marché.*

Port : érigé, cet arbuste drageonne beaucoup. Les tiges sont très épineuses. Il monte à 90 cm et s'étale sur autant, parfois plus. Ses feuilles sont petites, rugueuses, vert foncé et lustrées. Elles prennent une belle couleur bronze en automne. Le feuillage dense a une bonne résistance aux maladies.

Fleurs : en petites ou en grandes grappes, les fleurs, en forme de coupe, sont simples, rose magenta avec des étamines jaunes, très apparentes. Elles sont bien parfumées. La floraison éclôt à la fin du printemps, puis est répétée par la suite. Les fruits rouges sont décoratifs.

Culture : voir la culture des *Rosa rugosa*.

Au jardin : on le plante en massif, dans les plates-bandes, comme haies basses ou comme couvre-sol.

Rosier 'Cramoisi Picoté'
Rosa gallica 'Cramoisi Picoté'
Zone 4b

Ce rosier, de la catégorie des rosiers hybrides de Rosa gallica, *a été introduit en 1834 par Vibert (France). Il est aujourd'hui cultivé par les rosiéristes.*

Port : ce rosier érigé, compact, prend la forme d'un arbuste de 90 cm de haut sur 60 cm de large. Les tiges sont peu épineuses. Les petites feuilles vert foncé ont une assez bonne résistance aux maladies, mais sont sensibles à l'oïdium.

Rosier 'Country Dancer'
Rosa hybrida 'Country Dancer'
Zone 4b

Ce rosier, qui fait partie de la classe des rosiers arbustes modernes, a été introduit en 1973 par Buck (États-Unis). Il est vendu sur le marché par les rosiéristes.

Port : érigé, ce rosier buisson, au port compact, mesure 75 cm de haut sur 60 cm de large. Son feuillage vert foncé, semi-lustré et coriace possède une bonne résistance aux maladies.

Fleurs : réunies en grappes, les grandes fleurs, en forme de coupe, sont doubles, rose foncé et légèrement parfumées. La floraison est continue de la fin du printemps aux premières gelées.

Culture : voir la culture des rosiers du Dr Buck.

Au jardin : associé à d'autres végétaux dans les plates-bandes, on peut y prélever ses fleurs pour les mettre en vase.

Fleurs : réunies en petites grappes, les fleurs, à la forme originale, sont doubles, rose lilas, marbrées de rouge cramoisi. Elles deviennent plus pâles à plein épanouissement. Elles laissent émaner un léger parfum. La floraison s'épanouit à la fin du printemps.

Culture : voir la culture des _Rosa gallica_.

Au jardin : il se marie très bien à d'autres plantes dans les plates-bandes.

Rosier 'Crimson Meidiland'
Rosa hybrida 'Crimson Meidiland'
Zone 5b

Ce rosier est rattaché à la catégorie des rosiers arbustes modernes. Il a été introduit par Meilland (France) en 1996. On le connaît aussi sous les noms de Rosa 'MEIouscki' et de Rosa 'Crimson Meillandécor'. Il est assez largement vendu sur le marché.

Port : ce rosier couvre-sol a des tiges arquées et rampantes. Il atteint 1,25 m de haut sur 1,50 m de large. Son feuillage vert foncé, lustré, est très résistant aux maladies.

Fleurs : réunies en bouquets, les petites fleurs sont semi-doubles, rouge écarlate lumineux. Elles sont légèrement parfumées. La floraison principale s'épanouit à la fin du printemps, puis quelques fleurs apparaissent sporadiquement par la suite.

Culture : voir la culture des rosiers de la série Meidiland.

Au jardin : on le plante comme couvre-sol, généralement en grand massif, mais aussi dans les plates-bandes.

Rosier 'Crown Princess Margaret'
Rosa hybrida 'Crown Princess Margaret'
Zone 5b

Introduit sur le marché en 1999 par Austin (Royaume-Uni), ce rosier fait partie de la classe des rosiers arbustes modernes. Il a été enregistré sous le nom de Rosa 'AUSwinter'. Il est de plus en plus vendu sur le marché.

Port : vigoureux, ce rosier buisson, aux branches souples et sans aiguillons, culmine à 1,50 m et se déploie sur 1,25 m. Son feuillage dense, vert foncé, est résistant aux maladies.

Fleurs : solitaires ou réunies en petites grappes, les fleurs, en forme de coupe, sont très doubles. Leurs couleurs varient de l'abricot au jaune en passant par le cuivre. Le parfum, assez fort, est fruité. La floraison est continue de la fin du printemps au début de l'automne.

Culture : voir la culture des rosiers de David Austin.

Au jardin : on l'utilise généralement dans les plates-bandes, en massif, en isolé ou pour les fleurs coupées. Les tiges étant souples, elles peuvent être palissées.

Rosier 'Cuisse de Nymphe'
Rosa alba 'Cuisse de Nymphe'
Zone 4b

Ce rosier, qui a la forme d'un arbuste, est regroupé avec les Rosa alba. *Son introduction date d'avant 1629. Il est aussi connu sous les noms de* Rosa *'Maiden's Blush' et de* Rosa *'Small Maiden's Blush'. Il est aujourd'hui cultivé seulement par quelques rosiéristes.*

Port : vigoureux, ce rosier a les extrémités des branches retombantes sous le poids des fleurs. Les tiges, qui sont peu épineuses, montent à 1,50 m et s'étalent sur 1,30 m. Le feuillage, gris vert, est sensible à la maladie des taches noires.

Fleurs : les boutons blanc crème donnent des fleurs en forme de coupe, doubles, blanches avec de légères teintes de rose. Elles sont très parfumées, mais avec beaucoup de finesse. La floraison naît au milieu du printemps.

Culture : voir la culture des *Rosa alba*.

Au jardin : c'est dans les plates-bandes qu'il a sa place de prédilection. On peut aussi l'utiliser pour les fleurs coupées, sur les pergolas, sur un support ou sur treillis s'il est palissé.

Rosier 'Cuisse de Nymphe Émue'
Rosa alba 'Cuisse de Nymphe Émue'
Zone 4b

Ce rosier du groupe des Rosa alba *a été introduit avant 1629. Il est aussi connu sous les noms de* Rosa *'Incarnata', de* Rosa *'Belle Thérèse', de* Rosa *'La Royale', de* Rosa *'La Séduisante', de* Rosa *'La Virginale' et de* Rosa *'Great Maiden's Blush'. Il est aujourd'hui cultivé seulement par quelques rosiéristes.*

Port : vigoureux, ce rosier arbustif a les extrémités des branches retombantes sous le poids des fleurs. Les tiges, peu épineuses, s'élèvent à 1,80 m et s'étalent sur 1,30 m. Le feuillage, gris vert, est sensible à la maladie des taches noires.

Fleurs : réunies en grappes, les fleurs, en forme de coupe, sont doubles, rose chair au centre, plus pâles à l'extérieur. Elles sont bien parfumées. La floraison a lieu au milieu du printemps.

Culture : voir la culture des *Rosa alba*.

Au jardin : on l'utilise généralement dans les plates-bandes, mais aussi pour les fleurs coupées, sur les pergolas, sur un support ou sur treillis si on prend soin de le palisser.

Rosier 'Dapple Dawn'
Rosa hybrida 'Dapple Dawn'
Zone 5b

C'est en 1983 que Austin (Royaume-Uni) introduit ce rosier arbuste moderne. Il est aussi connu sous les noms de Rosa 'AUSapple' ou de Rosa 'English Dawn'. Il est cultivé chez les rosiéristes.

Port : ce rosier buissonnant est érigé, mais avec un port large. Sa hauteur est de 1,20 m et sa largeur de 1,50 m. Les tiges sont épineuses. Le feuillage vert foncé, semi-mat, présente une bonne résistance aux maladies.

Fleurs : réunies en petites grappes, les fleurs sont simples, roses avec un cœur blanc et des étamines jaunes. Elles sont légèrement parfumées. La floraison est continue de la fin du printemps aux premières gelées.

Culture : voir la culture des rosiers de David Austin.

Au jardin : on les utilise en combinaison dans les plates-bandes et comme fleurs coupées.

Rosier 'Cuthbert Grant'
Rosa hybrida 'Cuthbert Grant'
Zone 3b

C'est à Henry H. Marshall que l'on doit ce rosier de la série Parkland, qui fait partie du groupe des rosiers arbustes modernes. Obtenu à Morden au Manitoba, il a été introduit par Agriculture et Agroalimentaire Canada en 1967. Il est commun sur le marché.

Port : vigoureux, dressé, ce rosier, dense et compact, prend la forme d'un arbuste de 1,00 m de haut sur 80 cm de large. Son feuillage vert, lustré, présente une bonne résistance aux maladies.

Fleurs : réunies en grappes, les grandes fleurs, en forme de coupe, sont semi-doubles, rouge foncé velouté avec des reflets pourpres. Elles sont moyennement parfumées. La floraison principale éclôt à la fin du printemps, puis apparaissent quelques fleurs qui sont un peu plus nombreuses au début de l'automne.

Culture : voir la culture des rosiers de la série Parkland.

Au jardin : idéal en association dans les plates-bandes, il peut aussi être planté en massif ou pour confectionner des haies.

Rosier 'Dart's Dash'
Rosa rugosa 'Dart's Dash'
Zone 2b

Ce rosier est rattaché au groupe des rosiers hybrides de Rosa rugosa. *Sa date d'introduction par Darthuis Nursery (Pays-Bas) est inconnue. Il est assez commun chez les rosiéristes.*

Rosier 'David Thompson'
Rosa rugosa 'David Thompson'
Zone 2b

Port : plutôt compact, ce rosier mesure 1,20 m de haut sur autant de large. Il a tendance à émettre des rejets. Son feuillage vert foncé, gaufré, devient orange clair en automne. À l'exception de l'oïdium, il a une bonne résistance aux maladies.

Fleurs : réunies en petites grappes, les fleurs sont plates, semi-doubles, rouge pourpre et très parfumées. Une floraison abondante s'épanouit à la fin du printemps, puis quelques fleurs apparaissent au cours de la belle saison. Les fruits rouge orangé, nombreux, sont très décoratifs.

Culture : voir la culture des *Rosa rugosa.*

Au jardin : on le plante en massif, dans les plates-bandes, en haie ou sur les talus.

Hybridé par Felicitas Svedja à Ottawa en Ontario, ce rosier hybride de Rosa rugosa *fait partie de la série Explorateur. Il a été introduit en 1979 par Agriculture et Agro-alimentaire Canada. Depuis, il est communément vendu sur le marché.*

Port : arbustif, large, ce rosier atteint 1,20 m de haut sur autant de large. Son feuillage vert, brillant, offre une bonne résistance à l'oïdium et à la maladie des taches noires.

Fleurs : réunies en petites grappes, les fleurs sont plates, doubles, rose foncé à rouge clair. Le parfum est très prononcé. La floraison abondante est continue durant tout l'été. Il ne produit aucun fruit.

Culture : voir la culture des *Rosa rugosa.*

Au jardin : il trouve sa place en massifs et dans la composition des plates-bandes.

Rosier 'De Montarville'
Rosa hybrida 'De Montarville'
Zone 3b

C'est une des plus récentes introductions de la série Explorateur. Hybridé par Felicitas Svedja à Ottawa (Ontario), testé à L'Assomption (Québec), ce rosier appartient au groupe des rosiers hybrides de Rosa kordesii. Il a été introduit en 1997 par Agriculture et Agroalimentaire Canada. Il est aussi connu sous le nom de Rosa 'AC De Montarville'. Il est assez commun sur le marché.

Port: buissonnant, compact, ce rosier atteint 1,00 m de haut sur 1,20 m de large. Les tiges sont peu épineuses. Le feuillage vert bleuté, lustré, devient jaune à l'automne. Il a une bonne résistance à l'oïdium, mais est un peu plus sensible à la maladie des taches noires.

Fleurs: très nombreux, les boutons floraux rouge foncé sont solitaires ou regroupés en petites grappes. Les fleurs sont doubles, d'abord rouge moyen puis pâlissant par la suite pour devenir rouges. Elles sont peu parfumées. Une floraison abondante naît à la fin du printemps et d'autres floraisons, de moindre importance, éclosent jusqu'aux premières gelées.

Culture: voir la culture des *Rosa kordesii*.

Au jardin: facile à intégrer dans les plates-bandes, on peut aussi l'employer en massif ou comme haie.

Rosier 'Delicata'
Rosa rugosa 'Delicata'
Zone 3b

Ce rosier est rattaché au groupe des rosiers hybrides de Rosa rugosa. C'est à Cooling (Royaume-Uni) que l'on doit son introduction en 1898. Sur le marché, il est cultivé par les rosiéristes.

Port: ce rosier arbustif bas et compact atteint 1,00 m de haut sur 90 cm de large. Son feuillage vert foncé, brillant, rugueux, a une très bonne résistance aux maladies.

Fleurs: réunies en petites grappes, les fleurs, aux pétales fripés, sont plates, semi-doubles, rose lilas avec des étamines jaune d'or pâle. Elles répandent un parfum léger. La floraison principale s'épanouit à la fin du printemps, puis des floraisons répétées, de moindre importance, apparaissent jusqu'aux gelées. Les fruits rouge orangé mûrissent tôt en saison.

Culture: voir la culture des *Rosa rugosa*.

Au jardin: on l'utilise en combinaison dans les plates-bandes, en massif ou pour former des haies. Ce rosier rugueux convient aux endroits où la place est restreinte, car son développement est limité.

Rosier 'Dorcas'
Rosa hybrida 'Dorcas'
Zone 4b

Ce rosier est regroupé avec les rosiers arbustes modernes. Il a été introduit en 1984 par Buck (États-Unis). Sur le marché on peut se le procurer chez les rosiéristes.

Port : ce rosier vigoureux a un port érigé, buissonnant. Il atteint 90 cm de haut sur 60 cm de large. Les jeunes pousses, teintées de cuivre, donnent un feuillage vert foncé et coriace, ayant une bonne résistance aux maladies.

Fleurs : réunies en grappes, les fleurs doubles, qui ressemblent à des fleurs de rosiers hybrides de thé, sont un mélange de rose azalée et de jaune pâle. Leur parfum est léger. Elles éclosent à la fin du printemps, puis la floraison est répétée jusqu'au début de l'automne.

Culture : voir la culture des rosiers du Dr Buck.

Au jardin : on les utilise dans les plates-bandes et comme fleurs coupées.

Rosier 'Dornröschen'
Rosa hybrida 'Dornröschen'
Zone 5b

Introduit en 1960 par Kordes (Allemagne), ce rosier de la catégorie des rosiers arbustes modernes est aussi connu sous le nom de Rosa 'Sleeping Beauty'. Ce sont les rosiéristes qui le vendent sur le marché.

Port : compact, buissonnant, ce rosier monte à 90 cm et s'étend sur autant. Les jeunes pousses sont pourpres et son feuillage vert foncé est plus ou moins résistant aux maladies.

Fleurs : réunies en grappes, les fleurs, qui ressemblent aux fleurs de rosiers hybrides de thé, sont doubles, saumon à rose foncé. Le revers des pétales est teinté de jaune. Elles sont bien parfumées. La floraison a lieu au printemps, puis est répétée jusqu'au début de l'automne.

Culture : voir la culture des rosiers arbustes modernes.

Au jardin : ce rosier est facile à marier avec d'autres plantes dans les plates-bandes.

Rosier 'Dr Eckener'
Rosa rugosa 'Dr Eckener'
Zone 4a

L'introduction de ce rosier, que l'on doit à Berger (Allemagne), date de 1930. Il est rattaché au groupe des rosiers hybrides de Rosa rugosa. Il est aujourd'hui cultivé par les rosiéristes.

Port : ce grand arbuste a de longues tiges, très épineuses. Celles-ci peuvent culminer à 2,40 m et s'étaler sur 1,80 m. Le feuillage vert, gaufré, mat, possède une assez bonne résistance aux maladies, mais est un peu sensible à la maladie des taches noires.

Fleurs : réunies en petites grappes, les fleurs, en forme de coupe, sont semi-doubles, rose pâle avec des reflets cuivre. Elles sont très parfumées. La floraison éclôt à la fin du printemps, puis quelques fleurs apparaissent par la suite.

Culture : voir la culture des *Rosa rugosa*. La faible rusticité de ce rosier hybride de *Rosa rugosa* est due au fait qu'il est en partie issu d'un rosier hybride de thé.

Au jardin : on l'installe dans les plates-bandes et les endroits à l'ombre légère.

Rosier 'Dortmund'
Rosa hybrida 'Dortmund'
Zone 5b

Mis à part les rosiers de la série Explorateur, il s'agit d'un des rares rosiers sarmenteux à être rustiques en zone 5b. Cette qualité lui vient du fait qu'il appartient au groupe des rosiers hybrides de Rosa kordesii. Il a été introduit en 1955 par Kordes (Allemagne) et il est plutôt commun sur le marché.

Port : avec ses longues tiges épineuses, ce rosier est un excellent rosier « grimpant ». Il culmine à 3,50 m et peut être palissé sur 3,00 m de large. Le feuillage est vert foncé luisant. Sa résistance aux maladies est généralement bonne, mais il peut être sensible à l'oïdium à la fin de l'été.

Fleurs : réunies en gros corymbes, les fleurs simples sont grandes, rouges au centre blanc. Elles dégagent très peu de parfum. La floraison principale s'ouvre à la fin du printemps, puis est répétée au cours de l'été.

Culture : voir la culture des rosiers hybrides de *Rosa kordesii*. Ce rosier sarmenteux doit faire l'objet d'une protection hivernale.

Au jardin : ce rosier doit être palissé sur un support.

Rosier 'Dr Harry Upshall'
Rosa hybrida 'Dr Harry Upshall'
Zone 4b

Ce rosier a été introduit par Joyce Fleming de Niagara-on-the-Lake en Ontario en 1993. Rosier arbuste moderne, il est aujourd'hui de plus en plus cultivé.

Port : ce grand rosier buisson, au port érigé, large et évasé est aussi considéré comme un rosier sarmenteux. Il atteint 2,10 m de haut sur 1,80 m de large. Son feuillage vert clair et mat présente une bonne résistance aux maladies.

Fleurs : réunies en petites grappes, les fleurs, à la forme d'une large coupe, sont semi-doubles à doubles avec des étamines jaune d'or, voyantes. La couleur offre divers tons de rose, avec des reflets orangés. Il émane des fleurs un parfum très prononcé. Ce rosier fleurit à la fin du printemps, puis sa floraison est légèrement répétée au cours de l'été.

Culture : voir la culture des rosiers arbustes modernes.

Au jardin : on l'utilise aussi bien dans les plates-bandes (il doit alors être tuteuré) que sur un support ou treillis comme petit rosier sarmenteux.

Rosier 'Duc de Cambridge'
Rosa damascena 'Duc de Cambridge'
Zone 3b

Ce rosier de la classe des Rosa damascena *a été introduit en culture avant 1846. Vendu par seulement quelques rosiéristes, on le connaît aussi sous le nom de* Rosa 'Duchesse de Cambridge'.

Port : ce rosier arbustif érigé, haut de 1,60 m et large de 1,00 m (s'il est taillé) a des tiges épineuses. Des pousses vert rougeâtre naît un feuillage vert foncé, mat, sensible à la maladie des taches noires.

Fleurs : les grandes fleurs, en forme de dôme, sont très doubles, rose pourpre foncé et très parfumées. La floraison a lieu au début de l'été.

Culture : voir la culture des *Rosa damascena*.

Au jardin : on le combine à d'autres plantes dans les plates-bandes.

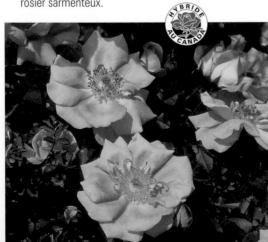

Rosier 'Duc de Guiche'
Rosa gallica 'Duc de Guiche'
Zone 4b

On doit l'introduction, vers 1810, de ce rosier hybride de Rosa gallica, *à Prévost (France). Il porte aussi les noms de* Rosa 'Sénat Romain' *et de* Rosa 'Sénateur Romain'. *Il est cultivé chez les rosiéristes, où il est rare.*

Port : semi-vigoureux, au port arqué, ce rosier arbustif atteint 1,20 m de haut sur autant de large. Ses tiges sont vert sombre et peu épineuses. Son feuillage vert foncé, lustré, est plutôt résistant aux maladies.

Fleurs : réunies en petits bouquets, les fleurs, en forme de coupe, très doubles, ont des pétales disposés en rosettes. Magenta, avec des reflets pourpres, elles sont très parfumées. La floraison éclôt au début de l'été.

Culture : voir la culture des *Rosa gallica*.

Au jardin : on l'emploie en combinaison dans les plates-bandes.

Rosier 'Duc de Fitzjames'
Rosa gallica 'Duc de Fitzjames'
Zone 4b

Introduit vers 1885, il s'agit d'un rosier du groupe de rosiers hybrides de Rosa gallica. *Il est cultivé par les rosiéristes, où il est malheureusement rare.*

Port : érigé, plus ou moins vigoureux, ce rosier arbustif atteint 1,20 m de haut sur 90 cm de large. Son feuillage gris vert foncé luisant, semi-lustré est plutôt résistant aux maladies.

Fleurs : regroupées en bouquets, les fleurs, en forme de coupe globuleuse, sont très doubles, rose carmin lumineux aux revers rose plus pâle, puis rose mauve à plein épanouissement. Elles sont assez bien parfumées. La floraison s'épanouit au début de l'été.

Culture : voir la culture des *Rosa gallica*.

Au jardin : idéal en association dans les plates-bandes.

Rosier 'Duchesse de Montebello'
Rosa gallica 'Duchesse de Montebello'
Zone 4b

De forme arbustive, ce rosier de la catégorie de rosiers hybrides de Rosa gallica, *a été introduit en 1825 par Laffay (France). On le trouve sur le marché chez les rosiéristes.*

Port : ce rosier vigoureux, au port érigé, compact, atteint 1,20 m de haut et 90 cm de large. Ses branches sont sans aiguillons. Le feuillage vert bleuté, lustré, est plutôt résistant aux maladies.

Fleurs : réunies en petites grappes, les petites fleurs sont très doubles, rose nacre à reflets corail, avec un centre plus blanc à pleine ouverture. Elles dégagent un très fort parfum. La floraison s'ouvre au début de l'été.

Culture : voir la culture des *Rosa gallica*.

Au jardin : il entre dans la composition des plates-bandes ou on le récolte pour les fleurs coupées.

Rosier 'Duchesse de Verneuil'
Rosa centifolia muscosa
'Duchesse de Verneuil'
Zone 5b

*L'introduction de ce rosier, qui date de 1856, est due à Portemer (France). C'est un rosier mousseux (*Rosa centifolia muscosa*). On le trouve aujourd'hui chez les rosiéristes.*

Port : ce rosier arbustif a un port droit, compact et régulier. Ses branches, peu épineuses, mais poilues, atteignent 1,20 m de haut et 90 cm de large. Son feuillage vert moyen, mat, présente une très bonne résistance aux maladies.

Fleurs : regroupés en grappes, les boutons mousseux ouvrent sur des fleurs très doubles, rose intense aux reflets rose pâle. Elles répandent un fort parfum. C'est à la fin du printemps qu'éclosent les fleurs.

Culture : voir la culture des *Rosa centifolia muscosa*.

Au jardin : on l'incorpore aux plates-bandes.

Rosier 'Dunwich Rose'
Rosa pimpinellifolia 'Dunwich Rose'
Zone 3b

Connu sous les noms de Rosa dunwichensis *et de* Rosa pimpinellifolia *'Dunwichensis', il s'agit d'un rosier hybride de* Rosa pimpinellifolia. *Son introduction au Royaume-Uni date de 1950. Il est aujourd'hui vendu chez les rosiéristes.*

Port : large et évasé, ce rosier aux branches arquées, rougeâtres, portant de nombreux aiguillons rouges, forme un arbuste qui atteint 80 cm de haut et 1,10 m de large. Dans certaines conditions, il peut produire des rejets. Le feuillage vert foncé est composé de petites feuilles qui possèdent une bonne résistance aux maladies.

Fleurs : réunies en petites grappes, les fleurs simples, blanc crème ont des étamines voyantes. Leur parfum est léger, mais désagréable pour certains. La floraison a lieu au milieu du printemps. Elle est suivie de fruits noirs.

Culture : voir la culture des *Rosa pimpinellifolia*.

Au jardin : idéal comme couvre-sol, notamment sur les talus, et aussi utilisé en massifs.

Rosier 'Easy Cover'
Rosa hybrida 'Easy Cover'
Zone 4b

Ce rosier arbuste moderne a été introduit en 1995 par Poulsen (Danemark). Il est enregistré sous le nom de Rosa *'POUleas' et connu sous les noms de* Rosa *'Sparkling Pink' et de* Rosa *'Pebble Beach'. Sur le marché, il n'est encore cultivé que par des rosiéristes.*

Port : les longues branches rampantes, qui partent en tous sens, donnent un port de couvre-sol à ce rosier. Haut de 30 cm, il se déploie sur 45 cm. Son feuillage vert foncé, lustré, présente une très bonne résistance aux maladies.

Fleurs : réunies en grappes, les petites fleurs, en forme de coupe, sont doubles, roses, bien parfumées. C'est à la fin du printemps que la floraison principale éclôt. Par la suite, des fleurs apparaissent de façon répétée.

Culture : voir la culture des rosiers de Poulsen.

Au jardin : on emploie ce rosier en massif, comme couvre-sol, sur les talus et dans les plates-bandes.

Rosier 'Eddie's Jewel'
Rosa moyesii 'Eddie's Jewel'
Zone 5a

Ce rosier fait partie de la catégorie des rosiers hybrides de Rosa moyesii. Il a été introduit en 1962 par J. H. Eddie près de Vancouver en Colombie-Britannique. Rare sur le marché, on ne le trouve que chez les rosiéristes.

Port : ce grand rosier, qui a la forme d'un arbuste, a des tiges lâches et des aiguillons rougeâtres. Il atteint 2,50 m de haut sur 1,80 m de large. Il peut être utilisé comme grimpant. Son feuillage vert bleuté, fin, peu dense, aux belles couleurs automnales, présente une bonne résistance aux maladies.

Rosier 'Eglantyne'
Rosa hybrida 'Eglantyne'
Zone 5b

Ce rosier est rattaché au groupe des rosiers arbustes modernes. Il a été introduit en 1973 par Austin (Royaume-Uni). Il porte aussi les noms de Rosa 'AUSmak' et Rosa 'Eglantyne Jebb'. Il est assez largement vendu sur le marché.

Port : érigé, large, ce buisson monte à 1,00 m et s'étale sur 80 cm. Son feuillage vert foncé, lustré, a généralement une bonne résistance aux maladies, mais est légèrement sensible à l'oïdium.

Fleurs : réunies en grappes, en forme de rosette, les fleurs sont doubles, rose pur en début de floraison. Plus les fleurs éclosent, plus les pétales extérieurs pâlissent devenant alors rose très pâle, presque blancs. Le parfum est capiteux. La floraison est répétée, presque continue, de la fin du printemps aux gelées.

Culture : voir la culture des rosiers de David Austin.

Au jardin : on le plante en massif, dans les plates-bandes et pour les fleurs coupées.

Fleurs : réunies en grappes, les fleurs, très originales, en forme de coupe, sont semi-doubles, rouge brique pâle avec des étamines jaune d'or au centre. Elles sont légèrement parfumées. La floraison s'épanouit à la fin du printemps, puis est répétée par la suite. Elle est suivie de fruits rouge orangé, décoratifs.

Culture : voir la culture des *Rosa moyesii*.

Au jardin : on l'utilise dans le fond des plates-bandes.

Rosier 'Empereur du Maroc'
Rosa hybrida 'Empereur du Maroc'
Zone 5b

Ce rosier fait partie de la catégorie des rosiers hybrides perpétuels. Il a été introduit en 1858 par Guinoisseau (France). On le connaît aussi sous le nom de Rosa *'Emperor of Morocco'. Il est cultivé aujourd'hui par les rosiéristes.*

Rosier 'Elmshorn'
Rosa hybrida 'Elmshorn'
Zone 5b

Introduit en 1951 par Kordes (Allemagne), il s'agit d'un rosier arbuste moderne. Il est aujourd'hui vendu sur le marché par les rosiéristes.

Port : cet arbuste, qui a de longues tiges, atteint 1,50 m de haut sur 1,20 m de large. Son feuillage vert vif, brillant, a une très bonne résistance aux maladies.

Fleurs : réunies en grands bouquets, les fleurs, qui ont la forme d'un pompon, sont doubles, rouge cerise profond. Elles sont moyennement parfumées. La floraison est continue de la fin du printemps aux premières gelées.

Culture : voir la culture des rosiers arbustes modernes.

Au jardin : on le cultive aussi bien dans les plates-bandes, que pour les fleurs coupées, en haie ou en massif.

Port : les longues tiges, peu épineuses, donnent un port buissonnant à ce rosier. Il est haut de 1,00 m et large de 90 cm. Son feuillage, vert pâle, est sensible aux maladies.

Fleurs : solitaires ou regroupées en grappes, les fleurs ont une forme de coupe évasée. Très doubles, elles ont une couleur tout à fait particulière : rouge cramoisi à reflets noirs. Elles sont très parfumées. Une première floraison s'ouvre à la fin du printemps, puis des floraisons de moindre importance se répètent par la suite.

Culture : voir la culture des rosiers hybrides perpétuels.

Au jardin : on le plante en combinaison dans les plates-bandes ou pour les fleurs coupées.

Rosier 'English Elegance'
Rosa hybrida 'English Elegance'
Zone 5b

Connu sous les noms de Rosa *'AUSleaf'* et de Rosa *'Autumn Leaves'*, ce rosier arbuste moderne a été introduit par Austin (Royaume-Uni) en 1986. On peut se le procurer chez les rosiéristes.

Port : érigé, ce rosier buisson large, aux branches légèrement arquées, culmine à 1,20 m et s'étale sur 1,50 m. Son feuillage vert foncé, brillant, présente une assez bonne résistance aux maladies, mais est sensible à l'oïdium.

Fleurs : les grandes fleurs, très belles, ressemblent à celles des hybrides de thé. Elles sont doubles, aux différents tons de rose, de saumon et de cuivre. Elles sont peu parfumées. Une première floraison, abondante, s'épanouit à la fin du printemps, puis une autre, de moindre importance, a lieu par la suite.

Culture : voir la culture des rosiers de David Austin.

Au jardin : on l'emploie dans les plates-bandes et pour les fleurs coupées.

Rosier 'English Garden'
Rosa hybrida 'English Garden'
Zone 5b

Introduit par Austin (Royaume-Uni) en 1988, ce rosier de la catégorie des rosiers arbustes modernes est aussi connu sous les noms de Rosa *'AUSbuff'* et de Rosa *'Schloss Glücksburg'*. On peut se le procurer chez les rosiéristes.

Port : érigé, compact, ce buisson mesure 90 cm de haut sur 80 cm de large. Le feuillage, vert pâle, a une assez bonne résistance aux maladies.

Fleurs : le plus souvent solitaires, parfois réunies en grappes, les fleurs, en forme de coupe, sont très doubles, jaune tendre à chamois devenant blanc crème sur l'extérieur des pétales. Le parfum de fruit est intense. De la fin du printemps au début de l'automne, la floraison est répétée.

Culture : voir la culture des rosiers de David Austin.

Au jardin : on l'utilise dans les plates-bandes et pour les fleurs coupées.

Rosier 'Erfurt'
Rosa hybrida 'Erfurt'
Zone 5b

Ce rosier est rattaché à la classe des rosiers hybrides musqués (Rosa moschata). Son introduction par Kordes (Allemagne) date de 1939. Il est aujourd'hui vendu sur le marché par les rosiéristes.

Port : vigoureux, ce rosier arbustif, aux tiges arquées, épineuses, atteint 1,50 m de haut sur 1,20 m de large. Les jeunes pousses bronze donnent naissance à un feuillage vert foncé, ayant une bonne résistance aux maladies.

Fleurs : réunies en grosses grappes, les nombreuses fleurs, en forme de coupe, sont semi-doubles, rose cerise pâle avec un centre blanc et des étamines jaunes, voyantes. Elles ont un fort parfum de musc. La floraison est répétée de la fin du printemps aux premières gelées.

Culture : voir la culture des *Rosa moschata*.

Au jardin : on l'installe en combinaison dans les plates-bandes.

Rosier 'Erin Fleming'
Rosa hybrida 'Erin Fleming'
Zone 5b

Ce rosier, du groupe des rosiers sarmenteux à grandes fleurs, doit sa rusticité au fait qu'un de ses parents est Rosa 'Henry Kelsey'. Il a été introduit par Joyce Fleming de Niagara-on-the-Lake en Ontario en 1995. Il est vendu par les rosiéristes.

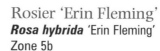

Port : ce rosier sarmenteux, de petites dimensions, mesure 1,30 m de haut sur 1,00 m de large. Son feuillage vert foncé, brillant, est résistant aux maladies.

Fleurs : solitaires ou réunies en grappes, les fleurs, qui ressemblent à celles des hybrides de thé, sont très doubles, roses, fortement parfumées. Ce rosier produit une floraison qui est répétée de la fin du printemps aux premières gelées.

Culture : voir la culture des rosiers arbustes modernes.

Au jardin : on le cultive sur un support ou un treillis ; ou encore dans les plates-bandes.

Rosier 'Eugénie Guinoisseau'
Rosa centifolia muscosa
'Eugénie Guinoisseau'
Zone 5a

Ce rosier mousseux (Rosa centifolia mus-cosa) a été introduit en 1864 par Guinois-seau (France). On le connaît aussi sous le nom de Rosa 'Eugénie de Guinoisseau'. Il est cultivé par les rosiéristes, où il est rare.

Rosier 'Essex'
Rosa hybrida 'Essex'
Zone 5b

Introduit par Poulsen (Danemark) en 1988, vendu chez les rosiéristes, ce rosier fait partie du groupe des rosiers arbustes modernes. Il est aussi connu sous les noms de Rosa 'POUlnoz', de Rosa 'Aquitaine' et de Rosa 'Pink Cover'.

Port : étalé, aux branches arquées, ce rosier couvre-sol monte à 60 cm et s'étale sur 1,80 m. Son feuillage vert foncé, lustré, possède une très bonne résistance aux maladies.

Fleurs : en forme de coupe, les petites fleurs sont simples, rose foncé profond avec un cœur blanc et des étamines jaunes. Elles sont peu parfumées. À la fin du printemps éclôt une floraison abondante. Par la suite, les fleurs se forment continuellement jusqu'aux premiers gels.

Culture : voir la culture des rosiers Poulsen.

Au jardin : on le plante comme couvre-sol, en massif ou sur les talus.

Port : avec ses longues tiges, lâches, qui peuvent être palissées, ce rosier est presque sarmenteux. Ses tiges portent de fins aiguillons. Haut de 1,50 m, il est large de 1,20 m. Son feuillage vert, semi-lustré, a généralement une bonne résistance aux maladies, mais est sensible à l'oïdium.

Fleurs : solitaires ou réunis en petites grappes, les boutons floraux sont recouverts de mousse vert foncé. Ils donnent naissance à des fleurs très doubles, rouge cerise à pourpres suivant le niveau d'éclosion. La couleur et la forme des fleurs sont très originales. Elles sont moyennement parfumées. Une floraison principale s'épanouit à la fin du printemps, puis celle-ci est répétée au cours de la belle saison. Les fruits sont orange.

Culture : voir la culture des *Rosa centifolia muscosa*.

Au jardin : idéal pour la composition des plates-bandes.

Rosier 'Evelyn'
Rosa hybrida 'Evelyn'
Zone 5b

Ce rosier arbuste moderne, introduit en 1991 par Austin (Royaume-Uni), porte aussi les noms de Rosa 'AUSsaucer' et de Rosa 'Apricot Parfait'. Il est généralement assez facile à se procurer sur le marché.

Port : érigé, vigoureux, large, ce buisson s'élève à 90 cm et se déploie sur 1,10 m. Ses jeunes pousses sont bronze. Par la suite, le feuillage est lustré, vert foncé avec des reflets bronze. Sa résistance aux maladies est plutôt bonne.

Fleurs : réunies en grappes, les fleurs, en forme de coupe, sont très doubles et elles présentent un mélange d'abricot et de jaune avec des pointes de rose. Elles sont très parfumées. La floraison, qui s'épanouit principalement au printemps, est répétée tout l'été par la suite.

Culture : voir la culture des rosiers de David Austin.

Au jardin : incorporé dans les plates-bandes, ce rosier est aussi fort utile comme fleurs coupées.

Rosier 'F.J. Grootendorst'
Rosa rugosa 'F.J. Grootendorst'
Zone 3b

Ce rosier, introduit en 1918 par F.J. Grootendorst (Pays-Bas), fait partie de la catégorie des rosiers hybrides de Rosa rugosa. Il est aussi cultivé sous les noms de Rosa 'Grootendorst', de Rosa 'Grootendorst Red' et de Rosa 'Nelkenrose'. Il est très commun sur le marché.

Port : érigées, ses tiges droites sont très épineuses. Elles forment un arbuste de 1,40 m de haut sur 1,30 m de large. Les petites feuilles vert clair, gaufrées, épaisses, ont une bonne résistance aux maladies. Toutefois, les jeunes pousses ont tendance à attirer les insectes.

Fleurs : réunies en grappes, les fleurs, en forme de pompon, ont des pétales frangés sur le bord extérieur. Elles sont doubles, rouge clair et peu parfumées. À la fin du printemps éclôt la floraison principale. Au cours de l'été, quelques grappes de fleurs apparaissent. Elles ne produisent pas de fruits.

Culture : voir la culture des *Rosa rugosa*.

Au jardin : facile à marier dans les plates-bandes, on peut aussi planter ces rosiers en massif ou pour confectionner des haies.

Rosier 'Fair Bianca'
Rosa hybrida 'Fair Bianca'
Zone 5b

C'est à Austin (Royaume-Uni), qui l'a introduit en 1982, que l'on doit ce rosier arbuste moderne. Il a été enregistré sous le nom de Rosa 'AUSca'. Il est assez commun sur le marché.

Port : érigé, ce rosier compact (H. : 90 cm. L. : 60 cm) a des tiges plutôt épineuses. Le feuillage vert pâle, lustré, a une bonne résistance à la maladie des taches noires, mais est peu résistant à l'oïdium.

Fleurs : réunies en grappes, par trois ou quatre, les fleurs, en forme de coupe, sont très doubles avec des pétales serrés. Blanc pur, elles sont parfois teintées de rose au centre et de blanc ivoire vers la fin de la saison de floraison. Elles exhalent un bon parfum de myrrhe. Ce rosier fleurit une première fois à la fin du printemps, puis de façon un peu répétée au cours de l'été.

Culture : voir la culture des rosiers de David Austin.

Au jardin : on l'emploie aussi bien en combinaison dans les plates-bandes, en massif, que pour les fleurs coupées.

Rosier 'Falstaff'
Rosa hybrida 'Falstaff'
zone 5b

Ce rosier buissonnant appartient à la catégorie des rosiers arbustes modernes. Il a été introduit sur le marché en 1999 par Austin (Royaume-Uni). Il a été enregistré sous le nom de Rosa 'AUSverse'. D'introduction récente, ce rosier devrait être de plus en plus largement vendu sur le marché.

Port : érigé, vigoureux, ce rosier peut atteindre 1,00 m de haut sur autant de large. Son feuillage vert foncé, semi-lustré, épais, semble assez résistant aux maladies.

Fleurs : solitaires ou réunies en petites grappes, les fleurs, en forme de coupe, sont très doubles, rouge foncé avec des reflets pourpres plus ou moins intenses selon le stade d'éclosion. Elles ont un riche parfum de roses anciennes. La floraison est répétée de la fin du printemps aux premières gelées.

Culture : voir la culture des rosiers de David Austin.

Au jardin : on le plante en massif, dans les plates-bandes et pour les fleurs coupées.

Rosier 'Fantin-Latour'
Rosa centifolia 'Fantin Latour'
Zone 4b

Ce rosier est rattaché au groupe des roses centfeuilles (Rosa centifolia). Sa date d'introduction sur le marché est inconnue. Il est aujourd'hui cultivé chez les rosiéristes.

Port : vigoureux, ce rosier arbustif, de 1,50 m de haut et de 1,20 m de large, a des tiges peu épineuses. Son feuillage vert foncé, semi-mat, est sensible à l'oïdium.

Fleurs : réunis en grappes, les boutons rose foncé donnent des fleurs, en forme de coupe, doubles, rose pâle doux, qui sont très parfumées. La floraison, qui est prolongée, s'épanouit à la fin du printemps.

Culture : voir la culture des *Rosa centifolia*.

Au jardin : on l'utilise principalement dans les plates-bandes.

Rosier 'Felicia'
Rosa hybrida 'Felicia'
Zone 5b

Ce rosier arbustif, de la classe des rosiers hybrides musqués (Rosa moschata), a été introduit par Pemberton (Royaume-Uni) en 1928. Il est facile à se procurer chez les rosiéristes.

Port : érigé, plutôt lâche, ce rosier, au port légèrement évasé, mesure 1,20 m de haut sur autant de large. Ses tiges sont peu épineuses. Le feuillage, vert foncé, est assez résistant aux maladies.

Fleurs : réunies en grappes, les fleurs, en forme de coupe ou de rosette, sont semi-doubles. Leur couleur est faite d'un mélange de rose argenté, de rose nacré et d'abricot plus ou moins prononcés suivant le stade d'éclosion. Elles ont un agréable parfum de musc. La floraison printanière est abondante. Par la suite, seulement quelques grappes apparaissent. En fin de saison mûrissent des fruits rouges.

Culture : voir la culture des *Rosa moschata*.

Au jardin : on l'associe dans les plates-bandes, en massif ou en isolé, ou on le plante pour les fleurs coupées.

Rosier 'Ferdinand Pichard'
Rosa hybrida 'Ferdinand Pichard'
Zone 5b

Ce rosier, qui est rattaché au groupe des rosiers hybrides perpétuels, a été introduit par Tanne (France) en 1921. Il est aujourd'hui mis en marché par de nombreux rosiéristes.

Rosier 'Félicité Parmentier'
Rosa alba 'Félicité Parmentier'
Zone 4b

Introduit par Parmentier (France) en 1834, ce rosier appartient au groupe des Rosa alba. *Il est aujourd'hui cultivé par les rosiéristes.*

Port : érigé, plutôt compact, ce rosier arbustif, de 1,20 m de haut sur 90 cm de large, porte des tiges peu épineuses. Le feuillage dense, vert bleuté, possède une bonne résistance aux maladies, mais est légèrement sensible à la maladie des taches noires.

Fleurs : réunies en petites grappes, les fleurs ont d'abord une forme de coupe, elles prennent ensuite la forme d'un pompon. Doubles, elles sont rose pâle, presque blanches sur le pourtour et carrément blanc crème en cas de forte chaleur. Elles dégagent un très fort parfum. La floraison, abondante et prolongée, s'ouvre à la fin du printemps.

Culture : voir la culture des *Rosa alba*. Ce rosier préfère généralement une ombre légère. Les situations très chaudes ne lui conviennent pas.

Au jardin : idéal en massif, on utilise aussi ce rosier en combinaison dans les plates-bandes et pour les fleurs coupées.

Port : érigé, vigoureux, large, ce rosier forme un buisson de 1,20 m de haut sur autant de large. Le feuillage vert foncé, mat, a une bonne résistance aux maladies.

Fleurs : réunies en petites grappes, les grandes fleurs doubles ont des pétales disposés en rosette. Elles sont rose clair, marbrées de rouge vif. Le parfum qu'elles dégagent est agréable. C'est à la fin du printemps qu'éclôt la floraison principale. Elle est suivie, de manière répétée, de floraisons secondaires.

Culture : voir la culture des rosiers hybrides perpétuels.

Au jardin : aisé à utiliser dans la composition des plates-bandes, ce rosier produit d'excellentes fleurs à couper.

Rosier fétide de Perse
Rosa foetida persiana
Zone 2b

Ce rosier, qui est une variété botanique de l'espèce Rosa foetida, *a été introduit en culture vers 1837. On le connaît aussi sous le nom de* Rosa foetida *'Persian Yellow'. Plusieurs rosiéristes le cultivent aujourd'hui.*

Port : érigé, peu dense, ce rosier au port lâche prend la forme d'un arbuste de 1,75 m de haut sur 1,20 m de large. Les tiges brunes portent de nombreux aiguillons. Les petites feuilles, vert pâle, sont très sensibles à la maladie des taches noires.

Fleurs : généralement solitaires, les fleurs, en forme de coupe, sont doubles, jaune vif et peu parfumées. C'est au milieu du printemps que la floraison a lieu.

Culture : voir la culture des *Rosa foetida bicolor*. La protection n'est utilisée que dans les conditions très froides.

Au jardin : facile à intégrer dans les plates-bandes, on peut aussi l'utiliser pour confectionner des haies. Il convient surtout aux régions froides, endroit où il est moins sensible à la maladie des taches noires.

Rosier fétide bicolore
Rosa foetida bicolor
Zone 2b

Ce rosier est une variété botanique de l'espèce Rosa foetida. *Son introduction date environ de 1590. Il est aussi connu sous le nom de* Rosa foetida *'Austrian Copper'. De nombreux rosiéristes le cultivent encore.*

Port : érigé, peu dense, ce rosier arbustif, au port lâche, atteint 1,75 m de haut sur 1,20 m de large. Les tiges brunes sont épineuses. Les petites feuilles, vert pâle, sont sensibles à la maladie des taches noires.

Fleurs : généralement solitaires, les fleurs, en forme de coupe, sont simples, orange cuivré brillant, jaunes au centre avec des étamines jaune d'or, voyantes. Le parfum désagréable est heureusement peu présent. La floraison s'épanouit au milieu du printemps. Les fruits sont brun rouge.

Culture : on le plante au soleil ou à l'ombre légère, dans un sol plus ou moins riche, lourd, légèrement alcalin et sec. La protection n'est utilisée que dans des conditions très froides.

Au jardin : on l'utilise en association dans les plates-bandes et pour confectionner des haies. Ce rosier convient surtout aux régions froides à cause de sa sensibilité à la maladie des taches noires.

Rosier 'Fimbriata'
Rosa rugosa 'Fimbriata'
Zone 3a

Rosier 'Fiona'
Rosa hybrida 'Fiona'
Zone 5b

Ce rosier arbuste moderne a été introduit sur le marché par Meilland (France) en 1979. Il est aussi connu sous le nom de Rosa *'MEIbeluxen'. On peut généralement se le procurer chez les rosiéristes.*

On doit l'introduction de ce rosier, en 1891, à Morlet (France). Il fait partie de la catégorie des rosiers hybrides de Rosa rugosa. *On le connaît aussi sous les noms de* Rosa rugosa *'Dianthiflora', de* Rosa rugosa *'Diantheflora' et de* Rosa *'Phoebe's Frilled Pink'. Il est assez facile à se procurer chez les rosiéristes.*

Port : érigé, vigoureux, ce rosier arbustif, au port large, a des tiges épineuses arquées. Il se développe sur 1,20 m de haut et autant de large. Le feuillage vert clair, gaufré, tourne à l'orange clair à l'automne. Il présente une bonne résistance aux maladies.

Fleurs : réunies en petites grappes, les fleurs ont des pétales très découpés, comme dentelés ou déchirés. Elles sont semi-doubles, rose pâle tournant au blanc et sont agréablement parfumées. Abondante et prolongée, la floraison principale éclôt à la fin du printemps. D'autres, moins importantes, sont répétées par la suite.

Culture : voir la culture des *Rosa rugosa*.

Au jardin : on l'incorpore dans les plates-bandes, ou encore on le plante en massif ou pour former des haies.

Port : buissonnant, ce rosier aux tiges retombantes, épineuses, forme un couvre-sol qui atteint 90 cm de haut et qui s'étale sur 1,20 m. Son feuillage vert foncé, semi-luisant, présente une très bonne résistance aux maladies.

Fleurs : réunies en grappes, les fleurs, semi-doubles, sont rouge foncé avec un petit centre blanc et des étamines jaune d'or, voyantes. Elles sont peu parfumées. La floraison principale, abondante, s'épanouit à la fin du printemps. Elle est suivie de floraisons secondaires, bien répétées. Les fruits rouges, persistants, sont décoratifs.

Culture : voir la culture des rosiers de la série Meidiland.

Au jardin : on le plante comme couvre-sol, en massif ou sur les talus.

Rosier 'Fisherman's Friend'
Rosa hybrida 'Fisherman's Friend'
Zone 5b

Ce rosier buisson, du groupe des rosiers arbustes modernes, a été introduit par Austin (Royaume-Uni) en 1987. Il est aussi connu sous les noms de Rosa 'AUSchild' et de Rosa 'Fisherman'. Il est assez commun sur le marché.

Port : érigé, compact, ce rosier atteint 90 cm de haut sur 70 cm de large. Les tiges portent de gros aiguillons. Le feuillage vert foncé, brillant, est parfois sensible à l'oïdium et à la maladie des taches noires.

Fleurs : réunies en petites grappes, les fleurs, d'abord en forme de grande coupe, puis en forme de pompon, sont très doubles, rouge foncé avec des reflets pourpre foncé au centre. Elles ont un fort parfum, comme celui des roses de Damas. Ce rosier fleurit à la fin du printemps, puis un peu au cours de l'été.

Culture : voir la culture des rosiers de David Austin.

Au jardin : idéal dans les plates-bandes, on l'utilise aussi pour les fleurs coupées.

Rosier 'Flower Carpet'
Rosa hybrida 'Flower Carpet'
Zone 4b

Ce rosier est un des plus largement vendus sur le marché. Il est rattaché à la catégorie des rosiers arbustes modernes. Son introduction par Noack (Allemagne) date de 1990. Il porte de nombreux noms, notamment : Rosa 'NOAtrum', Rosa 'Blomming Carpet', Rosa 'Emera', Rosa 'Emera Pavement', Rosa 'Heidetraum' et Rosa 'Flower Carpet Pink'.

Port : ce rosier couvre-sol, aux tiges arquées qui rampent sur le sol, atteint 40 cm de haut, mais se déploie sur plus de 1,00 m de large. Son feuillage vert foncé, lustré, présente une très bonne résistance aux maladies.

Fleurs : réunis en grappes, les boutons rouge cerise donnent naissance à des fleurs semi-doubles, rose foncé avec des reflets blancs au centre. Elles dégagent un léger parfum. La floraison, qui débute à la fin du printemps, est bien répétée tout au cours de la belle saison.

Culture : voir la culture des rosiers de la série Flower Carpet.

Au jardin : ce couvre-sol est idéal en massif ou sur les talus.

Rosier 'Folksinger'
Rosa hybrida 'Folksinger'
Zone 4b

Introduit par Buck (États-Unis) en 1984, il s'agit d'un rosier arbuste moderne. Il est généralement vendu par les rosiéristes.

Port : large, buissonnant, ce rosier mesure 80 cm de hauteur sur 90 cm de largeur. Le feuillage, vert moyen à reflets bronze, est coriace et lustré. Il a une très bonne résistance aux maladies.

Fleurs : solitaires ou en petites grappes, les fleurs doubles, jaunes, ont des reflets pêche et abricot foncé qui virent au blanc ivoire à pleine éclosion. Elles répandent un agréable parfum. C'est à la fin du printemps qu'éclôt une première floraison, abondante. Par la suite, de façon répétée, apparaissent des floraisons secondaires.

Culture : voir la culture des rosiers du Dr Buck.

Au jardin : ce rosier est facile à intégrer dans la composition des plates-bandes. Il sert aussi pour les fleurs coupées.

Rosier 'Foxy Pavement'
Rosa rugosa 'Foxy Pavement'
Zone 3a

Ce rosier, du groupe des rosiers hybrides de Rosa rugosa, a été introduit par Uhl (Allemagne) en 1989. Il est aussi connu sous les noms de Rosa 'UHLater', de Rosa 'Buffalo Gal', de Rosa 'Foxi Pavement' et de Rosa 'Foxi'. Sur le marché, il est assez largement vendu.

Port : érigé, plutôt compact, ce rosier prend la forme d'un arbuste de 1,20 m de haut sur autant de large. Les tiges épineuses sont drageonnantes. Les feuilles, vert foncé, épaisses, gaufrées, présentent une bonne résistance aux maladies. Elles deviennent jaunes en automne.

Fleurs : réunies en bouquets, les grandes fleurs aux pétales fripés, en forme de coupe, sont simples à semi-doubles, rose mauve avec des étamines jaunes. Elles exhalent un parfum épicé. Les fleurs s'épanouissent de façon répétée de la fin du printemps à l'automne. Elles sont suivies de gros fruits rouges.

Culture : voir la culture des *Rosa rugosa*.

Au jardin : ce rosier entre dans la composition des plates-bandes, mais il est aussi utilisé comme haie, en massif ou pour retenir les talus.

Rosier 'Francesca'
Rosa hybrida 'Francesca'
Zone 5b

Introduit en 1922 par Pemberton (Royaume-Uni), c'est un rosier hybride musqué (Rosa moschata). Il est aujourd'hui vendu par les rosiéristes.

Port : cet arbuste, au port érigé, prend la forme d'un rosier de 1,20 m de haut sur 90 cm de large. Son feuillage, vert foncé, lustré, offre une bonne résistance aux maladies.

Fleurs : les fleurs semi-doubles présentent un mélange de jaune et d'abricot. Leur parfum est léger. La floraison principale s'épanouit au printemps, puis elle est plus ou moins répétée au cours de l'été.

Culture : voir la culture des *Rosa moschata*.

Au jardin : on le plante en massif, ou en association dans les plates-bandes. Il peut aussi servir pour les fleurs coupées.

Rosier 'Frau Dagmar Hartopp'
Rosa rugosa 'Frau Dagmar Hartopp'
Zone 3a

C'est en 1914 que Hastrup (Danemark) introduit ce rosier hybride de Rosa rugosa. *On le connaît aussi sous les noms de* Rosa *'Fru Dagmar Hastrup' ou de* Rosa *'Fru Dagmar Hartopp'. Une grande quantité de rosiéristes le cultivent aujourd'hui.*

Port : large, arbustif, ce rosier a un port étalé sur 1,20 m alors qu'il monte à 1,00 m. Il drageonne abondamment. Le feuillage, vert moyen, à l'aspect rugueux, est très décoratif à l'automne. Sa résistance aux maladies est bonne.

Fleurs : réunies en petites grappes, les fleurs, en forme de grande coupe, sont simples, rose argenté clair avec des étamines jaunes. Elles sont moyennement parfumées. La floraison principale s'épanouit à la fin du printemps, puis est répétée par la suite. Des fruits rouge orangé, très décoratifs, apparaissent avec les dernières fleurs de la saison.

Culture : voir la culture des *Rosa rugosa*.

Au jardin : on plante ce rosier en combinaison dans les plates-bandes, en massif, ou encore pour les fleurs ou les fruits coupés.

Rosier 'Frau Karl Druschki'
Rosa hybrida 'Frau Karl Druschki'
Zone 5b

Ce rosier buisson, de la classe des rosiers hybrides perpétuels, a été introduit en 1901 par Lambert (Allemagne). Rosa 'F.K. Druschki', Rosa 'Reine des Neiges', Rosa 'Schneekoenigen', Rosa 'Snow Queen' et Rosa 'White American Beauty' sont les autres noms qu'il porte. Il est assez facile de se le procurer chez les rosiéristes. Il existe une forme sarmenteuse de ce rosier: Rosa 'Climbing Frau Karl Druschki'.

Port : ce rosier arbustif, érigé, aux tiges robustes, dressées, portant de grandes aiguilles imposantes, atteint 1,50 m de haut sur 90 cm de large. Son feuillage vert moyen, mat et épais, a une résistance aux maladies plutôt bonne.

Fleurs : solitaires au bout d'une tige, les fleurs en coupe sont doubles, blanches, sans aucun parfum. Par temps pluvieux, elles se tachent rapidement. La floraison s'épanouit à la fin du printemps, puis est répétée par la suite. À l'automne, les fruits rouges sont nombreux.

Culture : voir la culture des rosiers hybrides perpétuels.

Au jardin : on plante ce rosier dans les plates-bandes, ou on l'utilise pour les fleurs coupées.

Rosier 'Fritz Nobis'
Rosa hybrida 'Fritz Nobis'
Zone 5a

Ce rosier a été introduit par Kordes (Allemagne) en 1940. Il appartient à la catégorie des rosiers arbustes modernes. Aujourd'hui, il est vendu par les rosiéristes.

Port : ce rosier arbustif, érigé, a un port large à cause de ses branches arquées. Il s'élève à 1,50 m et se déploie sur 1,20 m. Son feuillage vert grisâtre, semi-lustré, coriace, résiste assez bien aux maladies, à l'exception de la maladie des taches noires.

Fleurs : réunies en grappes, les fleurs, en forme de coupe, sont doubles, rose clair à rose saumon avec des reflets blanc crème et jaune paille, ainsi que des étamines jaune foncé. Elles dégagent un agréable parfum. C'est à la fin du printemps que s'ouvre la floraison principale. Par la suite des floraisons secondaires éclosent quelques fois. Les fruits orangés sont décoratifs.

Culture : voir la culture des rosiers arbustes modernes.

Au jardin : on incorpore ce rosier dans les plates-bandes où on peut prélever ses fleurs pour en faire des bouquets.

Rosier 'Frontenac'
Rosa hybrida 'Frontenac'
Zone 3b

Hybridé par Felicitas Svedja à Ottawa, en Ontario, et testé par Ian Ogilvie à L'Assomption, au Québec, ce rosier arbuste moderne fait partie des rosiers de la série Explorateur. Il a été introduit sur le marché en 1992 par Agriculture et Agroalimentaire Canada. Il est maintenant largement vendu sur le marché.

Port : érigé, ce rosier forme un petit buisson de 1,00 m de haut sur 90 cm de large. Les jeunes pousses vertes, qui sont bordées de rouge, donnent naissance à un feuillage vert, lustré. Sa résistance à l'oïdium, et à la maladie des taches noires, est bonne.

Fleurs : réunies en grappes, en forme de coupe large, les fleurs, semi-doubles, sont d'abord rouge foncé et tournent au rose à pleine éclosion. Elles dégagent un parfum léger. La floraison principale s'épanouit à la fin du printemps, puis d'autres floraisons, de moindre importance, sont répétées par la suite.

Culture : voir la culture des rosiers de la série Explorateur.

Au jardin : très facile à intégrer dans les plates-bandes, ce rosier peut aussi être planté en massif, pour confectionner des haies basses et pour les fleurs coupées.

Rosier 'Frontier Twirl'
Rosa hybrida 'Frontier Twirl'
Zone 4b

Ce rosier arbuste moderne a été introduit par Buck (États-Unis) en 1984. Il est plutôt rare sur le marché.

Port : érigé, bien branchu, ce buisson atteint 90 cm de haut sur 70 cm de large. Les jeunes pousses cuivre donnent naissance à un feuillage vert bronze, coriace, résistant aux maladies.

Fleurs : solitaires ou réunies en petites grappes, en forme de coupe, les fleurs doubles sont roses avec des reflets jaunes au cœur de la fleur. Le parfum est agréable. De la fin du printemps aux premières gelées, la floraison est continue.

Culture : voir la culture des rosiers du Dr Buck.

Au jardin : on utilise ce rosier dans les plates-bandes et comme fleurs coupées.

Rosier 'Frühlingsanfang'
Rosa pimpinellifolia 'Frühlingsanfang'
Zone 4b

Ce rosier, qui fait partie du groupe des hybrides de Rosa pimpinellifolia, *a été introduit sur le marché en 1950 par Kordes (Allemagne). Il porte aussi le nom de* Rosa 'Spring's Beginning'. *Il est rare sur le marché, même chez les rosiéristes.*

Port : érigé, aux longues tiges arquées, très épineuses, ce rosier arbustif culmine à 3,00 m et s'étale sur 1,80 m. Le feuillage vert foncé, qui prend de belles teintes jaunes à l'automne, présente une bonne résistance aux maladies.

Fleurs : disposées le long des rameaux, les grandes fleurs simples sont blanc crème, avec des étamines jaune d'or au centre. Très parfumées, elles s'épanouissent tôt à la fin du printemps. Elles sont suivies de fruits rouge brun à l'automne.

Culture : voir la culture des *Rosa pimpinellifolia*.

Au jardin : ce rosier peut être installé en combinaison dans les plates-bandes, mais aussi palissé sur un support ou un treillis comme rosier sarmenteux.

Rosier 'Frühlingsduft'
Rosa pimpinellifolia 'Frühlingsduft'
Zone 4b

Introduit en 1949 par Kordes (Allemagne), ce rosier est rattaché à la catégorie des rosiers hybrides de Rosa pimpinellifolia. *Sur le marché, il est vendu chez les rosiéristes, où il porte aussi le nom de* Rosa 'Spring Fragrance'.

Port : ce rosier arbustif érigé, qui s'élève à 3,00 m et qui se déploie sur 1,80 m, a de longues tiges arquées, très épineuses. Le feuillage vert foncé, qui prend de belles teintes jaunes à l'automne, présente une bonne résistance aux maladies.

Fleurs : réunies en grappes, les grandes fleurs doubles sont jaune doré avec des reflets de rose et des étamines rouges, décoratives. Elles exhalent un très fort parfum fruité. C'est tôt à la fin du printemps que la floraison a lieu. Elle est suivie de fruits rouge brun à l'automne.

Culture : voir la culture des *Rosa pimpinellifolia*. La croissance est rapide.

Au jardin : on plante ce rosier en association dans les plates-bandes, mais on l'utilise aussi sur un support ou treillis.

Rosier 'Frühlingsgold'
Rosa pimpinellifolia 'Frühlingsgold'
Zone 4b

On doit l'introduction de ce rosier sur le marché en 1937 à Kordes (Allemagne). C'est le premier de la série historique des rosiers 'Frühlings'. C'est un rosier hybride de Rosa pimpinellifolia. *Il porte aussi le nom de* Rosa 'Spring Gold'. *On peut généralement se le procurer chez les rosiéristes.*

Port : érigé, arbustif, ce rosier de 2,00 m de haut sur 1,50 m de large a de longues tiges arquées, vert foncé, avec de gros aiguillons. Le feuillage vert grisâtre, qui prend de belles teintes jaunes à l'automne, présente une bonne résistance à l'oïdium, mais est sensible à la maladie des taches noires.

Fleurs : réunies en grappes, les grandes fleurs, en forme de coupe, sont simples à semi-doubles, d'un riche jaune doré avec des étamines jaune d'or. Elles dégagent un parfum très fruité. La floraison éclôt tôt à la fin du printemps. Elle est suivie de fruits pourpres à l'automne.

Culture : voir la culture des *Rosa pimpinellifolia*. La croissance est rapide.

Au jardin : on l'utilise principalement dans la composition des plates-bandes.

Rosier 'Frühlingsmorgen'
Rosa pimpinellifolia 'Frühlingsmorgen'
Zone 4b

Ce rosier, introduit sur le marché en 1942 par Kordes (Allemagne), fait partie de la catégorie des rosiers hybrides de Rosa pimpinellifolia. *Vendu chez les rosiéristes, il porte aussi le nom de* Rosa 'Spring Morning'.

Port : érigé, vigoureux, aux longues tiges arquées, peu épineuses, ce rosier, qui prend la forme d'un arbuste, culmine à 1,80 m et se développe sur 1,20 m. Le feuillage vert grisâtre, qui prend de belles teintes jaunes à l'automne, présente une bonne résistance à l'oïdium, mais est sensible à la maladie des taches noires.

Fleurs : disposées le long des rameaux, les grandes fleurs, en forme de coupe, sont simples, rose cerise sur l'extérieur des pétales, jaune primevère au centre avec des étamines rouge marron, décoratives. La floraison, qui a lieu tôt à la fin du printemps, et qui est parfois sporadique par la suite, est agréablement parfumée. Elle est suivie de fruits rouge brun à l'automne.

Culture : voir la culture des *Rosa pimpinellifolia*.

Au jardin : c'est un excellent rosier pour les plates-bandes.

Rosier 'Frühlingsschnee'
Rosa pimpinellifolia 'Frühlingsschnee'
Zone 5b

Dernière introduction de la série Frühlings, ce rosier, mis en marché en 1954 par Kordes (Allemagne), fait partie de la classe des rosiers hybrides de Rosa pimpinellifolia. *Il est rarement vendu, même chez les rosiéristes.*

Port : ce rosier arbustif, érigé, vigoureux s'élève à 1,80 m et s'étale sur 1,20 m. Ces longues tiges arquées sont très épineuses. Le feuillage, qui présente une bonne résistance aux maladies, est vert grisâtre, et il prend de belles teintes jaunes à l'automne.

Fleurs : réunies en grappes, les grandes fleurs, en forme de coupe, sont doubles, blanc crème avec des reflets roses et des étamines jaune d'or et cuivre, décoratives. Elles sont bien parfumées. La floraison s'épanouit tôt à la fin du printemps. Elle n'est pas suivie de fruits à l'automne.

Culture : voir la culture des *Rosa pimpinellifolia*.

Au jardin : on utilise ce rosier dans les plates-bandes.

Rosier 'Frühlingszauber'
Rosa pimpinellifolia 'Frühlingszauber'
Zone 4b

Ce rosier, qui appartient au groupe des rosiers hybrides de Rosa pimpinellifolia, *a été introduit en 1942 par Kordes (Allemagne). Il est rare sur le marché, même chez les rosiéristes.*

Port : érigé, vigoureux, aux longues tiges arquées, très épineuses, ce rosier qui prend la forme d'un arbuste culmine à 1,80 m et s'étale sur 1,20 m. Le feuillage vert, qui prend de belles teintes jaunes à l'automne, présente une bonne résistance aux maladies, à l'exception du mildiou.

Fleurs : réunies en grappes, les fleurs, en forme de coupe, semi-doubles, sont rouge cerise avec un petit centre blanc crème très prononcé et des étamines jaunes, très voyantes. La floraison, qui éclôt tôt à la fin du printemps, est légèrement parfumée. Elle est suivie de rouge foncé à l'automne.

Culture : voir la culture des *Rosa pimpinellifolia*.

Au jardin : on plante ce rosier en combinaison dans les plates-bandes.

Rosier 'Gabriel Noyelle'
Rosa centifolia muscosa
'Gabriel Noyelle'
Zone 5b

Ce rosier mousseux (Rosa centifolia muscosa) a été introduit par Buatois (France) en 1933. On le trouve aussi sous le nom de Rosa 'Gabrielle Noyelle'. Il est rare sur le marché, même chez les rosiéristes.

- **Port :** érigé, étroit, cet arbuste atteint 1,20 m de haut sur 80 cm de large. Son feuillage, vert foncé et coriace, est plutôt résistant aux maladies.
- **Fleurs :** réunis en grappes, les boutons moussus donnent naissance à des fleurs en forme de coupe, doubles, jaune saumoné avec touches de jaune à la base des pétales. Elles sont très parfumées. À la fin du printemps, éclôt la floraison principale, et, parfois, quelques fleurs s'épanouissent à la fin de l'été.

Rosier 'Général Jacqueminot'
Rosa hybrida 'Général Jacqueminot'
Zone 5b

Ce rosier hybride perpétuel, introduit en 1853 par Roussel (France), est aussi connu sous les noms de Rosa 'Gén. Jacqueminot', Rosa 'General Jack', Rosa 'Jack Rose', Rosa 'La Brillante', Rosa 'Mrs Cleveland Richard Smith' et Rosa 'Triomphe d'Amiens'. Malgré le fait qu'il ait servi à l'hybridation d'un très grand nombre de rosiers, il n'est aujourd'hui vendu que par les rosiéristes.

- **Port :** ce rosier arbustif, large, a des tiges robustes qui montent à 1,50 m et s'étale sur 1,20 m. Les jeunes pousses pourpres donnent naissance à des feuilles vertes teintées de pourpre, mates, qui sont malheureusement sensibles à la rouille et à l'oïdium.
- **Fleurs :** les boutons rubis, solitaires ou par deux à trois, donnent naissance à de grandes fleurs, en forme de coupe, doubles, rouge foncé à reflets pourpres, parfois striées de blanc. La floraison, qui est très parfumée, est continue de la fin du printemps aux premières gelées. Les fruits rouges sont nombreux.

- **Culture :** voir la culture des *Rosa centifolia muscosa*.
- **Au jardin :** on intègre ce rosier dans les plates-bandes.

- **Culture :** voir la culture des rosiers hybrides perpétuels.
- **Au jardin :** idéal dans les plates-bandes, ce rosier fait d'excellentes fleurs coupées.

Rosier 'George Vancouver'
Rosa hybrida 'George Vancouver'
Zone 3a

Ce rosier arbuste moderne de la série Explorateur a été hybridé par Felicitas Svedja à Ottawa et testé par Ian Ogilvie à L'Assomption au Québec. Il a été introduit par Agriculture et Agroalimentaire Canada en 1994 et il est maintenant commun sur le marché.

Port : ce rosier prend la forme d'un arbuste haut de 90 cm et large de 1,00 m. Son feuillage vert foncé, lustré, a une bonne résistance à l'oïdium, mais est plus sensible à la maladie des taches noires.

Fleurs : uniques ou en petites grappes, mais toujours très nombreuses, les fleurs sont doubles, rouge foncé à rouges suivant le stade d'éclosion. Le parfum est léger. La floraison principale s'épanouit à la fin du printemps, puis d'autres, moins importantes, apparaissent de façon sporadique par la suite.

Culture : voir la culture des rosiers de la série Explorateur.

Au jardin : ce rosier se marie facilement à d'autres plantes dans les plates-bandes, mais il peut aussi être planté en massif, comme haie ou pour les fleurs coupées.

Rosier 'George Vibert'
Rosa gallica 'George Vibert'
Zone 4b

Ce rosier du groupe des rosiers hybrides de Rosa gallica a été introduit en 1853 par Robert (France). On le connaît aussi sous les noms de Rosa 'La Pintade' et de Rosa gallica 'Meleagris'. Sur le marché, il est vendu par les rosiéristes.

Port : ce rosier aux tiges droites, épineuses, forme un arbuste dense de 1,00 m de haut sur autant de large. Le feuillage vert foncé, épais, est plutôt résistant aux maladies.

Fleurs : réunies en petits bouquets de trois ou quatre, les petites fleurs doubles sont rouge pourpre avec de larges lignes rose pâle. La couleur varie selon le climat et la température. Le parfum est très prononcé. La floraison s'épanouit au début de l'été.

Culture : voir la culture des *Rosa gallica*.

Au jardin : on l'utilise en association dans les plates-bandes.

Rosier 'Geranium'
Rosa moyesii 'Geranium'
Zone 5a

Ce rosier, hybride des roses de Moyes (Rosa moyesii), a été introduit en 1938 par la Royal Horticultural Society (Royaume-Uni). On le connaît aussi sous le nom de Rosa geranium. *Sur le marché, on peut se le procurer chez les rosiéristes.*

Port : ce rosier porte des tiges longues et arquées, peu épineuses. Il forme un arbuste de 1,80 m de haut sur 1,50 m de large. Son feuillage, peu abondant, est vert clair.

Fleurs : réunies en grappes, les fleurs, en forme de coupe, sont simples, rouge cramoisi, comme les géraniums, avec des étamines jaune crème, très voyantes. Les fleurs ont un aspect cireux. Elles exhalent très peu de parfum. C'est à la fin du printemps qu'éclôt la floraison. Au début de l'automne, les fruits, rouge orangé, sont très décoratifs.

Culture : voir la culture des *Rosa moyesii*.

Au jardin : on le marie à d'autres plantes dans les plates-bandes.

Rosier 'Gertrude Jekyll'
Rosa hybrida 'Gertrude Jekyll'
Zone 5b

C'est en 1986 qu'Austin (Royaume-Uni) introduisit ce rosier arbuste moderne. Il a été enregistré sous le nom de Rosa *'AUSbord'. Il est largement vendu sur le marché.*

Port : érigé, ce rosier buissonnant, aux tiges très épineuses, atteint 1,20 m de haut sur 90 cm de large. Son feuillage vert foncé, semi-lustré, présente une assez bonne résistance aux maladies, mais est sensible à l'oïdium.

Fleurs : réunies en petits corymbes, les fleurs plates, très doubles, très bien remplies, sont vieux rose. Elles dégagent un très fort parfum. La floraison est continue de la fin du printemps aux premières gelées.

Culture : voir la culture des rosiers de David Austin.

Au jardin : on le combine à d'autres végétaux dans les plates-bandes où on peut aussi cueillir les fleurs coupées.

Rosier 'Glamis Castle'
Rosa hybrida 'Glamis Castle'
Zone 5b

Ce rosier, introduit en 1992 par Austin (Royaume-Uni), fait partie du groupe des rosiers arbustes modernes. Il est aussi connu sous le nom de Rosa 'AUSlevel'. Il est facile à se procurer sur le marché.

Port : ce buisson aux tiges droites, très épineuses, forme un rosier trapu de 1,00 m de large et de 90 cm de haut. Son feuillage, vert clair, a généralement une assez bonne résistance aux maladies, mais est parfois sensible à l'oïdium et à la maladie des taches noires.

Fleurs : réunies en petites grappes, les fleurs, en forme de globe, sont très doubles, blanches avec des reflets de crème et de chamois. Des fleurs émane un fort parfum de myrrhe. La floraison est continue.

Culture : voir la culture des rosiers de David Austin.

Au jardin : dans les plates-bandes, on l'utilise en combinaison ou pour les fleurs coupées.

Rosier 'Gloire des Mousseux'
Rosa centifolia muscosa
'Gloire des Mousseux'
Zone 5b

Introduit en 1852 par Laffay (France), ce rosier appartient au groupe de Rosa centifolia muscosa. Rosa 'Gloire des Mousseuses' et Rosa 'Madame Alboni' sont les autres noms sous lesquels il est parfois vendu chez les rosiéristes.

Port : ce rosier est un arbuste compact et régulier de 1,20 m de haut sur 90 cm de large. Ses tiges sont peu épineuses. Le feuillage vert moyen a une très bonne résistance aux maladies.

Fleurs : les boutons, réunis en petits bouquets, sont très mousseux. La mousse, vert brillant, est très odorante. Ils donnent de grandes fleurs très doubles, rose éclatant, pâlissant avec l'âge. Le parfum des fleurs est très prononcé. C'est à la fin du printemps que s'épanouit la floraison principale. Par la suite, d'autres, de moindre importance, éclosent sporadiquement jusqu'aux gelées.

Culture : voir la culture des *Rosa centifolia muscosa.*

Au jardin : on le plante en combinaison dans les plates-bandes.

Rosier 'Goldbusch'
Rosa hybrida 'Goldbusch'
Zone 5b

Ce rosier arbuste moderne a été introduit par Kordes (Allemagne) en 1954. Il est aujourd'hui vendu par les rosiéristes.

Port : ce rosier érigé a de longues branches arquées qui forment un arbuste de 2,50 m de haut sur 1,50 m de large. Le feuillage, vert foncé et coriace, résiste généralement bien aux maladies, mais est sensible à la maladie des taches noires.

Fleurs : réunies en grosses grappes, les fleurs semi-doubles sont jaune pêche, devenant jaune crème à pleine éclosion. Les pétales sont froissés et les étamines jaunes sont voyantes. Les fleurs répandent un agréable parfum. La floraison, qui éclôt à la fin du printemps, est légèrement répétée par la suite.

Culture : voir la culture des rosiers arbustes modernes.

Au jardin : on emploie ce rosier dans les plates-bandes, pour les fleurs coupées et aussi palissé sur un support ou un treillis.

Rosier 'Golden Celebration'
Rosa hybrida 'Golden Celebration'
Zone 5b

Introduit en 1992 par Austin (Royaume-Uni), ce rosier appartient au groupe des rosiers arbustes modernes. Il a été enregistré sous le nom de Rosa 'AUSgold'. Il est assez largement vendu sur le marché.

Port : buissonnant, avec des tiges peu épineuses, érigées puis arquées à leur extrémité, ce rosier atteint 1,20 m de haut sur autant de large. Les jeunes pousses ont des tiges acajou et des feuilles vert brillant. Le feuillage vert clair est généralement résistant aux maladies, mais est parfois très légèrement sensible à la maladie des taches noires.

Fleurs : solitaires ou en petites grappes, les fleurs, doubles, ont une forme de coupe profonde, avec des pétales extérieurs récurvés. Elles sont d'un joli jaune d'or riche, tirant sur les tons de cuivre. Leur fort parfum est épicé et fruité, à odeur de rose thé. De la fin du printemps aux premières gelées, la floraison se répète continuellement.

Culture : voir la culture des rosiers de David Austin. Ce rosier craint les expositions chaudes. Un ensoleillement du matin ou de l'après-midi est préférable.

Au jardin : facile à marier dans les plates-bandes, ce rosier est aussi utilisé pour ses fleurs coupées.

Rosier 'Golden Wings'
Rosa pimpinellifolia 'Golden Wings'
Zone 4b

Ce rosier, qui est rattaché à la catégorie des rosiers hybrides de Rosa pimpinellifolia, a été introduit sur le marché en 1956 par Shepherd (États-Unis). Il est assez commun sur le marché.

Port : avec ses tiges peu épineuses, érigées puis arquées, ce rosier prend la forme d'un arbuste de 1,50 m de haut sur 1,20 m de large. Son feuillage, vert grisâtre, mat, formé de petites feuilles, est sensible à la maladie des taches noires.

Fleurs : seules ou en grappes, les fleurs, en forme de coupe, sont simples à semi-doubles, jaune soufre avec des étamines jaune ambre, décoratives. Elles dégagent un parfum léger. C'est à la fin du printemps qu'a lieu la floraison principale. Par la suite quelques fleurs éclosent de façon répétée. À l'automne, les gros fruits orangés sont décoratifs.

Culture : voir la culture des *Rosa pimpinellifolia*. Ce rosier a une croissance rapide.

Au jardin : on emploie ce rosier dans les plates-bandes.

Rosier 'Graham Thomas'
Rosa hybrida 'Graham Thomas'
Zone 5b

Ce rosier arbuste moderne a été introduit par Austin (Royaume-Uni) en 1983. Il porte aussi les noms de Rosa 'AUSmas', de Rosa 'English Yellow' et de Rosa 'Graham Stuart Thomas'. Il est facile à se procurer sur le marché.

Port : ce buisson érigé, aux tiges peu épineuses, forme un rosier de 1,50 m de haut sur 1,20 m de large. Son feuillage vert foncé, lustré et coriace, est généralement résistant aux maladies, mais est parfois attaqué par la maladie des taches noires ou l'oïdium.

Fleurs : réunis en petites grappes, les boutons pointus, rouge et jaune, donnent des fleurs en forme de coupe large, doubles, jaune d'or et jaune plus foncé au centre. Celles-ci supportent bien la pluie. Un fort parfum de rose thé émane des fleurs. La floraison est répétée de la fin du printemps aux premières gelées.

Culture : voir la culture des rosiers de David Austin.

Au jardin : on l'utilise dans les plates-bandes ou pour les fleurs coupées.

Rosier 'Grootendorst Supreme'

Rosa rugosa 'Grootendorst Supreme'
Zone 3b

Ce rosier, un hybride de Rosa rugosa, a été introduit par Grootendorst (Pays-Bas) en 1936. Il s'agit en fait d'un sport de Rosa 'F.J. Grootendorst'. Il est très commun sur le marché.

Port : ce grand rosier arbustif (H. : 1,30 m. L. : 1,20 m) est fait de tiges érigées, très épineuses. Les petites feuilles forment un feuillage vert clair, gaufré, qui présente une bonne résistance aux maladies.

Fleurs : réunies en grappes, les fleurs, en forme de coupe, sont doubles, avec des pétales très serrés, rouge foncé aux reflets pourpres. Elles sont peu parfumées. La floraison a lieu à la fin du printemps, puis est un peu répétée par la suite.

Culture : voir la culture des *Rosa rugosa*.

Au jardin : on emploie ce rosier en massif, dans les plates-bandes, comme fleurs coupées ou pour confectionner une haie.

Rosier 'Haidee'

Rosa pimpinellifolia 'Haidee'
Zone 3b

Ce rosier, qui fait partie de la classe des rosiers hybrides de Rosa pimpinellifolia, a été introduit en 1953 par Frank L. Skinner de Dropmore au Manitoba. Il est très rare sur le marché, mais on peut le qualifier de rosier « historique ».

Port : ce grand arbuste (H. : 2,40 m. L. : 2,00 m) aux tiges rougeâtres, épineuses, érigées, retombantes à leur extrémité, drageonne abondamment. Son feuillage vert foncé est plutôt résistant aux maladies.

Fleurs : en forme de coupe, les fleurs sont doubles, rose pâle, bien parfumées. Elles éclosent à la fin du printemps. Elles sont suivies de gros fruits rouges.

Culture : voir la culture des *Rosa pimpinellifolia*.

Au jardin : on l'utilise dans les plates-bandes.

Rosier 'Hamburger Phoenix'
Rosa hybrida 'Hamburger Phoenix'
Zone 5b

Ce rosier sarmenteux appartient à la catégorie des rosiers hybrides de Rosa kordesii. *Son introduction par Kordes (Allemagne) date de 1954. Il est aussi connu sous les noms de* Rosa *'Hamburg Rising' et de* Rosa *'Hamburger Phönix'. Sur le marché, il est vendu par les rosiéristes.*

Port : peu vigoureux, ce rosier développe de longues tiges sarmenteuses qui culminent à 3,00 m et s'étale sur 1,80 m. Le feuillage, vert moyen lustré, présente une bonne résistance aux maladies.

Fleurs : réunies en grosses grappes, les grandes fleurs, semi-doubles, rouge foncé, ont des étamines jaunes, voyantes. Leur parfum est léger. La floraison est continue de la fin du printemps aux premiers gels. Les fruits sont orangés.

Culture : voir la culture des *Rosa kordesii*.

Au jardin : ce rosier sarmenteux doit être palissé sur un support, un treillis ou encore une pergola.

Rosier 'Hansa'
Rosa rugosa 'Hansa'
Zone 3a

Ce rosier hybride de Rosa rugosa *a été introduit en 1905 par Schaum & Van Tol (Pays-Bas). Il est aussi connu sous le nom de* Rosa *'Hansen's'. Il est très largement vendu sur le marché.*

Port : ce rosier arbustif, aux tiges érigées, très épineuses, devenant arquées avec l'âge, atteint 2,50 m de haut sur autant de large. Il est souvent drageonnant. Ses petites feuilles donnent un feuillage vert clair, gaufré, jaune à l'automne et qui a une bonne résistance aux maladies.

Fleurs : réunies en grappes, les fleurs doubles, aux pétales plissés, sont rouge violet avec des reflets mauves. Elles ont un fort parfum de clou de girofle. La floraison a lieu à la fin du printemps et quelques fleurs éclosent par la suite. Elles sont suivies de gros fruits rouges.

Culture : voir la culture des *Rosa rugosa*.

Au jardin : très facile à marier dans les plates-bandes, on peut aussi le planter en massif ou en haie.

Rosier 'Hansaland'
Rosa rugosa 'Hansaland'
Zone 3b

Introduit en 1993 par Kordes (Allemagne), ce rosier fait partie du groupe des rosiers hybrides de Rosa rugosa. Il est aussi connu sous les noms de Rosa 'KORhassi', de Rosa 'Charles' et de Rosa 'Charles Notcutt'. Il est vendu par les rosiéristes.

Port : cet arbuste, aux tiges érigées, très épineuses, forme un rosier de 1,60 m de haut et de 1,20 m de large. Le feuillage vert clair, semi-lustré, jaune à l'automne, présente une bonne résistance aux maladies, mais est parfois sensible à la maladie des taches noires.

Fleurs : réunies en grappes, les fleurs semidoubles sont rouge foncé lumineux avec des étamines jaunes, voyantes. Leur parfum est léger. La floraison s'épanouit à la fin du printemps, puis est bien répétée par la suite.

Culture : voir la culture des *Rosa rugosa*.

Au jardin : on le plante en association dans les plates-bandes.

Rosier 'Hansa-Park'
Rosa hybrida 'Hansa-Park'
Zone 4b

Ce rosier arbuste moderne a été introduit par Kordes (Allemagne) en 1994. Il est aussi connu sous les noms de Rosa 'KORfischer' et de Rosa 'Hanza-Park'. Il est vendu sur le marché par les rosiéristes.

Port : ce rosier, au port érigé, forme un arbuste large de 1,40 m de haut sur autant de large. Le feuillage vert foncé, lustré, offre une bonne résistance aux maladies.

Fleurs : réunies en grappes, les fleurs, très doubles, sont rose tendre, plus foncé sous les pétales, avec des étamines jaunes, voyantes. Leur parfum est léger et la floraison est continue.

Culture : voir la culture des rosiers arbustes modernes.

Au jardin : on l'emploie dans les plates-bandes ou pour les fleurs coupées.

Rosier 'Hawkeye Belle'
Rosa hybrida 'Hawkeye Belle'
Zone 4b

Rosier 'Harison's Yellow'
Rosa x **harisonii**
Zone 2b

Ce rosier est un hybride naturel entre Rosa foetida et Rosa pimpinellifolia. Il a été introduit en culture par Harison (États-Unis) vers 1830. Il est aussi connu sous les noms de Rosa 'Harisonii', de Rosa 'Pioneer Rose' et de Rosa 'Yellow Rose of Texas'. Il est aujourd'hui cultivé par les rosiéristes.

Port : ce rosier, aux longues tiges très épineuses, arquées avec l'âge, forme un arbuste de 2,00 m de haut sur 1,90 m de large. Il produit de nombreux rejets. Le feuillage, de texture légère, gris bleu, est légèrement sensible à la maladie des taches noires.

Fleurs : réunies en petites grappes, les petites fleurs, semi-doubles, jaune soutenu, ont un agréable parfum fruité. Elles fleurissent au milieu du printemps. Par la suite, les fruits sont noirs.

Culture : voir la culture des *Rosa pimpinellifolia*.

Au jardin : on l'intègre dans les plates-bandes.

C'est en 1975 que Buck (États-Unis) a introduit ce rosier arbuste moderne. Sur le marché il est vendu par les rosiéristes.

Port : ce rosier, aux tiges érigées, forme un buisson de 1,00 m de haut sur autant de large. Les jeunes pousses, teintées de cuivre, produisent de grandes feuilles vert foncé, coriaces, présentant une bonne résistance aux maladies.

Fleurs : seuls ou en petites grappes, les boutons blanc crème donnent naissance à des fleurs doubles, au centre élevé, blanc crème avec des touches de rose azalée et rose d'Orient, qui deviennent plus présentes avec l'âge. Le parfum est doux et intense. La floraison s'ouvre à la fin du printemps, puis est répétée par la suite.

Culture : voir la culture des rosiers du Dr Buck.

Au jardin : on le plante en association dans les plates-bandes, en massif ou en isolé ; et aussi comme fleurs coupées.

Rosier 'Hebes Lip'
Rosa hybrida 'Hebes Lip'
Zone 4b

Selon les spécialistes, ce rosier est un hybride de Rosa eglanteria *(ou* Rosa rubiginosa*) ou un hybride de* Rosa damascena*. Introduit avant 1846 par Lee (Royaume-Uni), il a fait l'objet d'une réintroduction par Paul (Royaume-Uni), en 1912. Il est aussi cultivé sous les noms de* Rosa *'Hebe's Lip', de* Rosa *'Reine Blanche', de* Rosa *'Rubrotincta', de* Rosa damascena rubrotincta *et de* Rosa *'Margined Hip'. Il est aujourd'hui cultivé par les rosiéristes.*

Port : ce rosier arbustif, érigé, large, est formé de tiges très épineuses. Il fait 1,20 m de haut sur autant de large. Son feuillage vert clair a une très bonne résistance aux maladies.

Fleurs : seules ou en petites grappes, les petites fleurs, en forme de coupe, sont semi-doubles, blanc crème avec des traces de rouge sur le bord extérieur des pétales et des étamines jaune d'or, très voyantes. Elles ont un parfum de myrrhe très prononcé. La floraison s'épanouit au début de l'été.

Culture : voir la culture de *Rosa damascena*.

Au jardin : on le marie avec d'autres plantes dans les plates-bandes.

Rosier 'Hazeldean'
Rosa pimpinellifolia 'Hazeldean'
Zone 3b

L'introduction de ce rosier au Canada par Percy H. Wright de Moose Range en Saskatchewan date de 1948. Il fait partie du groupe des rosiers hybrides de Rosa pimpinellifolia*. On le connaît aussi sous le nom de* Rosa *'Hazeldean Yellow'. Il n'est que très rarement produit, mais c'est un autre rosier « historique » hybridé au Canada.*

Port : cet arbuste semi-vigoureux, aux tiges très épineuses, drageonne fortement. Il forme un rosier de 1,50 m de haut sur 1,00 m de large. Son feuillage vert foncé est généralement résistant aux maladies, mais est légèrement attaqué par la maladie des taches noires.

Fleurs : solitaires, les fleurs semi-doubles sont jaune moyen. Elles ont un parfum léger. La floraison éclôt à la fin du printemps.

Culture : voir la culture des *Rosa pimpinellifolia*.

Au jardin : on le combine à d'autres végétaux dans les plates-bandes.

Rosier 'Henri Martin'
Rosa centifolia muscosa
'Henri Martin'
Zone 5b

Ce rosier est rattaché au groupe des Rosa
centifolia muscosa. *Aussi connu sous le
nom de* Rosa 'Red Moss', *il a été introduit en
1863 par Laffay (France). Il est aujourd'hui
vendu par les rosiéristes.*

Rosier 'Heidelberg'
Rosier hybrida 'Heidelberg'
Zone 5b

Ce rosier appartient au groupe des Rosa
kordesii. *Il a été introduit par Kordes
(Allemagne) en 1959. Il est aussi connu
sous les noms de* Rosa 'KORbe' *et de* Rosa
'Grus an Heidelberg'. *Il est vendu par les
rosiéristes.*

Port : très vigoureux, aux longues tiges flexibles, ce rosier sarmenteux atteint 3,00 m de haut sur 1,50 m de large. Son feuillage vert, semi-lustré, est sensible à l'oïdium.

Fleurs : réunies en grosses grappes, les fleurs doubles sont rouges avec des reflets roses. La couleur pâlit à pleine éclosion. Le parfum est léger. Il fleurit à la fin du printemps, puis la floraison est bien répétée par la suite.

Culture : voir la culture des hybrides de *Rosa kordesii*.

Au jardin : ce rosier trouve sa place sur les pergolas, sur un support ou sur un treillis.

Port : cet arbuste aux tiges arquées, très gracieuses, peu épineuses, forme un rosier de 1,50 m de haut sur 1,20 m de large. Son feuillage vert moyen est résistant aux maladies, mais est légèrement sensible à la maladie des taches noires.

Fleurs : réunis en grappes, les très nombreux boutons sont recouverts d'une légère mousse qui sent le baume. Ils éclosent en fleurs doubles, aux pétales en rosette, rouge cramoisi clair avec des reflets pourpres et un œil central découvrant parfois des étamines jaunes. Les fleurs sont très parfumées. La floraison a lieu à la fin du printemps, puis est sporadique jusqu'aux gelées. Les petits fruits ronds sont rouges.

Culture : voir la culture des *Rosa centifolia muscosa*.

Au jardin : on l'emploie dans les plates-bandes.

Rosier 'Henry Hudson'
Rosa rugosa 'Henry Hudson'
Zone 2b

Ce rosier appartient au groupe des rosiers hybrides de Rosa rugosa. Hybridé à Ottawa par Felicitas Svedja, il a été introduit par Agriculture et Agroalimentaire Canada en 1976. Il fait partie de la série Explorateur et il est commun sur le marché.

Port : cet arbuste compact, drageonnant facilement, donne un rosier de 60 cm sur 1,00 m de haut. Le feuillage vert clair, gaufré, présente une très bonne résistance aux maladies, notamment à l'oïdium et à la maladie des taches noires.

Fleurs : la floraison abondante est issue de boutons rosés, qui s'ouvrent sur des fleurs en forme de coupe, doubles, blanches nuancées de rose, avec des étamines jaunes, voyantes. Très odorantes, elles exhalent un parfum de clou de girofle. La floraison principale naît à la fin du printemps, et d'autres floraisons, moins importantes, sont répétées par la suite.

Culture : voir la culture des *Rosa rugosa*.

Au jardin : il entre dans la composition des plates-bandes, mais il peut aussi être utilisé en massif, comme haie ou pour les fleurs coupées.

Rosier 'Henry Kelsey'
Rosa hybrida 'Henry Kelsey'
Zone 3b

Ce rosier, du groupe des rosiers hybrides de Rosa kordesii, a été hybridé par Felicitas Svedja à Ottawa en Ontario. Il a été introduit sur le marché par Agriculture et Agroalimentaire Canada en 1984. Il fait partie de la série Explorateur et il est commun sur le marché.

Port : ses longues tiges, très vigoureuses, en font un excellent rosier sarmenteux. Il monte à 2,50 m et s'étale sur 2,00 m. Le feuillage vert foncé, lustré, résiste bien à l'oïdium, mais est un peu sensible à la maladie des taches noires.

Fleurs : réunis en grappes, les boutons rouge foncé donnent des fleurs, en forme de coupe large, doubles, rouge lumineux, avec des étamines jaunes, voyantes. Leur parfum est épicé. La floraison éclôt à la fin du printemps, puis est légèrement répétée jusqu'au début de l'automne.

Culture : voir la culture des *Rosa kordesii*.

Au jardin : on le palisse sur une pergola, sur un support ou sur un treillis.

Rosier 'Heritage'
Rosa hybrida 'Heritage'
Zone 5b

Ce rosier rattaché au groupe des rosiers arbustes modernes a été introduit par Austin (Royaume-Uni) en 1984. Il est aussi connu sous les noms de Rosa 'AUSblush' et de Rosa 'Roberta'. Il est assez largement vendu sur le marché.

Rosier 'Herbstfeuer'
Rosa eglanteria 'Herbstfeuer'
Zone 4b

Ce rosier fait partie du groupe des rosiers hybrides de Rosa eglanteria (Rosa rubriginosa). Son introduction par Kordes (Allemagne) date de 1961. On le connaît aussi sous le nom de Rosa 'Autumn Fire'. Il est vendu sur le marché par les rosiéristes.

Port : cet arbuste érigé, aux longues tiges arquées à leur extrémité, forme un rosier de 1,80 m de haut sur 1,20 m de large. Le feuillage vert foncé, qui prend une belle coloration à l'automne, est généralement résistant aux maladies, mais est légèrement sensible à la maladie des taches noires.

Fleurs : réunies en grappes, les grandes fleurs, semi-doubles, sont rouge foncé. Elles sont très parfumées. La floraison qui s'épanouit à la fin du printemps, et qui est sporadique par la suite, est suivie de fruits rouge orangé.

Culture : voir la culture des *Rosa eglanteria*.

Au jardin : on l'emploie en association dans les plates-bandes.

Port : ce rosier buisson érigé porte des tiges peu épineuses. Il mesure 1,20 m de haut sur autant de large. Ses jeunes pousses bronze donnent un feuillage vert, semi-lustré, généralement résistant aux maladies, mais parfois sensible à l'oïdium et à la rouille.

Fleurs : réunies en grappes, les fleurs, en forme de coupe, sont très doubles, pleines et présentent un mélange de divers tons de rose. Très odorant, le parfum doux et fruité est citronné. Une floraison abondante s'ouvre à la fin du printemps, par la suite d'autres fleurs apparaissent régulièrement jusqu'aux premières gelées.

Culture : voir la culture des rosiers de David Austin.

Au jardin : on le plante dans les plates-bandes, en massif ou pour les fleurs coupées.

Rosier 'Highdownensis'
Rosa moyesii 'Highdownensis'
Zone 5a

Ce rosier hybride de Rosa moyesii *a été intro-duit en 1928 par Stern (Royaume-Uni). On le connaît aussi sous les noms de* Rosa x highdownensis, *de* Rosa x highdownensis 'Hillier' et de Rosa moyesii highdownensis. *Il est vendu par les rosiéristes.*

Port : cet arbuste aux tiges longues et arquées, peu épineuses, forme un rosier qui s'élève à 2,50 m et qui se déploie sur 1,80 m. Le feuillage ample est vert foncé avec des teintes de cuivre.

Fleurs : réunies en grappes, les fleurs simples, en forme de coupe, sont rouge cerise cramoisi, à l'aspect cireux, avec des étamines jaunes, très voyantes. Elles sont peu parfumées. La floraison a lieu à la fin du printemps. Les fruits rouge tomate sont très décoratifs.

Culture : voir la culture des *Rosa moyesii*.

Au jardin : dans les plates-bandes, mais aussi sur un support ou un treillis.

Rosier 'Hope for Humanity'
Rosa hybrida 'Hope for Humanity'
Zone 3a

Ce rosier arbuste moderne a été hybridé par Lynn M. Collicut et Campbell G. Davidson à Morden au Manitoba. Introduit par Agri-culture et Agroalimentaire Canada en 1995, il fait partie de la série Parkland. Il est assez largement vendu sur le marché.

Port : cet arbuste de croissance moyenne, au port ouvert, forme un rosier de 1,50 m de haut et de 60 cm de large. Le feuillage vert foncé, lustré, présente une bonne résis-tance à l'oïdium et à la rouille, mais est légè-rement sensible aux maladies des taches noires.

Fleurs : réunis en grappes, les boutons poin-tus, rouge vin, donnent naissance à des fleurs doubles, rouges. Le parfum est léger. La floraison est continue.

Culture : voir la culture des rosiers de la série Parkland.

Au jardin : on l'emploie dans les plates-bandes, en massif, pour les fleurs coupées ou comme haie basse. On peut aussi le palissé sur un support ou un treillis.

Rosier 'Hugh Dickson'
Rosa hybrida 'Hugh Dickson'
Zone 5b

Du groupe des rosiers hybrides perpétuels, ce cultivar a été introduit par Dickson (Royaume-Uni) en 1905. Il est aujourd'hui parfois offert par les rosiéristes.

Port : ce grand buisson, aux tiges longues, plutôt épineuses, peut atteindre 2,00 m de haut sur 1,30 m de large. Ses jeunes pousses rouges donnent un feuillage vert vif, assez résistant aux maladies.

Rosier 'Hunter'
Rosa rugosa 'Hunter'
Zone 4b

Rattaché au groupe des rosiers hybrides de Rosa rugosa, ce rosier a été introduit par Mattock (Royaume-Uni) en 1961. Aussi vendu sous le nom de Rosa 'The Hunter', il est assez répandu sur le marché.

Fleurs : solitaires ou en bouquets, les grandes fleurs, très doubles, en rosette régulière avec un centre élevé, sont rouge cramoisi, lumineux. Lourdes, elles ont tendance à retomber au bout des tiges. Elles sont moyennement parfumées. La floraison a lieu à la fin du printemps, puis est répétée par la suite.

Culture : voir la culture des rosiers hybrides perpétuels.

Au jardin : on l'utilise principalement sur un support ou un treillis, mais aussi dans les plates-bandes ou pour les fleurs coupées à cause de ses très longues tiges.

Port : cet arbuste aux tiges érigées, très épineuses, forme un rosier qui atteint 1,20 m de haut sur 90 cm de large. Les petites feuilles, vert clair, gaufrées, offrent une bonne résistance aux maladies.

Fleurs : réunies en grappes, les fleurs doubles sont rouge lumineux. Elles répandent un parfum agréable. La floraison, qui éclôt à la fin du printemps, est un peu répétée par la suite.

Culture : voir la culture des *Rosa rugosa*.

Au jardin : on l'installe dans les plates-bandes, en massif ou comme haie.

Rosier 'Illusion'
Rosa hybrida 'Illusion'
Zone 5b

Introduit par Kordes (Allemagne) en 1961, ce cultivar appartient au groupe des rosiers hybrides de Rosa kordesii. Ce sont les rosiéristes qui le vendent sur le marché aujourd'hui.

Port : ce rosier sarmenteux a de longues tiges lâches. Il culmine à 1,80 m et s'étale sur 1,20 m. Son feuillage vert clair, coriace, lustré, résiste bien aux maladies.

Rosier 'Ice Meidiland'
Rosa hybrida 'Ice Meidiland'
Zone 5b

Ce rosier arbuste moderne a été introduit par Meilland (France) en 1996. Il est aussi connu sous les noms de Rosa 'MEIvahyn' et de Rosa 'Ice Meillandécor'. Il est assez largement vendu sur le marché.

Port : ce rosier couvre-sol a des tiges arquées et rampantes. S'il ne monte qu'à 80 cm, il s'étale cependant sur 1,80 m. Son feuillage vert foncé, très lustré, a une bonne résistance aux maladies.

Fleurs : réunies en bouquets, les petites fleurs, doubles ou semi-doubles, sont blanches avec des étamines jaunes, voyantes. En fin de saison, les fleurs sont parfois teintées de rose très pâle. Elles sont très légèrement parfumées. La floraison principale s'ouvre à la fin du printemps, puis d'autres floraisons, de moindre importance, éclosent sporadiquement par la suite.

Culture : voir la culture des rosiers de la série Meidiland.

Au jardin : on emploie ce couvre-sol en isolé ou en massif.

Fleurs : réunies en grappes, les fleurs doubles sont rouge écarlate. Elles dégagent un léger parfum. La floraison s'épanouit à la fin du printemps, puis est bien répétée par la suite. Des fruits rouge orangé suivent.

Culture : voir la culture des *Rosa kordesii*. Une protection hivernale est, le plus souvent, nécessaire.

Au jardin : on l'utilise sur une pergola, un support ou treillis, mais aussi en couvre-sol s'il n'est pas attaché.

Rosier 'Ilse Krohn Superior'
Rosa hybrida 'Ilse Krohn Superior'
Zone 5b

C'est en 1964 que Kordes (Allemagne) a introduit ce rosier hybride de Rosa kordesii. Il est aujourd'hui vendu sur le marché par les rosiéristes.

Port : ce grand rosier sarmenteux a de longues tiges qui atteignent 3,50 m de haut sur 3,00 m de large. Le feuillage vert foncé, lustré, offre une bonne résistance aux maladies.

Fleurs : solitaires ou réunis en petites grappes, les boutons blanc crème donnent des fleurs doubles, aux pétales en rosette, blanches avec des reflets jaunes au centre. Elles sont moyennement parfumées. La période de floraison principale est la fin du printemps, puis des floraisons de moindre importance sont bien répétées par la suite.

Culture : voir la culture des *Rosa kordesii*. Une protection hivernale est, dans bien des cas, nécessaire.

Au jardin : s'il n'est pas attaché, on peut l'utiliser comme couvre-sol, mais il est généralement palissé sur une pergola, un support ou un treillis.

Rosier 'Ipsilanté'
Rosa gallica 'Ipsilanté'
Zone 4b

Ce rosier fait partie du groupe des rosiers hybrides de Rosa gallica. Son introduction par Vibert (France) date de 1821. Il est aussi connu sous le nom de Rosa 'Ypsilanti'. Il est aujourd'hui vendu par les rosiéristes.

Port : cet arbuste érigé, dense, aux tiges épineuses rouges, forme un rosier de 1,20 m de haut sur 90 cm de large. Son feuillage, vert foncé, présente une très bonne résistance aux maladies.

Fleurs : réunies en petites grappes, les grandes fleurs, très doubles, sont rose mauve au centre, et rose plus pâle vers l'extérieur. Elles répandent un très fort parfum. La floraison éclôt à la fin du printemps et au début de l'été.

Culture : voir la culture des *Rosa gallica*.

Au jardin : on le plante dans les plates-bandes ou pour les fleurs coupées.

Rosier 'Ispahan'
Rosa damascena 'Ispahan'
Zone 3b

Ce rosier appartient au groupe des roses de Damas (Rosa damascena). Introduit avant 1832, on le connaît aussi sous les noms de Rosa 'Pompon des Princes' et de Rosa 'Rose d'Isfahan'. Il est assez répandu chez les rosiéristes.

Port : cet arbuste érigé, aux tiges vertes, épineuses, forme un rosier qui s'élève sur 1,80 m et qui s'étale sur autant. Son feuillage vert bleuté résiste bien aux maladies, mais il est parfois attaqué par l'oïdium en fin de saison.

Fleurs : réunies en bouquets, les fleurs doubles sont rose lumineux. Elles exhalent un fort parfum de rose de Damas. La floraison, qui éclôt à la fin du printemps, se poursuit sur plusieurs semaines.

Culture : voir la culture des *Rosa damascena*.

Au jardin : on le combine à d'autres végétaux dans les plates-bandes.

Rosier 'J.P. Connell'
Rosa hybrida 'J.P. Connell'
Zone 3b

Hybridé par Felicitas Svedja à Ottawa en Ontario, ce rosier arbuste moderne a été introduit par Agriculture et Agroalimentaire Canada en 1987. Il fait partie de la série Explorateur. Il est largement vendu sur le marché.

Port : cet arbuste érigé, au port large et aux tiges peu épineuses, atteint 1,20 m de haut sur 1,50 m de large. Le feuillage vert foncé, lustré, offre une bonne résistance à l'oïdium, mais est un peu plus sensible à la maladie des taches noires.

Fleurs : seules ou réunies en grappes, les fleurs doubles sont jaune citron au centre, et jaune crème sur le pourtour. Le coloris varie du début à la fin de la floraison. Les fleurs exhalent un fort parfum de thé. La floraison s'épanouit à la fin du printemps, puis est sporadique au cours de l'été.

Culture : voir la culture des rosiers de la série Explorateur. Cette plante peut prendre du temps avant de donner tout son effet.

Au jardin : on le plante en association dans les plates-bandes, en massif ou comme haie.

Rosier 'Jaquenetta'
Rosa hybrida 'Jaquenetta'
Zone 5b

Ce rosier est rattaché au groupe des rosiers arbustes modernes. Il a été introduit par Austin (Royaume-Uni) en 1983. On le connaît aussi sous les noms de Rosa 'AUSjac' et de Rosa 'Jacquenetta'. Il est vendu sur le marché par les rosiéristes.

Port : ce rosier large et évasé forme un buisson de 1,20 m de haut sur autant de large. Les jeunes pousses vert clair produisent un feuillage vert foncé, sensible à l'oïdium et à la maladie des taches noires.

Rosier jaune de Chine
Rosa hugonis
Zone 3b

Cette espèce a été introduite en culture vers 1899. Elle est originaire de la Chine. On la connaît aussi sous les noms de rosier du père Hugo, de Rosa 'Father Hugo's Rose' et de Rosa 'Golden Rose of China'. Elle est vendue par les rosiéristes.

Port : ce rosier érigé et large, aux tiges brunes, très épineuses, prend la forme d'un arbuste de 2,00 m de haut sur autant de large. Son feuillage très découpé, vert gris, prend de belles teintes à l'automne. Il présente une bonne résistance aux maladies.

Fleurs : réunies en grappes, les fleurs simples sont abricot pêche à cuivre orangé. Elles dégagent un fort parfum fruité. La floraison est plus ou moins continue de la fin du printemps aux premières gelées.

Culture : voir la culture des rosiers de David Austin.

Au jardin : on le plante dans les plates-bandes ou pour les fleurs coupées.

Fleurs : placées le long des branches arquées, les fleurs, en forme de coupe, sont simples, jaune soufre et moyennement parfumées. Elles éclosent à la fin du printemps ou au début de l'été. Elles sont rapidement suivies de fruits brun violacé.

Culture : ce rosier pousse au soleil ou à l'ombre légère. Il préfère les sols plutôt pauvres, meubles, secs et est indifférent au pH. Une protection hivernale en zone 2 est conseillée.

Au jardin : on le cultive en association dans les plates-bandes.

Rosier 'Jayne Austin'
Rosa hybrida 'Jayne Austin'
Zone 5b

*Ce rosier du groupe des rosiers arbustes mo-
dernes a été introduit par Austin (Royaume-
Uni) en 1994. On le connaît aussi sous le
nom de Rosa 'AUSbreak'. Il est assez répandu
sur le marché.*

Port : ce rosier forme un buisson de 90 cm de
haut sur 60 cm de large. Le feuillage vert
foncé est parfois sensible à l'oïdium et à la
rouille.

Fleurs : solitaires ou réunies en petites
grappes, les petites fleurs sont doubles,
jaune doux avec des reflets jaune abricot.
Elles ont un fort parfum épicé. La floraison
est plus ou moins continue de la fin du
printemps aux premières gelées.

Culture : voir la culture des rosiers de David
Austin.

Au jardin : on l'emploie dans les plates-bandes
et comme fleurs coupées.

Rosier 'Jeanne d'Arc'
Rosa alba 'Jeanne d'Arc'
Zone 4b

Ce rosier fait partie du groupe des Rosa alba.
*Il a été introduit en 1818 par Vibert
(France). Il est aujourd'hui cultivé par les
rosiéristes.*

Port : érigé, il forme un arbuste haut (H. :
1,40 m) et étroit (L. : 90 cm). Son feuillage
gris vert est très résistant aux maladies.

Fleurs : réunis en bouquets, les boutons crème
donnent naissance à de grandes fleurs doubles, à la manière d'un pompon, blanches.
Elles répandent un très fort parfum. La floraison s'épanouit à la fin du printemps.

Culture : voir la culture des *Rosa alba*.

Au jardin : on le plante en association dans
les plates-bandes, ainsi qu'en massifs ou
pour les haies.

Rosier 'Jenny Duval'
Rosa gallica 'Jenny Duval'
Zone 4b

Ce rosier hybride de rosier gallique (Rosa gallica) a été introduit par Duval (France) avant 1842. On lui attribue aussi les noms de Rosa 'Jeanne Duval', de Rosa 'Jenny by Duval' et de Rosa 'Jenny'. Il est assez répandu chez les rosiéristes.

Port : cet arbuste, érigé, aux tiges épineuses, à la végétation dense, monte à 1,20 m et se déploie sur 1,00 m. Son feuillage est vert foncé.

Fleurs : réunies en petites grappes, les fleurs, en forme de coupe, sont très doubles. Leur coloris est très variable. C'est un mélange de rose foncé, de lavande, de rose clair, de mauve et de violet. Elles dégagent un fort parfum. La floraison s'ouvre à la fin du printemps ou au début de l'été.

Culture : voir la culture des *Rosa gallica*.

Au jardin : on le plante en association dans les plates-bandes, en isolé ou en petit groupe, ou pour les fleurs coupées.

Rosier 'Jens Musk'
Rosa rugosa 'Jens Musk'
Zone 2b

Ce rosier hybride de Rosa rugosa fait partie de la série Explorateur. Hybridé à Ottawa en Ontario par Felicitas Svedja, il a été introduit par Agriculture et Agroalimentaire Canada en 1974. Il est largement vendu sur le marché.

Port : cet arbuste, aux tiges érigées, très épineuses, forme un rosier de 2,00 m de haut sur 1,50 m de large. Les petites feuilles, qui sont vert clair, gaufrées, ont une bonne résistance à la maladie des taches noires et à l'oïdium.

Fleurs : réunies en petites grappes, les fleurs semi-doubles sont roses avec des étamines jaunes. Le parfum est épicé. La floraison se déroule de la fin du printemps à la fin de l'été. Elle est suivie par des fruits rouges à l'automne.

Culture : voir la culture des *Rosa rugosa*.

Au jardin : on l'emploie en association dans les plates-bandes, en isolé ou en petit groupe, en massif ou pour confectionner des haies.

Rosier 'Jim Lounsbery'
Rosa hybrida 'Jim Lounsbery'
Zone 5a

L'hybridation de ce rosier arbuste moderne est le travail de Joyce Fleming de Niagara-on-the-Lake en Ontario. Introduit en 1994, il est vendu par les rosiéristes.

Port : cet arbuste érigé, vigoureux, large, produit un rosier de 1,50 m de haut sur 1,20 m de large. Son feuillage vert moyen, semi-lustré, est très résistant aux maladies.

Fleurs : réunies en grappes, les fleurs, en forme de coupe, sont simples, orange et rouge orangé avec, parfois, un œil blanc au centre. Leur parfum est léger. La floraison est continue de la fin du printemps aux premières gelées. Des fruits sont produits en abondance.

Culture : voir la culture des rosiers arbustes modernes.

Au jardin : on le marie à d'autres végétaux dans les plates-bandes ou on le plante en massif.

Rosier 'John Cabot'
Rosa hybrida 'John Cabot'
Zone 3a

Ce rosier est rattaché au groupe des rosiers hybrides de Rosa kordesii. Hybridé par Felicitas Svedja à Ottawa, ce rosier de la série Explorateur a été introduit en 1978 par Agriculture et Agroalimentaire Canada. Il est très facile à se procurer sur le marché.

Port : ce rosier, aux longues tiges sarmenteuses, très vigoureuses, culmine à 3,50 m et se développe sur 2,00 m de large. En zone 5, il peut produire des tiges de 2,00 à 3,00 m en un seul été. Le feuillage, vert, semi-lustré, présente une bonne résistance à la maladie des taches noires et à l'oïdium.

Fleurs : réunies en grappes, les fleurs doubles, rouge intense en début d'éclosion, deviennent rose foncé par la suite. Leur parfum est très léger. Une floraison, très abondante, éclôt à la fin du printemps, puis quelques grappes de fleurs apparaissent par la suite.

Culture : voir la culture des *Rosa kordesii*. Ce rosier peut prendre de deux à trois ans avant d'atteindre pleinement son ampleur.

Au jardin : on le palisse sur une pergola, un treillis ou un support.

Rosier 'John Davis'
Rosa hybrida 'John Davis'
Zone 3b

Ce rosier, hybridé par Felicitas Svedja à Ottawa et introduit en 1986 par Agriculture et Agroalimentaire Canada, fait partie de la série Explorateur. Il appartient au groupe des rosiers hybrides de Rosa kordesii. Il est très commun sur le marché.

Port : cet arbuste, aux longues tiges arquées, peut être rampant ou sarmenteux. Il monte à 2,00 m et s'étend sur 2,50 m. Son feuillage vert, semi-lustré, présente une très bonne résistance à la maladie des taches noires et à l'oïdium.

Fleurs : réunies en grappes, les nombreuses fleurs doubles sont roses avec des étamines jaunes, voyantes. Elles laissent échapper un parfum épicé. La floraison a lieu à la fin du printemps, puis est répétée au cours de l'été.

Culture : voir la culture des *Rosa kordesii*. Ce rosier peut prendre quelques années avant d'atteindre pleinement son ampleur.

Au jardin : il peut être utilisé comme arbuste dans les plates-bandes, comme couvre-sol ou encore comme plante sarmenteuse quand il est palissé sur une pergola, un support ou un treillis.

Rosier 'John Franklin'
Rosa hybrida 'John Franklin'
Zone 3a

Ce rosier arbuste moderne a été hybridé par Felicitas Svedja à Ottawa. Introduit en 1980 par Agriculture et Agroalimentaire Canada, il fait partie de la série Explorateur. Il est largement vendu sur le marché.

Port : cet arbuste, au port érigé et aux tiges souples, atteint 1,20 m de haut sur autant de large. Son feuillage vert, semi-lustré, est moyennement résistant à l'oïdium et à la maladie des taches noires.

Fleurs : nombreuses, réunies en grappes, les grandes fleurs sont doubles, rouge moyen à rouge foncé et bien parfumées. La floraison est continue de la fin du printemps aux premiers gels.

Culture : voir la culture des rosiers de la série Explorateur.

Au jardin : on l'utilise en association dans les plates-bandes, en massif, pour confectionner des haies, comme fleurs coupées, ou encore palissé pour former un petit rosier sarmenteux.

Rosier 'Juno'
Rosa centifolia 'Juno'
Zone 5a

Ce rosier du groupe des rosiers centfeuilles (Rosa centifolia) a été introduit en 1832 par Laffay (France). Il est aujourd'hui vendu par les rosiéristes.

Port : à cause de ses tiges arquées, peu épineuses, cet arbuste a un port large, ouvert. Il monte à 1,50 m et s'étale sur autant. Son feuillage vert foncé, lisse, généralement résistant aux maladies, est parfois attaqué par l'oïdium en fin de saison.

Fleurs : seules ou en petites grappes, les fleurs, de forme globulaire, sont doubles, rose clair à rose foncé et très parfumées. La floraison a lieu à la fin du printemps.

Culture : voir la culture des *Rosa centifolia*.

Au jardin : on le plante en association dans les plates-bandes et pour les fleurs coupées.

Rosier 'Kakwa'
Rosa pimpinellifolia 'Kakwa'
Zone 4b

Ce rosier est rattaché au groupe des rosiers hybrides de Rosa pimpinellifolia. Hybridé par John Wallace à Beaverlodge en Alberta, ce rosier a été introduit en 1973. Sur le marché, il est vendu par les rosiéristes.

Port : cet arbuste compact et buissonnant, aux tiges brun chocolat, fait 1,20 m de haut sur autant de large. Ses petites feuilles, qui produisent une texture fine, sont vert grisâtre. Il a une bonne résistance aux maladies, notamment à la maladie des taches noires.

Fleurs : réunies en grappes, les fleurs, en forme de coupe, sont doubles, rose pâle à blanc crème avec des étamines jaune pâle, voyantes. Elles répandent un très fort parfum. La floraison, très hâtive, s'épanouit au milieu du printemps. Elle est suivie de fruits marron à noirs.

Culture : voir la culture des *Rosa pimpinellifolia*.

Au jardin : on l'emploie en combinaison dans les plates-bandes, en massif ou pour confectionner des haies.

HYBRIDE AU CANADA

Rosier 'Karl Förster'
Rosa pimpinellifolia 'Karl Förster'
Zone 4b

Introduit par Kordes (Allemagne) en 1931, ce rosier hybride de Rosa pimpinellifolia est aussi connu sous le nom de Rosa 'Karl Foerster'. Il est aujourd'hui cultivé par les rosiéristes.

Port : cet arbuste vigoureux, aux longues tiges arquées, forme un rosier qui s'élève à 1,80 m et qui s'étend sur 1,20 m. Il drageonne abondamment. Les jeunes pousses rougeâtres produisent un feuillage vert grisâtre de texture légère. Celui-ci présente une bonne résistance aux maladies.

Fleurs : solitaires ou en petites grappes, les fleurs plates à pleine ouverture sont doubles, blanc neige, avec des étamines jaunes, voyantes. Le parfum est léger. La floraison s'épanouit à la fin du printemps et parfois un peu en automne.

Culture : voir la culture des *Rosa pimpinellifolia*.

Au jardin : on l'incorpore dans les plates-bandes ou on le plante en massif ou en haie.

Rosier 'Kathryn Morley'
Rosa hybrida 'Kathryn Morley'
Zone 5b

Ce rosier arbuste moderne a été introduit par Austin (Royaume-Uni) en 1990. Il a été enregistré sous les noms de Rosa 'AUSvariety' et de Rosa 'AUSclub'. Sur le marché, il est vendu chez les rosiéristes.

Port : ce buisson au port érigé, diffus, a de longues tiges, très épineuses, qui atteignent 90 cm de haut sur 70 cm de large. Le feuillage vert foncé, lustré, offre une bonne résistance aux maladies.

Fleurs : solitaires ou en petits bouquets, les grandes fleurs, en forme de coupe, sont très doubles, rose léger. Elles exhalent un léger parfum de thé. La floraison est continue de la fin du printemps au début de l'automne.

Culture : voir la culture des rosiers de David Austin.

Au jardin : on le plante en combinaison dans les plates-bandes, mais aussi en massif ou pour les fleurs coupées.

Rosier 'Kazanlik'
Rosa damascena 'Kazanlik'
Zone 3b

Ce rosier est rattaché au groupe de Rosa damascena. Son introduction date d'avant 1700. Il est aussi connu sous les noms de Rosa damascena trigintipetala, de Rosa 'Trigintipetala', de Rosa 'Kazanlyk', de Rosa 'Gloire de Guilan' et de Rosa 'Professeur Émile Perrot'. Il est assez facile à se procurer chez les rosiéristes.

Port : cet arbuste érigé, aux tiges minces, vert brunâtre, portant des aiguillons rouges, forme un rosier de 1,50 m de haut sur 1,30 m de large. Le feuillage vert cendré, finement dentelé, est doux au touché.

Fleurs : les petites fleurs, semi-doubles, sont rose foncé avec des étamines jaune paille. Très très parfumées, elles sont utilisées pour l'extraction de l'essence de rose. La plante fleurit au début de l'été.

Culture : voir la culture des *Rosa damascena*.

Au jardin : facile à intégrer dans les plates-bandes, on l'utilise aussi pour les fleurs coupées ou pour les pots-pourris.

Rosier 'Kent'
Rosa hybrida 'Kent'
Zone 4b

Ce rosier arbuste moderne a été introduit sur le marché par Poulsen (Danemark) en 1988. Il est aussi connu sous les noms de Rosa 'POUlcov', de Rosa 'Pyrénées', de Rosa 'Sparkler', de Rosa 'Sparkley' et de Rosa 'White Cover'. Il est en vente chez les rosiéristes.

Port : ce rosier couvre-sol, aux branches arquées, a un port bas, arrondi. Il se développe sur 60 cm de haut et s'étale sur 1,20 m. Le feuillage vert sombre, brillant, présente une très bonne résistance aux maladies.

Fleurs : réunies en grosses grappes, nombreuses, les fleurs, en forme de coupe très ouverte, semi-doubles, sont blanc pur avec des étamines jaune clair. Elles sont délicatement parfumées. La floraison principale éclôt à la fin du printemps, puis est bien répétée par la suite.

Culture : voir la culture des rosiers de Poulsen.

Au jardin : on le plante comme couvre-sol, en massif ou sur les talus.

Rosier 'Knock Out'
Rosa hybrida 'Knock Out'
Zone 5b

Ce rosier arbuste moderne a été introduit par Raddler (États-Unis) en 2000. Il a été enregistré sous le nom de Rosa 'RADrazz'. Il a obtenu l'AARS en 2001. Il est assez commun sur le marché.

Port : ce rosier buissonnant atteint 90 cm de haut sur autant de large. Les jeunes pousses rouge pourpre donnent naissance à des feuilles lustrées, vertes, teintées de pourpre foncé. Le feuillage est très résistant aux maladies.

Fleurs : réunies en grappes de trois à quinze, les fleurs, en forme de coupe, semi-doubles, sont rouge cerise, fluorescentes, avec un cœur blanc et des étamines jaunes. Elles laissent émaner un doux parfum de thé. La floraison est continue de la fin du printemps aux premières gelées.

Culture : voir la culture des rosiers arbustes modernes.

Au jardin : il trouve sa place dans les plates-bandes, en isolé ou en massif, combiné à d'autres végétaux ; mais aussi comme haie basse ou pour les fleurs coupées.

Rosier 'Königin von Dänemark'
Rosa alba 'Königin von Dänemark'
Zone 4b

Ce rosier alba (Rosa alba) a été introduit par Booth (Danemark) en 1826. On le connaît aussi sous les noms de Rosa 'Naissance de Vénus', de Rosa 'Queen of Denmark', de Rosa 'Reine du Danemark' et de Rosa 'Belle Courtisane'. Il est aujourd'hui assez commun chez les rosiéristes.

Port : cet arbuste aux tiges arquées, très épineuses, est compact pour un rosier alba (H. : 1,50 m. L. : 1,00 m). Son feuillage gris vert présente une bonne résistance à la maladie des taches noires.

Fleurs : réunies en grappes, en forme de rosette, les fleurs très doubles sont rose foncé au centre et de plus en plus pâle vers l'extérieur. Elles dégagent un très fort parfum. La floraison éclôt à la fin du printemps.

Culture : voir la culture des *Rosa alba*.

Au jardin : en isolé ou en massif, on l'associe à d'autres végétaux dans les plates-bandes ; ou encore on le plante pour les fleurs coupées ou pour confectionner des haies.

Rosier 'La Belle Sultane'
Rosa gallica 'La Belle Sultane'
Zone 4a

Ce rosier fait partie du groupe des rosiers hybrides de Rosa gallica. *Il a été introduit en culture vers 1795. On le trouve aussi sous les noms de* Rosa gallica 'Belle Sultane', *de* Rosa gallica 'Maheca', *de* Rosa gallica 'Violacea' *et de* Rosa gallica 'Cumberland'. *Il est aujourd'hui vendu par les rosiéristes.*

Port : cet arbuste forme un buisson dense, aux longues tiges arquées, peu épineuses, de 1,50 m de haut sur 1,20 m de large. Les jeunes pousses vert foncé sont teintées de pourpre. Elles donnent naissance à des feuilles vert foncé, devenant pourpres à l'automne. Elles sont généralement résistantes aux maladies, mais elles sont sensibles à la maladie des taches noires.

Fleurs : réunies en petites grappes, en forme de coupe, les fleurs simples à semi-doubles ont un mélange indéfinissable de mauve, de pourpre, de rouge, de violet rouge avec un œil plus pâle à la base des pétales et des étamines jaune d'or, très voyantes. Elles sont légèrement parfumées. La floraison s'épanouit à la fin du printemps et au début de l'été. Elle est suivie de petits fruits rouges à l'automne.

Culture : voir la culture des *Rosa gallica*.

Au jardin : on le plante en association dans les plates-bandes, en isolé ou en massif ; et aussi pour les fleurs coupées.

Rosa 'La Noblesse'
Rosa centifolia 'La Noblesse'
Zone 4b

*On doit l'introduction, en 1856, de ce rosier centfeuilles (*Rosa centifolia*) à Soupert & Notting (Luxembourg). Sur le marché, on le trouve parfois chez les rosiéristes.*

Port : cet arbuste, semi-vigoureux, au port droit, forme un rosier qui s'élève à 1,50 m et qui s'étale sur 1,20 m. Le feuillage vert bleuté, épais, est généralement résistant aux maladies, mais est sensible à la maladie des taches noires.

Fleurs : réunies par deux ou trois, d'abord en forme de coupe, puis plutôt plates, les fleurs doubles sont rose vif, devenant plus pâles avec l'âge. Elles sont très parfumées. C'est au début de l'été que ce rosier fleurit.

Culture : voir la culture des *Rosa centifolia*.

Au jardin : on le marie à d'autres plantes dans les plates-bandes.

Rosier 'La Rubanée'
Rosa gallica 'La Rubanée'
Zone 3b

Ce rosier du groupe des rosiers hybrides de Rosa gallica a été introduit par Vibert (France) en 1845. Il porte de nombreux autres noms, notamment: Rosa centifolia variegata, Rosa 'Village Maid', Rosa 'Belle des Jardins', Rosa 'Belle Villageoise', Rosa 'Cottage Maid' et Rosa 'Dometille Beccard'. Il est aujourd'hui mis sur le marché par les rosiéristes.

Port: cet arbuste dense, aux longues tiges épineuses, forme un rosier de 1,50 m de hauteur sur 1,20 m de largeur. Le feuillage est vert foncé. La résistance aux maladies est généralement bonne.

Fleurs: seules ou en grappes, les fleurs, de forme aplatie, sont doubles, blanc cassé avec des stries plus ou moins larges, rose pâle. Elles ont un parfum puissant. La floraison éclôt à la fin du printemps et au début de l'été.

Culture: voir la culture des *Rosa gallica*.

Au jardin: on le plante en combinaison dans les plates-bandes et pour les fleurs coupées.

Rosier 'La Ville de Bruxelles'
Rosa damascena 'La Ville de Bruxelles'
Zone 3b

Ce rosier de Damas (Rosa damascena) a été introduit en 1856 par Vibert (France). On le connaît aussi sous le nom de Rosa damascena 'Ville de Bruxelles'. Il est aujourd'hui cultivé par les rosiéristes.

Port: cet arbuste, au port érigé, a des tiges vertes, épineuses. Il monte à 1,20 m et s'étale sur 1,00 m. Son feuillage vert clair est plus ou moins sensible aux maladies.

Fleurs: solitaires ou réunies en petites grappes, les fleurs, en forme de coupe au dessus plat, sont très doubles et rose vif. Elles exhalent un fort parfum de rose de Damas. Elles fleurissent à la fin du printemps ou au début de l'été.

Culture: voir la culture des *Rosa damascena*.

Au jardin: on l'incorpore dans les plates-bandes ou on le plante pour les fleurs coupées.

Rosier 'Lady Elsie May'
Rosa hybrida 'Lady Elsie May'
Zone 5b

Ce rosier arbuste moderne a été introduit en 2001 par Noack (Allemagne). Il porte aussi les noms de Rosa 'NOAelsie' et de Rosa 'Angelsie'. Il sera de plus en plus vendu au cours des années à venir.

Port: ce rosier couvre-sol atteint 90 cm en tous sens. Son feuillage vert foncé, lustré, semble offrir une bonne résistance aux maladies.

Fleurs: réunies en bouquets, les fleurs semi-doubles présentent un mélange de rose corail et des étamines orangées. Le parfum est léger. La floraison est continue de la fin du printemps au début de l'automne.

Culture: voir la culture des rosiers arbustes modernes.

Au jardin: ce couvre-sol peut aussi bien être planté en massif, que combiné avec d'autres plantes dans les plates-bandes.

Rosier 'L.D. Braithwaite'
Rosa hybrida 'L.D. Braithwaite'
Zone 5b

Ce rosier arbuste moderne a été introduit en 1988 par Austin (Royaume-Uni). Il porte aussi les noms de Rosa 'AUScrim', de Rosa 'Braithwaite' et de Rosa 'Leonard Duldey Braithwaite'. Il est assez largement vendu sur le marché.

Port: ce rosier buissonnant, dont les branches, très épineuses, partent un peu en tous sens, mesure 90 cm de large sur autant de haut. Les jeunes pousses, vert bronze, donnent un feuillage vert foncé, peu fourni, légèrement sensible aux maladies.

Fleurs: le plus souvent uniques au bout de la tige, en forme de grande coupe, les fleurs, très doubles, sont rouge cramoisi clair. Elles ont un léger parfum de roses anciennes. La floraison est continue de la fin du printemps aux premières gelées.

Culture: voir la culture des rosiers de David Austin.

Au jardin: on l'installe en association dans les plates-bandes, généralement en massif ou pour les fleurs coupées.

Rosier 'Lambert Closse'
Rosa hybrida 'Lambert Closse'
Zone 3b

Ce rosier arbuste moderne fait partie de la série Explorateur. Hybridé par Felicitas Svedja à Ottawa et testé par Ian Ogilvie à L'Assomption au Québec, il a été introduit par Agriculture et Agroalimentaire Canada en 1995. Il est aujourd'hui commun sur le marché.

Port : ce rosier buissonnant, érigé, compact, mesure 85 cm de haut sur autant de large. Son feuillage vert bleuté, lustré, présente une bonne résistance à l'oïdium, mais est légèrement sensible à la maladie des taches noires.

Fleurs : solitaires ou réunis par deux ou trois, les boutons rose foncé produisent des fleurs doubles, roses, qui deviennent plus pâles à plein épanouissement. Le parfum fruité est léger. La floraison est continue de la fin du printemps aux premières gelées.

Culture : voir la culture des rosiers de la série Explorateur.

Au jardin : on l'intègre dans les plates-bandes, en isolé ou en massif ; ou on l'utilise pour les fleurs coupées ou encore comme haie basse.

Rosier 'Lavender Dream'
Rosa hybrida 'Lavender Dream'
Zone 5b

Ce rosier arbuste moderne a été introduit par Interplant (Pays-Bas) en 1984. Il a été enregistré sous le nom de Rosa 'INTerlav'. Il est assez largement répandu sur le marché.

Port : ce rosier couvre-sol aux tiges arquées, rampantes, s'élève sur 1,00 m et s'étend sur autant. Son feuillage vert clair, semi-lustré, offre une bonne résistance aux maladies.

Fleurs : réunies en grandes grappes, les petites fleurs, en forme de coupe, sont semi-doubles, rose lilas foncé, plus claires au centre avec des étamines jaunes, voyantes. Elles dégagent peu de parfum. C'est à la fin du printemps qu'une floraison très abondante a lieu. Par la suite, quelques grappes apparaissent de façon répétée.

Culture : voir la culture des rosiers arbustes modernes.

Au jardin : on le plante comme couvre-sol, ou on l'incorpore, en massif ou en isolé, dans les plates-bandes.

Rosier 'Leverkusen'
Rosa hybrida 'Leverkusen'
Zone 5a

Ce rosier est rattaché à la classe des rosiers hybrides de Rosa kordesii. Son introduction par Kordes (Allemagne) date de 1954. Il est répandu chez les rosiéristes.

Rosier 'Léda'
Rosa damascena 'Léda'
Zone 3b

Ce rosier de la catégorie des Rosa damascena a été introduit en culture avant 1827. Il est aussi connu sous le nom de Rosa damascena 'Painted Damask'. Il est aujourd'hui assez facile à trouver chez les rosiéristes.

Port : cet arbuste érigé, aux tiges épineuses, atteint 1,10 m de haut et s'étale sur 80 cm. Son feuillage vert grisâtre foncé, semi-lustré, présente une très bonne résistance aux maladies.

Fleurs : réunis en petites grappes, les boutons floraux rouge foncé donnent naissance à des fleurs plates, doubles, blanc crème avec des traces irrégulières de rouge carmin à l'extrémité des pétales. Elles sont très parfumées. La floraison a lieu à la fin du printemps et, parfois, un peu en été. Des fruits rouge foncé mûrissent à l'automne.

Culture : voir la culture des *Rosa damascena*.

Au jardin : on l'utilise dans les plates-bandes, en massif ou comme haie.

Port : ce rosier sarmenteux a de longues tiges qui forment une plante de 3,00 m de haut sur 2,50 m de large. Le feuillage vert clair, lustré, résiste bien aux maladies.

Fleurs : regroupées en grappes, les fleurs, en forme de rosette, sont doubles, jaune clair. Elles sont très parfumées. La floraison principale naît à la fin du printemps. Quelques grappes de fleurs apparaissent de façon répétée en été.

Culture : voir la culture des *Rosa kordesii*. Une protection hivernale est parfois nécessaire.

Au jardin : on l'utilise palissé sur un support, un treillis ou une pergola.

Rosier 'Lilian Austin'
Rosa hybrida 'Lilian Austin'
Zone 5b

Ce rosier arbuste moderne a été introduit par Austin (Royaume-Uni) en 1973. Il a été enregistré sous les noms de Rosa 'AUSli' et de Rosa 'AUSmound'. Il est assez largement vendu sur le marché.

Port : ce buisson, aux tiges lâches, a un port ouvert. Il monte à 1,20 m et s'étale sur 1,00 m. Son feuillage, vert foncé, lustré, a une très bonne résistance aux maladies.

Fleurs : solitaires ou réunies en petites grappes, les fleurs, en forme de pompon, ressemblent à celles d'un rosier floribunda. Elles sont doubles, rose saumon avec des reflets de jaune et d'orange et des étamines jaunes. Elles laissent émaner un doux parfum fruité. La floraison est continue de la fin du printemps au début de l'automne.

Culture : voir la culture des rosiers de David Austin. Ce rosier demande parfois d'être tuteuré.

Au jardin : on l'installe en association dans les plates-bandes, en isolé ou en massif ; ou encore pour les fleurs coupées.

Rosier 'Linda Campbell'
Rosa rugosa 'Linda Campbell'
Zone 3b

Ce rosier hybride de Rosa rugosa a été introduit par Moore (États-Unis) en 1990. Il porte aussi les noms de Rosa 'MORten' et de Rosa 'Tall Poppy'. Il est assez commun sur le marché.

Port : ce grand arbuste (H. : 2,00 m. L. : 1,50 m) a des tiges érigées, très épineuses. Ses petites feuilles, vert gris, peu gaufrées, ont une bonne résistance aux maladies.

Fleurs : réunies en grappes, les fleurs doubles sont rouge foncé et pâlissent à plein épanouissement. Elles n'ont aucun parfum. La floraison principale s'épanouit à la fin du printemps. Quelques bouquets éclosent par la suite.

Culture : voir la culture des _Rosa rugosa_.

Au jardin : on le marie à d'autres plantes dans les plates-bandes.

Rosier 'Louis Gimard'
Rosa centifolia muscosa 'Louis Gimard'
Zone 4b

Ce rosier mousseux (Rosa centifolia muscosa), dont l'introduction par Pernet (France) date de 1877, est vendu sur le marché par les rosiéristes.

Port : cet arbuste compact, au port régulier, a des tiges peu épineuses, mais recouvertes de mousse rougeâtre. Il mesure 1,50 m de haut sur 90 cm de large. Son feuillage, vert foncé avec des veines rouges, offre une assez bonne résistance aux maladies, mais est parfois sensible à la maladie des taches noires.

Fleurs : les boutons, légèrement mousseux, donnent des fleurs en forme de coupe, doubles, rose et magenta, pâlissant au rose pâle à pleine éclosion avec des étamines jaunes. La floraison éclôt à la fin du printemps, puis sporadiquement par la suite jusqu'aux gelées.

Culture : voir la culture des *Rosa centifolia muscosa*.

Au jardin : on l'emploie en association dans les plates-bandes, que ce soit en isolé ou en massif.

Rosier 'Louis Jolliet'
Rosa hybrida 'Louis Jolliet'
Zone 3b

Ce rosier de la série Explorateur fait partie du groupe des rosiers hybrides de Rosa kordesii. Hybridé par Felicitas Svedja à Ottawa et testé par Ian Ogilvie à L'Assomption au Québec, il a été introduit par Agriculture et Agroalimentaire Canada en 1990. Il est commun sur le marché.

Port : cet arbuste, au port évasé large, peut être soit rampant, soit grimpant s'il est palissé. Il monte à 1,20 m et s'étale sur 1,00 m à 1,75 m selon la manière dont il est cultivé. Son feuillage vert foncé, lustré, présente une très bonne résistance aux maladies.

Fleurs : réunies en grappes, les fleurs doubles sont rose intense. Le parfum est épicé. La floraison est généralement continue (mais pas toujours) de la fin du printemps au début de l'automne.

Culture : voir la culture des *Rosa kordesii*.

Au jardin : on le plante en massif, comme couvre-sol, sur les talus, mais aussi sur un support, un treillis ou une pergola.

Rosier 'Louis Riel'
Rosa hybrida 'Louis Riel'
Zone 3b

Ce rosier fait partie du groupe des rosiers arbustes modernes. Il a été hybridé par Stanley Zubrowski à Prairie River en Saskatchewan qui l'a introduit sur le marché en 1996. Il est aussi connu sous le nom de Rosa 'ZUBlou'. On le trouve chez les rosiéristes.

Port : cet arbuste a des tiges érigées, rougeâtres, très épineuses. Il mesure 1,80 m de haut sur 1,50 m de large. Ses feuilles sont petites, vert glauque foncé, offrant une bonne résistance aux maladies.

Fleurs : réunies en grappes, les boutons très effilés donnent naissance à des fleurs simples, blanches avec des étamines jaunes. Le parfum est léger. La floraison a lieu à la fin du printemps, puis quelques fleurs éclosent durant l'été.

Culture : voir la culture des *Rosa pimpinellifolia* car il est issu de *R. p. altaica*.

Au jardin : on le plante en association dans les plates-bandes.

Rosier 'Lucetta'
Rosa hybrida 'Lucetta'
Zone 5b

Ce rosier hybride moderne a été introduit par Austin (Royaume-Uni) en 1983. Il a été enregistré sous le nom de Rosa 'AUSemi' et porte aussi le nom de Rosa 'English Apricot'. Il est vendu sur le marché par les rosiéristes.

Port : ce rosier buisson, aux longues tiges lâches, monte à 1,80 m et s'étend sur 1,20 m. Ses jeunes pousses vertes, aux reflets rouges, donnent naissance à des feuilles vert foncé, semi-lustrées, qui résistent bien aux maladies.

Fleurs : réunies en petits bouquets, les fleurs, en forme de coupe, sont semi-doubles, rose pâle avec des reflets jaune abricot. Elles exhalent un très fort parfum. La floraison est continue de la fin du printemps aux premiers gels.

Culture : voir la culture des rosiers de David Austin. Cette plante demande parfois un tuteurage.

Au jardin : il peut être utilisé en association dans les plates-bandes, en isolé ou en massif ; mais aussi pour les fleurs coupées ou encore comme petit sarmenteux sur un treillis.

Rosier 'Mabel Morrison'
Rosa hybrida 'Mabel Morrison'
Zone 5b

Ce rosier hybride perpétuel a été introduit par Broughton (Royaume-Uni) en 1878. Il porte aussi le nom de Rosa 'White Baroness'. *Aujourd'hui, sur le marché, on le trouve chez quelques rosiéristes.*

Port : ce buisson, érigé et vigoureux, a de longues tiges épineuses. Son feuillage vert gris est assez résistant aux maladies. La plante a 1,20 m de haut sur 90 cm de large.

Fleurs : sur des pédoncules courts, les fleurs, en forme de coupe, très doubles (la coupe est littéralement remplie de pétales), sont blanches avec des traces de rose quand il fait chaud. Elles sont très parfumées. La floraison s'épanouit à la fin du printemps, puis quelques fleurs apparaissent en été.

Culture : voir la culture des rosiers hybrides perpétuels.

Au jardin : il entre dans la composition des plates-bandes, en massif ou en isolé ; ou pour la plantation en haie ou comme fleurs coupées.

Rosier 'Madame de la Rôche-Lambert'
Rosa centifolia muscosa
'Madame de la Rôche-Lambert'
Zone 5b

Ce rosier mousseux (Rosa centifolia muscosa) a été introduit en 1851 par Robert (France). Il est aussi connu sous le nom de Rosa centifolia muscosa *'Mme de la Rôche-Lambert'. Sur le marché, il est répandu chez les rosiéristes.*

Port : cet arbuste, au port compact et régulier, mesure 1,00 m de haut sur 90 cm de large. Ses tiges, peu épineuses, sont très moussues. Le feuillage vert foncé, satiné, est généralement résistant aux maladies, mais est sensible à l'oïdium.

Fleurs : les boutons, recouverts de mousse vert tendre, sont réunis en grappes. Ils donnent naissance à des fleurs plates, doubles, rouge intense, plus clair sur le revers. Elles sont modérément parfumées. La floraison, plus ou moins abondante, a lieu à la fin du printemps, puis est sporadique durant la belle saison.

Culture : voir la culture des *Rosa centifolia muscosa*.

Au jardin : on le marie à d'autres plantes dans les plates-bandes.

Rosier 'Madame Hardy'
Rosa damascena 'Madame Hardy'
Zone 3b

Ce rosier est rattaché au groupe des Rosa damascena. Aussi cultivé sous le nom de Rosa 'Mme Hardy', on doit son introduction à Hardy (France) en 1832. Aujourd'hui, il est parfois produit par les rosiéristes.

Port : cet arbuste érigé, vigoureux, aux tiges épineuses, brun sombre, forme un rosier de 1,20 m de haut sur autant de large. Son feuillage vert clair résiste bien aux maladies, mais est parfois attaqué par la maladie des taches noires.

Rosier 'Madame Georges Bruant'
Rosa rugosa 'Madame Georges Bruant'
Zone 4b

Introduit par Bruant (France) en 1887, ce rosier appartient au groupe des rosiers hybrides de Rosa rugosa. Il est aussi connu sous le nom de Rosa 'Mme Georges Bruant'. Sur le marché, il est vendu par les rosiéristes.

Port : ce rosier, aux tiges érigées, très épineuses, forme un arbuste de 1,50 m de haut sur 1,20 m de large. Les petites feuilles, vert olive, gaufrées, ont une bonne résistance aux maladies.

Fleurs : réunies en grappes, les fleurs ouvertes, d'aspect négligé, sont semi-doubles, blanches et un peu parfumées. Une floraison abondante éclôt à la fin du printemps, puis quelques fleurs s'épanouissent de façon répétée jusqu'en automne. Ce rosier produit peu de fruits.

Culture : voir la culture des *Rosa rugosa*.

Au jardin : on le plante en association dans les plates-bandes.

Fleurs : solitaires ou réunies en bouquets, les fleurs plates sont doubles, blanc pur avec un œil vert au centre à pleine ouverture. Elles laissent émaner un délicat parfum de citron. C'est au début de l'été qu'a lieu la floraison.

Culture : voir la culture des *Rosa damascena*.

Au jardin : on l'utilise en combinaison dans les plates-bandes.

Rosier 'Madame Louis Lévêque'
Rosa centifolia muscosa 'Madame Louis Lévêque'
Zone 5b

Ce rosier mousseux (Rosa centifolia muscosa) a été introduit en 1898 par Lévêque (France). Aujourd'hui cultivé par les rosiéristes, il porte aussi le nom de Rosa centifolia muscosa *'Mme Louis Lévêque'.*

Port : cet arbuste vigoureux, au port régulier, monte à 1,50 m de haut et s'étale sur 1,00 m. Ses tiges sont peu épineuses. Son feuillage vert moyen offre une assez bonne résistance aux maladies.

Fleurs : les gros boutons ronds, réunis en bouquets, sont légèrement recouverts de mousse. Ils donnent naissance à des fleurs doubles, rose argenté, en forme de boule, très parfumées. La floraison, qui éclôt à la fin du printemps, est répétée (en moindre importance) vers la fin de l'été.

Culture : voir la culture des *Rosa centifolia muscosa.*

Au jardin : que ce soit en isolé ou en massif, on utilise ce rosier en association dans les plates-bandes.

Rosier 'Madame Legras de St-Germain'
Rosa alba 'Madame Legras de St-Germain'
Zone 4b

Ce rosier du groupe des Rosa alba, *introduit en France en 1846, est aujourd'hui cultivé par les rosiéristes. On le trouve aussi sous le nom de* Rosa *'Mme Legras de St-Germain'.*

Port : cet arbuste érigé, touffu, vigoureux, aux tiges peu épineuses, culmine à 2,00 m et s'étale sur 1,80 m. Son feuillage, gris vert aux reflets bleutés, mat, possède une assez bonne résistance aux maladies.

Fleurs : réunies en grappes, d'abord en forme de coupe, puis très plates, les fleurs doubles sont blanc crème. Elles supportent mal la pluie, mais sont très parfumées. La floraison éclôt à la fin du printemps.

Culture : voir la culture des *Rosa alba.*

Au jardin : il peut aussi bien être employé en association dans les plates-bandes, que palissé sur un support ou un treillis.

Rosier 'Madame Plantier'
Rosa alba 'Madame Plantier'
Zone 4b

Ce rosier, rattaché au groupe des Rosa alba, *a été introduit en 1835 par Plantier (France). Il est aussi connu sous le nom de* Rosa 'Mme Plantier'. *Il est répandu chez les rosiéristes.*

Port : ce grand rosier arbustif a de longues tiges vigoureuses, peu épineuses, parfois arquées sous le poids de ses fleurs. Il culmine à 2,50 m et se déploie sur 2,00 m de large. Le feuillage, gris vert, est généralement résistant aux maladies, mais est parfois sensible à la maladie des taches noires.

Fleurs : réunies en grappes, les nombreuses fleurs, de taille moyenne, sont doubles, blanc crème à blanc pur à pleine ouverture, avec un petit œil vert au centre. Elles répandent un très fort parfum. L'unique floraison a lieu à la fin du printemps.

Culture : voir la culture des *Rosa alba*.

Au jardin : il entre dans la composition des plates-bandes, en massif ou en isolé ; ou encore il peut être palissé sur un support ou un treillis.

Rosier 'Madame William Paul'
Rosa centifolia muscosa
'Madame William Paul'
Zone 5b

Ce rosier fait partie du groupe des Rosa centifolia muscosa. *Introduit en 1869 par Moreau-Robert (France), il est aussi connu sous les noms de* Rosa 'Mme William Paul', *de* Rosa 'Mrs William Paul' *et de* Rosa 'Mrs W. Paul'. *Il est vendu chez les rosiéristes.*

Port : cet arbuste érigé, aux tiges vigoureuses, peu épineuses, forme un rosier dense de 1,20 m de haut sur 90 cm de large. Le feuillage vert, épais, est plus ou moins résistant aux maladies.

Fleurs : des boutons mousseux, s'ouvrent de grandes fleurs doubles, en forme de globe, rose foncé lumineux. Elles sont très parfumées. La floraison s'épanouit à la fin du printemps, puis est sporadique par la suite. Il n'y a pas de fruits.

Culture : voir la culture des *Rosa centifolia muscosa*.

Au jardin : on le marie, en isolé ou en groupe, à d'autres plantes dans les plates-bandes.

Rosier 'Magic Meidiland'
Rosa hybrida 'Magic Meidiland'
Zone 5b

Ce rosier arbuste moderne est rattaché à la série Meidiland. Il a été introduit par Meilland (France) en 1993 sous les noms de Rosa 'MEIbonrib' et de Rosa 'Magic Meillandécor'. Il est assez largement vendu sur le marché.

Port : avec ses tiges arquées, très rampantes, c'est un rosier couvre-sol d'à peine 50 cm de haut, mais de 2,00 m de large. Les jeunes pousses, bronze, donnent naissance à des feuilles vert émeraude, brillantes, offrant une très bonne résistance aux maladies.

Fleurs : réunies en bouquets par trois à sept, les petites fleurs, semi-doubles à doubles, sont rose magenta doux avec un cœur blanc rosé et des étamines jaunes. Leur parfum est très prononcé. La floraison s'épanouit à la fin du printemps, puis est bien remontante jusqu'à l'automne.

Culture : voir la culture des rosiers de la série Meidiland.

Au jardin : on le plante comme couvre-sol, en massif, sur les talus, mais on peut aussi l'intégrer dans les plates-bandes ou le cultiver pour les fleurs coupées.

Rosier 'Madame Zöetmans'
Rosa damascena 'Madame Zöetmans'
Zone 3b

Ce rosier de Damas (Rosa damascena) a été introduit par Marest (France) en 1830. Il est aussi connu sous les noms de Rosa 'Mme Zöetmans' et de Rosa 'Madame Soetmans'. Il est aujourd'hui vendu chez les rosiéristes.

Port : cet arbuste érigé, aux tiges épineuses, forme un rosier compact de 1,20 m de haut sur 90 cm de large. Son feuillage dense, vert pâle, est assez résistant aux maladies.

Fleurs : réunies en grappes, les fleurs doubles, qui sont d'abord rose crème, deviennent blanc délavé à pleine ouverture. Elles ont parfois de très légers reflets roses et un œil vert au centre. Elles dégagent un très fort parfum. C'est au début de l'été que se produit la floraison.

Culture : voir la culture des *Rosa damascena*.

Au jardin : on incorpore ce rosier dans les plates-bandes, où on le plante en massif ou en isolé.

Rosier 'Magnifica'
Rosa rugosa 'Magnifica'
Zone 3b

Ce rosier, qui est rattaché à la catégorie des rosiers hybrides de Rosa rugosa, *a été introduit par Van Fleet (États-Unis) en 1905. Il est aussi vendu sous les noms de* Rosa rugosa 'Rugosa Magnifica' *et de* Rosa 'Rosa Magnifica'. *Il est assez facile à se procurer chez les rosiéristes.*

Port : cet arbuste, au port large, aux tiges érigées, très épineuses, prend la forme d'un rosier de 1,20 m de haut sur 1,50 m de large. Le feuillage vert clair, lustré, gaufré, a une bonne résistance aux maladies.

Fleurs : réunies en grosses grappes, les fleurs sont semi-doubles, ouvertes, rose pourpré avec des étamines jaune foncé. Elles exhalent un fort parfum épicé. La floraison éclôt à la fin du printemps. Les fruits sont rouge orangé.

Culture : voir la culture des *Rosa rugosa*.

Au jardin : on le plante en massif, comme haie ou pour la naturalisation, ou encore on le marie à d'autres plantes dans les plates-bandes.

Rosier 'Maigold'
Rosa hybrida 'Maigold'
Zone 5b

Ce rosier arbuste moderne, parfois considéré comme un rosier hybride de Rosa pimpinel-lifolia, *a été introduit par Kordes (Allemagne) en 1953. Répandu chez les rosiéristes, il est aussi connu sous le nom de* Rosa 'Maygold'.

Port : arbuste ou sarmenteux, ce rosier aux tiges vigoureuses, recouvertes d'aiguillons rougeâtres, culmine à 3,00 m et s'étale sur 2,00 m. Son feuillage vert foncé, lustré, présente généralement une bonne résistance aux maladies, mais est parfois légèrement sensible à la maladie des taches noires.

Fleurs : réunies en petites grappes, les fleurs semi-doubles sont un mélange d'ambre et de vieil or avec des étamines rousses. Elles dégagent un très fort parfum. C'est au milieu du printemps qu'a lieu la floraison. Par la suite quelques bouquets éclosent.

Culture : voir la culture des rosiers arbustes modernes.

Au jardin : il peut aussi bien être utilisé dans la composition des plates-bandes, en massif ou en isolé, que sur un support, un treillis ou une pergola.

Rosier 'Margaret Fleming'
Rosa rugosa 'Margaret Fleming'
Zone 5a

C'est à Joyce Fleming de Niagara-on-the-Lake en Ontario que l'on doit l'introduction, en 1994, de ce rosier. Il appartient à la classe de rosiers hybrides de Rosa rugosa. *Il est encore rare sur le marché, puisqu'il n'est vendu que par un seul rosiériste (Hortico inc.).*

Port : cet arbuste, au port compact, a des tiges érigées, très épineuses. Il forme un rosier de 90 cm de haut sur autant de large. Le feuillage vert foncé, semi-lustré, a une bonne résistance aux maladies.

Fleurs : réunies en grappes, les fleurs doubles sont rose lumineux, rose pâle en dessous avec des étamines jaunes. Elles n'ont pas de parfum. La floraison a lieu à la fin du printemps, puis est sporadique au cours de l'été.

Culture : voir la culture des *Rosa rugosa*.

Au jardin : on le plante en association dans les plates-bandes, en isolé ou en petit groupe ; ou encore en haie.

Rosier 'Marguerite Hilling'
Rosa hybrida 'Marguerite Hilling'
Zone 4b

Ce rosier arbuste moderne a été mis en marché par Hilling (Royaume-Uni) en 1959. Il est aussi connu sous le nom de Rosa 'Pink Nevada'. *Il est vendu par les rosiéristes.*

Port : cet arbuste de grandes dimensions (H. : 2,00 m. L. : 1,80 m) a des tiges arquées, violet foncé. Son feuillage abondant, vert clair, est généralement résistant aux maladies, mais est sensible à la maladie des taches noires.

Fleurs : réunies en grappes, les très nombreuses fleurs sont grandes, simples à semi-doubles, rose foncé, pâlissant à pleine éclosion, avec un centre blanc. Le parfum est léger. La floraison s'épanouit au milieu du printemps.

Culture : voir la culture des rosiers arbustes modernes.

Au jardin : on le plante en association dans les plates-bandes, principalement en isolé ; mais on l'utilise aussi pour les fleurs coupées ou palissé sur un support.

Rosier 'Marie Bugnet'
Rosa rugosa 'Marie Bugnet'
Zone 3b

On doit l'hybridation de ce rosier à Georges Bugnet de Legal en Alberta. Introduit en 1963, il fait partie de la classe des rosiers hybrides de Rosa rugosa. *Il est aujourd'hui répandu chez les rosiéristes.*

Port : cet arbuste compact (H. : 1,20 m. L. : 90 cm) a des tiges érigées, rougeâtres, très épineuses. Son feuillage vert clair, gaufré, d'une belle couleur automnale, a une bonne résistance aux maladies.

Fleurs : réunies en grappes, les fleurs doubles, blanc pur, sont très parfumées. La floraison éclôt tôt à la fin du printemps, puis est un peu répétée par la suite. Les fleurs sont malheureusement rapidement abîmées par la pluie. Il n'y a pas de fruits.

Culture : voir la culture des *Rosa rugosa*.

Au jardin : on l'intègre dans les plates-bandes, en isolé ou en massif ; ou encore on le plante pour former une haie.

Rosier 'Marie de Blois'
Rosa centifolia muscosa
'Marie de Blois'
Zone 5b

Ce rosier fait partie du groupe des Rosa centifolia muscosa, *ou rosier mousseux. Son introduction par Robert (France) date de 1852. Il est plutôt rare, même chez les producteurs spécialisés.*

Port : cet arbuste vigoureux et érigé, aux tiges peu épineuses, forme un rosier de 1,50 m de haut sur 1,20 m de large. Son feuillage, vert frais, offre une très bonne résistance aux maladies.

Fleurs : réunis en grappes, les boutons, recouverts d'une mousse rougeâtre, odorante, donnent naissance à des fleurs doubles, rose vif, qui virent au rose pâle avec des nuances de lilas. Elles embaument du parfum des roses centfeuilles. Une floraison abondante s'épanouit à la fin du printemps. Par la suite, quelques grappes éclosent sporadiquement jusqu'aux gelées.

Culture : voir la culture des *Rosa centifolia muscosa*.

Au jardin : on l'utilise en association dans les plates-bandes.

Rosier 'Marie-Victorin'
Rosa hybrida 'Marie-Victorin'
Zone 3b

Hybridé par Felicitas Svedja à Ottawa et testé par Ian Ogilvie d'Agriculture et Agroalimentaire Canada à L'Assomption au Québec, ce rosier de la série Explorateur a été introduit en 1998. Rattaché au groupe des Rosa kordesii, *il est aussi connu sous le nom de* Rosa 'AC Marie-Victorin'. *Il est commun sur le marché.*

Port : cet arbuste peut prendre une forme arbustive ou sarmenteuse. Il atteint 1,50 m de haut sur 1,25 m de large. Son feuillage vert foncé, luisant, est résistant à l'oïdium, mais peut être sensible à la maladie des taches noires. À l'automne, il prend de beaux coloris jaunes et rouges.

Fleurs : solitaires ou réunies en grappes de deux à six, les fleurs doubles sont pêche à rose pâle suivant l'ouverture, avec des étamines jaunes. Elles dégagent un parfum épicé. La floraison est continue de la fin du printemps aux premières gelées. À l'automne mûrissent de nombreux fruits persistants, orange brillant.

Culture : voir la culture des *Rosa kordesii*.

Au jardin : on le plante en association dans les plates-bandes, en massif, comme haie, ou palissé sur un support, un treillis ou une pergola.

Rosier 'Marie Louise'
Rosa damascena 'Marie Louise'
Zone 3b

Ce cultivar de rose de Damas (Rosa damascena) a été introduit vers 1813 en France. Il est aujourd'hui assez répandu chez les rosiéristes.

Port : ce rosier érigé, aux tiges moyennement épineuses, brun vert, forme un arbuste qui monte à 1,20 m et qui s'étend sur 90 cm. Son feuillage vert foncé, satiné, est assez résistant aux maladies.

Fleurs : réunies en larges grappes, les très grosses fleurs, de forme plate, sont doubles, rose profond avec des tons de mauve, pâlissant à pleine éclosion. Elles sont délicieusement parfumées. C'est en début d'été que s'ouvre la floraison.

Culture : voir la culture des *Rosa damascena*.

Au jardin : on le combine, en isolé ou en massif, à d'autres végétaux dans les plates-bandes, ou on le cultive pour les fleurs coupées.

Rosier 'Martin Frobisher'
Rosa rugosa 'Martin Frobisher'
Zone 2b

Ce rosier, qui est rattaché à la catégorie des rosiers hybrides de Rosa rugosa, fait partie de la série Explorateur. Hybridé par Felicitas Svedja à Ottawa en Ontario, il a été introduit par Agriculture et Agroalimentaire Canada en 1968. Il est aujourd'hui très commun sur le marché.

Rosier 'Marjorie Fair'
Rosa hybrida 'Marjorie Fair'
Zone 5b

Introduit par Harkness (Royaume-Uni) en 1978, ce rosier arbuste moderne est aussi connu sous les noms de Rosa 'HARhero', de Rosa 'Red Ballerina' et de Rosa 'Red Yesterday'. Il est commun chez les rosiéristes.

Port : chez ce rosier couvre-sol, les tiges, peu épineuses, arquées et souples, forment un petit monticule de 1,00 m de haut sur 90 cm de large. Le feuillage abondant, vert, semi-lustré, présente une bonne résistance aux maladies. Par temps très chaud, il peut être attaqué par les araignées rouges.

Fleurs : réunies en corymbes pyramidaux de 25, les petites fleurs sont simples, rouges avec un œil blanchâtre à rosâtre au centre. Leur parfum est léger. Une floraison abondante s'épanouit au début de l'été, puis elle est bien répétée jusqu'à l'automne. Les fruits, qui sont décoratifs, sont petits et rouges.

Culture : voir la culture des *Rosa moschata*.

Au jardin : idéal comme couvre-sol, sur les talus ou en massifs, il peut aussi être cultivé comme haies basses, en association dans les plates-bandes ou pour les fleurs coupées.

Port : ce grand arbuste (H. : 1,80 m. L. : 1,50 m) aux tiges brun rougeâtre, peu épineuses, a un port érigé et lâche. Son feuillage vert foncé, luisant, a une très bonne résistance à l'oïdium, mais résiste parfois un peu moins bien à la maladie des taches noires.

Fleurs : réunies en grappes, les fleurs doubles, rose tendre, sont très parfumées. La floraison est continue tout l'été. Elle est suivie de nombreux fruits persistants, orange brillant.

Culture : voir la culture des *Rosa rugosa*.

Au jardin : on l'intègre dans les plates-bandes, en isolé ou en massif ; ou encore on le plante en haie.

Rosier 'Mary Magdalene'
Rosa hybrida 'Mary Magdalene'
Zone 5b

Ce rosier arbuste moderne a été introduit en 1998 par Austin (Royaume-Uni). Il a été enregistré sous le nom de Rosa 'AUSjolly'. Il commence à être de plus en plus vendu chez les producteurs spécialisés.

Port : ce rosier buissonnant atteint 1,20 m sur 1,00 m. Les feuilles vert foncé, mates, qui sont bordées d'un fin filet rouge pourpre, ont une bonne résistance aux maladies.

Fleurs : réunies en grappes, les fleurs doubles sont rose abricot avec un agréable parfum de rose thé et de myrrhe. Leur floraison est continuellement répétée du printemps aux premiers gels.

Culture : voir la culture des rosiers de David Austin.

Au jardin : que ce soit en massif ou en isolé, ce rosier trouve sa place dans les plates-bandes, où il peut aussi servir pour les fleurs coupées.

Rosier 'Mary Queen of Scots'
Rosa pimpinellifolia
'Mary Queen of Scots'
Zone 4b

Ce rosier est un hybride de Rosa pimpinellifolia *dont la date d'introduction est inconnue. Il est malheureusement rare chez les rosiéristes.*

Port : cet arbuste érigé, au port compact, atteint 90 cm de haut sur autant de large. Son feuillage vert grisâtre, fin, résiste bien aux maladies.

Fleurs : solitaires, très nombreuses, simples, en forme de coupe, les fleurs sont lilas au centre, roses à l'extérieur, avec un œil blanc crémeux et des étamines jaunes, décoratives. Elles dégagent un parfum léger. Ce rosier fleurit à la fin du printemps. Suivent à l'automne des fruits marron.

Culture : voir la culture des *Rosa pimpinellifolia*.

Au jardin : on le plante en association dans les plates-bandes.

Rosier 'Mary Rose'
Rosa hybrida 'Mary Rose'
Zone 5b

Introduit par Austin (Royaume-Uni) en 1983, enregistré sous le nom de Rosa 'AUSmary', ce rosier est rattaché au groupe des rosiers arbustes modernes. Il est assez commun sur le marché.

Port : ce rosier buisson, au port érigé, lâche, aux tiges très épineuses, rougeâtres, atteint 1,20 m de haut et se déploie sur 1,00 m de large. Ses feuilles vert foncé, semi-lustrées, sont généralement résistantes aux maladies, mais sont parfois attaquées par la maladie des taches noires.

Fleurs : réunis en grappes, les boutons rouge rubis donnent naissance à des fleurs qui ressemblent à des roses anciennes, doubles, en forme de coupe, rose lumineux. Elles laissent s'échapper un doux parfum de miel et de fleurs d'amandier. Elles fleurissent presque sans discontinuer de la fin du printemps aux premières gelées.

Culture : voir la culture des rosiers de David Austin.

Au jardin : on le combine à d'autres plantes dans les plates-bandes.

Rosier 'Mary Webb'
Rosa hybrida 'Mary Webb'
Zone 5b

Ce rosier arbuste moderne a été introduit par Austin (Royaume-Uni) en 1984. Il a été enregistré sous le nom de Rosa 'AUSwebb' et il est assez largement vendu sur le marché.

Port : ce rosier buisson a un port érigé (H. : 1,20 m. L. : 90 cm) et des tiges peu épineuses. Ses jeunes pousses teintées de bronze donnent un feuillage vert et lustré, ayant une très bonne résistance aux maladies.

Fleurs : généralement solitaires, les grandes fleurs, en forme de coupe, sont doubles, blanc crème à rose abricot clair. Leur doux parfum est citronné. La floraison principale s'épanouit à la fin du printemps. Par la suite, de moindre importance, des floraisons secondaires sont répétées jusqu'au début de l'automne.

Culture : voir la culture des rosiers de David Austin.

Au jardin : on le plante en association dans les plates-bandes, en massif ou en isolé ; ou on l'utilise pour les fleurs coupées.

Rosier 'Max Graf'
Rosa rugosa 'Max Graf'
Zone 3b

Ce rosier fait partie du groupe des rosiers hybrides de Rosa rugosa. *Son introduction par Bowditch (États-Unis) date de 1919. Sur le marché, il est répandu chez les rosiéristes.*

Port : ce rosier couvre-sol a des tiges rampantes, très épineuses, qui se marcottent naturellement. Haut de seulement 60 cm, il s'étale sur plus de 2,40 m. Les petites feuilles vert foncé, épaisses, très lustrées, ont une très bonne résistance aux maladies.

Fleurs : réunies en grappes, les fleurs sont simples, rose clair, plus pâles au centre, avec des étamines jaunes. Elles ont un léger parfum de pomme. Elles éclosent durant une longue période à la fin du printemps.

Culture : voir la culture des *Rosa rugosa*.

Au jardin : c'est avant tout un excellent couvre-sol, à planter en massif ou sur un talus. On peut aussi l'utiliser palissé sur un support, un treillis ou une pergola.

Rosier 'Maytime'
Rosa hybrida 'Maytime'
Zone 4b

Ce rosier arbuste moderne a été introduit par Buck (États-Unis) en 1975. Il est malheureusement encore rare chez les rosiéristes.

Port : ce rosier buisson a un port large (H. : 1,20 m. L. : 1,20 m). Ses tiges portent des aiguillons verts. Le feuillage abondant, vert, satiné, coriace, présente une bonne résistance aux maladies.

Fleurs : le plus souvent solitaires, les fleurs, en forme de coupe, simples, parfois semi-doubles, sont rose carmin avec un cœur blanc crème et des étamines jaunes. Elles sont délicatement parfumées. Une floraison abondante éclôt à la fin du printemps, puis d'autres, de moindre importance, sont répétées jusqu'aux gelées.

Culture : voir la culture des rosiers du Dr Buck.

Au jardin : il entre dans la composition des plates-bandes, ou il est aussi utilisé pour les fleurs coupées.

Rosier 'Métis'
Rosa nitida 'Métis'
Zone 2b

Ce rosier, classé dans le groupe des rosiers arbustes modernes, est un hybride entre Rosa nitida et Rosa rugosa 'Thérèse Bugnet'. Il a été hybridé par Harp à Morden au Manitoba en 1967, puis introduit par Agriculture et Agroalimentaire Canada. On le connaît aussi sous les noms de Rosa 'Metis' et de Rosa 'Simonet'. Malgré ses qualités, il est plutôt rare chez les rosiéristes.

Port : ce grand arbuste (H. : 1,50 m. L. : 1,50 m) d'abord érigé, a de longues tiges, presque sans aiguillons, brun rougeâtre, qui retombent à leur extrémité. Les petites feuilles, aux pétioles rouges, vert foncé, très lustrées, deviennent rouges à l'automne. Elles ont une très bonne résistance aux maladies.

Fleurs : réunies en grappes, les fleurs plates, semi-doubles, aux pétales récurvés, sont roses avec des étamines jaunes. Elles sont modérément parfumées. La floraison s'épanouit tôt au milieu du printemps. Les fruits sont rouge foncé.

Culture : voir la culture des *Rosa rugosa*.

Au jardin : on le marie à d'autres plantes dans les plates-bandes.

Rosier 'Moje Hammarberg'
Rosa rugosa 'Moje Hammarberg'
Zone 3b

Introduit en 1931 par Hammarberg (Suède), ce rosier fait partie de la catégorie des rosiers hybrides de Rosa rugosa. Il est assez répandu chez les spécialistes.

Port : cet arbuste compact, aux tiges érigées, très épineuses, forme un rosier de 1,20 m de haut sur autant de large. Son feuillage vert foncé, gaufré, typique des rosiers rugueux, présente une bonne résistance aux maladies. Il devient jaune à l'automne.

Fleurs : réunies en grappes, les grandes fleurs doubles, plates, asymétriques, sont rouge pourpre avec des reflets pourpres et des étamines jaunes, très voyantes. Elles dégagent un très fort parfum. La floraison principale a lieu à la fin du printemps, puis d'autres floraisons, de moindre importance, se répètent au cours de l'été. Elles sont suivies de fruits rouge écarlate, peu nombreux.

Culture : voir la culture des *Rosa rugosa*.

Au jardin : on l'utilise en association dans les plates-bandes, en massif ou en isolé ; ou encore sous forme de haie.

Rosier 'Mont Blanc'
Rosa rugosa 'Mont Blanc'
Zone 3b

*Ce rosier hybride de Rosa rugosa a été intro-
duit par Baum (Allemagne) en 1986. Il est
assez largement répandu chez les rosiéristes.*

Rosier 'Molineux'
Rosa hybrida 'Molineux'
Zone 5b

*Ce rosier appartient à la catégorie des rosiers
arbustes modernes. Il a été introduit par
Austin (Royaume-Uni) en 1994 et enregistré sous le nom de Rosa 'AUSmol'. Il est
assez largement vendu chez les rosiéristes.*

Port : ce buisson dressé, compact (H. : 70 cm.
L. : 60 cm), a un feuillage vert foncé qui est
très résistant aux maladies.

Fleurs : seules ou réunies en grappes, les
fleurs, en forme de rosette, sont doubles,
jaune d'or avec un très fort parfum de rose
thé. La floraison est continue du début de
l'été aux premières gelées.

Culture : voir la culture des rosiers de David
Austin.

Au jardin : que ce soit en massif ou en isolé, il
est facile à incorporer dans les plates-bandes
ou à cultiver pour les fleurs coupées.

Port : cet arbuste érigé, compact, aux tiges
très épineuses, forme un rosier de 90 cm
sur 80 cm. Le feuillage vert clair, gaufré, présente une bonne résistance aux maladies.

Fleurs : réunies en grappes, les fleurs semi-
doubles, blanc clair, parfois teintées de rose,
sont très parfumées. Elles éclosent à la fin
du printemps, puis de façon répétée par la
suite. Des fruits apparaissent en automne.

Culture : voir la culture des *Rosa rugosa*.

Au jardin : c'est principalement dans les
plates-bandes que l'on utilise ce rosier, mais
il peut aussi servir à confectionner des haies.

Rosier 'Monte Cassino'
Rosa rugosa 'Monte Cassino'
Zone 3b

Introduit par Baum (Allemagne) en 1987, ce rosier fait partie du groupe des rosiers hybrides de Rosa rugosa. *Il est aussi connu sous le nom de* Rosa *'Mont Cassino' et il est assez répandu chez les rosiéristes.*

Port : cet arbuste, aux tiges érigées, très épineuses, atteint 1,30 m de haut et 1,10 m de large. Son feuillage, vert clair, offre une bonne résistance aux maladies.

Fleurs : solitaires ou réunies en grappes, les fleurs sont doubles, rouge magenta. Elles laissent émaner un fort parfum. La floraison, qui éclôt à la fin du printemps, est bien répétée au cours de la belle saison.

Culture : voir la culture des *Rosa rugosa*.

Au jardin : on le plante en massif, dans les plates-bandes ou comme haie.

Rosier 'Monte Rosa'
Rosa rugosa 'Monte Rosa'
Zone 3b

Ce rosier, de la catégorie des rosiers hybrides de Rosa rugosa, *a été mis en marché par Baum (Allemagne) en 1984. Il est aussi connu sous le nom de* Rosa *'Mont Rosa'. Il est assez répandu chez les rosiéristes.*

Port : ce rosier couvre-sol atteint 90 cm en tous sens. Son feuillage vert clair, gaufré, lustré, offre une bonne résistance aux maladies.

Fleurs : réunies en petites grappes, les grandes fleurs, semi-doubles, sont roses avec des étamines jaune d'or, voyantes. Elles exhalent un fort parfum. À la fin du printemps éclôt la floraison principale, puis, de manière répétée, ont lieu des floraisons secondaires.

Culture : voir la culture des *Rosa rugosa*.

Au jardin : ce rosier convient à la plantation en massif, dans les plates-bandes ou comme haie.

Rosier 'Moonlight'
Rosa hybrida 'Moonlight'
Zone 5b

Ce rosier, du groupe des rosiers hybrides musqués (Rosa moschata), a été introduit par Pemberton (Royaume-Uni) en 1913. Il est aujourd'hui vendu par les rosiéristes.

Port : les tiges souples, peu épineuses, couleur acajou, donnent un port arqué à ce rosier. Cette arbuste monte à 1,50 m et s'étale sur 1,20 m. Le feuillage est vert foncé, plutôt résistant aux maladies, mais sensible à l'oïdium en fin de saison.

Fleurs : réunies en grandes grappes, les fleurs, simples à semi-doubles, sont crème, blanc pur à pleine éclosion, avec des étamines jaune d'or. Elles laissent émaner un parfum de musc. Les fruits sont rouges à l'automne. La floraison a lieu principalement au printemps, mais elle est bien remontante par la suite.

Culture : voir la culture des *Rosa moschata*.

Au jardin : combiné dans les plates-bandes, ce rosier peut aussi être planté en massif ou cueilli pour les fleurs coupées.

Rosier 'Morden Amorette'
Rosa hybrida 'Morden Amorette'
Zone 3b

Hybridé par Henry H. Marshall à Morden au Manitoba, ce rosier arbuste moderne a été introduit en 1977 par Agriculture et Agro-alimentaire Canada. Il fait partie de la série Parkland et il est commun sur le marché.

Port : ce rosier buisson, au port compact (H. : 60 cm. L. : 60 cm), a un feuillage vert foncé moyennement résistant à l'oïdium et à la maladie des taches noires.

Fleurs : réunies en grappes, les très nombreuses fleurs sont doubles, rouge carmin à rose foncé. Elles ont un parfum léger. La floraison est continue de la fin du printemps au début de l'automne

Culture : voir la culture des rosiers de la série Parkland.

Au jardin : il entre dans la composition des plates-bandes, en isolé ou en massif, ou encore on l'utilise pour les fleurs coupées ou comme haie.

Rosier 'Morden Belle'
Rosa hybrida 'Morden Belle'
Zone 3b

Il s'agit de la plus récente introduction de rosier de la série Parkland créée à Morden au Manitoba. Ce rosier arbuste moderne a été introduit en 2002 par Agriculture et Agroalimentaire Canada. Il est encore rare sur le marché, mais il devrait être de plus en plus cultivé dans les années à venir.

Port : ce buisson, au port nain, presque couvre-sol, forme un rosier de 50 cm de haut sur 1,00 m de large. Il a un feuillage vert foncé, résistant à l'oïdium et à la rouille, mais moyennement résistant à la maladie des taches noires.

Fleurs : réunies en grappes, les fleurs sont doubles, roses. Elles ont un léger parfum. La floraison est continue de la fin du printemps aux premières gelées.

Culture : voir la culture des rosiers de la série Parkland.

Au jardin : idéal pour créer des associations dans les plates-bandes, on le cultive aussi en massif ou comme couvre-sol.

Rosier 'Morden Blush'
Rosa hybrida 'Morden Blush'
Zone 2b

Ce rosier arbuste moderne est rattaché à la série Parkland. Hybridé par Lynn M. Collicutt et Henry H. Marshall à Morden au Manitoba, il a été introduit en 1988 par Agriculture et Agroalimentaire Canada. Il est commun sur le marché.

Port : ce rosier buisson, à croissance lente, a un port arrondi, large (H. : 50 cm. L. : 1,00 m). Son feuillage vert foncé a une bonne résistance à l'oïdium et à la maladie des taches noires.

Fleurs : réunies en petites grappes, les très nombreuses fleurs, qui ressemblent à des roses anciennes, sont doubles, rose pâle à ivoire selon la température. Leur parfum est doux. La floraison est continue de la fin du printemps aux premières gelées.

Culture : voir la culture des rosiers de la série Parkland. Les fleurs tolèrent bien les chaleurs de l'été, mais il faut éviter les situations trop chaudes qui les font pâlir.

Au jardin : on l'intègre, en isolé ou en massif, dans les plates-bandes, ou encore on le cultive pour les fleurs coupées ou comme haie.

Rosier 'Morden Cardinette'
Rosa hybrida 'Morden Cardinette'
Zone 3b

Ce rosier de la série Parkland est un rosier arbuste moderne. Hybridé en 1980 par Henry H. Marshall à Morden au Manitoba, il a été introduit par Agriculture et Agroalimentaire Canada. Il est commun sur le marché.

Rosier 'Morden Centennial'
Rosa hybrida 'Morden Centennial'
Zone 3b

Rosier arbuste moderne de la série Parkland, ce rosier a été hybridé par Henry H. Marshall. Obtenu à la Station de recherche sur les plantes ornementales de Morden au Manitoba, il a été mis en marché en 1980 par Agriculture et Agroalimentaire Canada. Il est facile à se procurer sur le marché.

Port : ce buisson, très compact, forme un rosier de 60 cm de haut sur autant de large. Son feuillage vert foncé est résistant à la rouille, mais de résistance moyenne à l'oïdium et à la maladie des taches noires.

Fleurs : réunies en grappes, en forme de coupe, les fleurs doubles, rouge cardinal, ont un parfum léger. La floraison est continue de la fin du printemps aux premières gelées.

Culture : voir la culture des rosiers de la série Parkland.

Au jardin : on le plante en association dans les plates-bandes, en isolé ou en massif, ou encore pour les fleurs coupées ou comme haie.

Port : cet arbuste, au port érigé, monte à 1,20 m et s'étale sur 1,00 m. Son feuillage vert foncé, lustré, a une assez bonne résistance à l'oïdium, alors qu'il est moyennement résistant à la maladie des taches noires.

Fleurs : seules ou en grappes, les très nombreuses fleurs sont doubles, roses, et légèrement parfumées. Deux floraisons importantes ont lieu : une à la fin du printemps et l'autre à la fin de l'été. Il arrive que quelques fleurs apparaissent entre ces deux périodes.

Culture : voir la culture des rosiers de la série Parkland.

Au jardin : on l'emploie, en isolé ou en massif, en association dans les plates-bandes, ou encore pour les fleurs coupées ou comme haie.

Rosier 'Morden Fireglow'
Rosa hybrida 'Morden Fireglow'
Zone 2b

Ce rosier appartient à la catégorie des rosiers arbustes modernes. Hybridé par Lynn M. Collicutt et Henry H. Marshall à Morden au Manitoba, il fait partie de la série Parkland. C'est en 1989 qu'il a été introduit sur le marché par Agriculture et Agroalimentaire Canada. Il est aujourd'hui facile à se procurer.

Port : érigé, arbustif, ce rosier fait 1,00 m de haut sur 80 cm de large. Son feuillage vert foncé, lustré, a une bonne résistance à l'oïdium et une résistance moyenne à la maladie des taches noires.

Fleurs : seules ou en grappes, les fleurs, en forme de coupe, sont doubles, rouge orangé brillant à revers rouge écarlate. Le parfum qu'elles laissent émaner est léger. Une floraison principale s'épanouit à la fin du printemps, puis est répétée en été.

Culture : voir la culture des rosiers de la série Parkland.

Au jardin : on cultive ce rosier en association dans les plates-bandes, aussi bien en isolé qu'en massif, ou encore pour les fleurs coupées ou comme haie.

Rosier 'Morden Ruby'
Rosa hybrida 'Morden Ruby'
Zone 2a

C'est le premier rosier de la série Parkland à avoir été commercialisé. Il s'agit d'un rosier arbuste moderne, hybridé par Henry H. Marshall à Morden au Manitoba. Il a été introduit sur le marché par Agriculture et Agroalimentaire Canada en 1977. Il est aujourd'hui facile à se procurer.

Port : ce rosier érigé, arbustif, fait 1,00 m de haut sur 90 cm de large. Son feuillage vert foncé, lustré, a une résistance bonne à moyenne pour l'oïdium et la maladie des taches noires.

Fleurs : réunies en grappes, en forme de coupe, les fleurs, qui durent longtemps, sont doubles, rouges rubis et n'ont aucun parfum. La floraison éclôt de façon continue de la fin du printemps aux premières gelées.

Culture : voir la culture des rosiers de la série Parkland.

Au jardin : que ce soit en isolé ou en massif, on l'intègre dans les plates-bandes, ou encore on le cultive pour les fleurs coupées ou comme haie.

Rosier 'Morden Sunrise'
Rosa hybrida 'Morden Sunrise'
Zone 3b

Ce rosier arbuste moderne est rattaché à la série Parkland développée à Morden au Manitoba. Il a été introduit récemment, en 2000, sur le marché par Agriculture et Agroalimentaire Canada. Malgré cette introduction récente, il est facile à se procurer.

Rosier 'Morden Snowbeauty'
Rosa hybrida 'Morden Snowbeauty'
Zone 2b

Ce rosier arbuste moderne, hybridé par Lynn M. Collicutt et Campbell Davidson, fait partie de la série Parkland. Obtenu à la Station de recherche sur les plantes ornementales de Morden au Manitoba, il a été introduit récemment, en 1998, sur le marché par Agriculture et Agroalimentaire Canada. Malgré cette introduction récente, il est facile à se procurer.

Port : cet arbuste, au port buissonnant, bas, compact, forme un rosier de 80 cm de hauteur sur autant de largeur. Le feuillage vert foncé, très lustré, présente une excellente résistance à la maladie des taches noires et à l'oïdium.

Fleurs : réunies en grappes, en forme de coupe, les fleurs simples sont blanc pur avec des étamines jaunes, voyantes. La floraison se fait de façon continue, de la fin du printemps aux premiers gels.

Culture : voir la culture des rosiers de la série Parkland.

Au jardin : en isolé ou en massif, ce rosier trouve facilement sa place dans les plates-bandes. Il peut aussi être cultivé pour les fleurs coupées ou comme haie.

Port : cet arbuste bas prend la forme d'un buisson de 80 cm de haut sur autant de large. Le feuillage vert foncé, lustré, résiste bien, surtout en début de saison, à l'oïdium, à la rouille et à la maladie des taches noires.

Fleurs : seules au bout d'une tige, les fleurs sont en forme de coupe, semi-doubles. Leur couleur est un mélange de jaune, de rose et d'abricot. Elles sont bien parfumées. La floraison se fait en continu de la fin du printemps aux premiers gels.

Culture : voir la culture des rosiers de la série Parkland.

Au jardin : on l'utilise en association dans les plates-bandes, en isolé ou en massif ; ou encore pour les fleurs coupées ou comme haie.

Rosier 'Mozart'
Rosa hybrida 'Mozart'
Zone 5b

Ce rosier est rattaché à la catégorie des rosiers hybrides musqués (Rosa moschata). Son introduction par Lambert (Allemagne) date de 1937. Il est aujourd'hui vendu par les rosiéristes.

Cet hybride a donné naissance à trois autres cultivars: Rosa 'Rote Mozart' ou 'Red Mozart' aux fleurs simples, rouges; Rosa 'Golden Mozart' aux fleurs semi-doubles, jaune citron, et Rosa 'Yellow Mozart' aux fleurs doubles, jaune crème.

Port: cet arbuste, vigoureux et buissonnant, aux tiges arquées, forme un monticule de 1,20 m de haut sur 90 cm de large. Le feuillage vert mat a une bonne résistance aux maladies.

Fleurs: réunies en grappes, les petites fleurs très nombreuses sont simples, rouge carmin avec un œil blanc au centre. Elles sont moyennement parfumées. La floraison éclôt en début d'été, puis est sporadique par la suite.

Culture: voir la culture des *Rosa moschata*.

Au jardin: on le plante en association dans les plates-bandes ou en massif.

Rosier 'Mrs Anthony Waterer'
Rosa rugosa 'Mrs Anthony Waterer'
Zone 3b

Introduit sur le marché en 1898 par Waterer (Royaume-Uni), ce rosier fait partie de la classe des rosiers hybrides de Rosa rugosa. Il est aujourd'hui répandu chez les rosiéristes.

Port: cet arbuste, aux tiges érigées, très épineuses, a un port large. Il atteint 1,20 m de haut et s'étend sur 1,50 m. Son feuillage, vert mat, peu gaufré, est un peu sensible à la maladie des taches noires et à l'oïdium.

Fleurs: seules ou réunies en grappes, les fleurs semi-doubles, ouvertes, sont rouge profond avec des étamines jaunes. Elles dégagent un fort parfum. C'est à la fin du printemps que la floraison principale a lieu. Par la suite quelques bouquets apparaissent. Ce rosier ne produit pas de fruits.

Culture: voir la culture des *Rosa rugosa*.

Au jardin: c'est en combinaison dans les plates-bandes, en isolé ou en massif, ou encore comme haie que l'on utilise ce rosier.

Rosier 'Mrs John Laing'
Rosa hybrida 'Mrs John Laing'
Zone 5b

Ce rosier hybride perpétuel a été introduit par Bennet (Royaume-Uni) en 1887. Bon nombre de rosiéristes le cultivent aujourd'hui.

- **Port :** ce buisson étroit, aux tiges longues, peu épineuses, forme un rosier de 1,20 m de haut sur 90 cm de large. Le feuillage vert pâle présente une très bonne résistance aux maladies.
- **Fleurs :** solitaires, en forme de coupe évasée, les fleurs doubles ressemblent à un chou, rose lilas à reflets argentés. Elles sont très parfumées. La floraison principale se fait à la fin du printemps. Il y a quelques répétitions par la suite.
- **Culture :** voir la culture des rosiers hybrides perpétuels.
- **Au jardin :** on l'emploie en association dans les plates-bandes, mais surtout pour ses très longues tiges, idéales pour la fleur coupée.

Rosier 'Mrs John McNab'
Rosa rugosa 'Mrs John McNab'
Zone 3b

Hybridé et introduit en 1941 par Frank L. Skinner de Dropmore au Manitoba, c'est un rosier hybride de Rosa rugosa. *Aussi connu sous le nom de* Rosa 'Mrs John McNabb', *seuls les rosiéristes le cultivent aujourd'hui.*

- **Port :** cet arbuste, aux tiges arquées, rougeâtres, peu épineuses, forme un grand et large rosier de 1,50 m sur 1,50 m. Le feuillage vert clair, gaufré, a une très bonne résistance aux maladies.
- **Fleurs :** réunies en grappes, les fleurs semi-doubles sont blanches avec de très légers reflets roses et des étamines jaunes. Elles dégagent moyennement du parfum. La floraison s'ouvre à la fin du printemps.
- **Culture :** voir la culture des *Rosa rugosa*.
- **Au jardin :** on le cultive en association dans les plates-bandes, en massif ou en isolé.

Rosier 'Music Maker'
Rosa hybrida 'Music Maker'
Zone 4b

Ce rosier arbuste moderne a été introduit par Buck (États-Unis) en 1973. Sur le marché, il est vendu par les rosiéristes.

Rosier 'Nastarana'
Rosa hybrida 'Nastarana'
Zone 5b

Originaire de Perse, on doit l'introduction en culture, en 1879, de ce rosier hybride musqué (Rosa moschata) à Paul (Royaume-Uni). Il porte aussi les noms de Rosa 'Persian Musk Rose', de Rosa moschata nastarana et de Rosa pissartii. Il est plutôt rare chez les rosiéristes.

Port : ce buisson très compact atteint 90 cm de haut sur 70 cm de large. Son feuillage vert et coriace offre une bonne résistance aux maladies.

Fleurs : solitaires ou en petites grappes, les fleurs, en forme de coupe, sont doubles, rose pâle et bien parfumées. Une floraison principale éclôt à la fin du printemps puis d'autres, de moindre importance, sont répétées jusqu'aux gelées.

Culture : voir la culture des rosiers du Dr Buck.

Au jardin : on emploie ce rosier en association dans les plates-bandes, en massif, pour les fleurs coupées ou pour de petites haies.

Port : cet arbuste, aux tiges souples, peu épineuses, arquées, atteint 1,50 m de haut sur 1,20 m de large. Son feuillage vert bleuté est résistant aux maladies.

Fleurs : réunies en grappes, les boutons roses donnent naissance à des fleurs simples, blanches à lignes roses avec des étamines jaunes et un fort parfum de musc. La floraison débute à la fin du printemps et se poursuit, de façon moins intensive, jusqu'en automne.

Culture : voir la culture des *Rosa moschata*.

Au jardin : ce rosier peut aussi bien être intégré dans les plates-bandes, que planté en massif, ou utilisé pour les fleurs coupées.

Rosier 'Nicolas'
Rosa hybrida 'Nicolas'
Zone 3b

Ce rosier arbuste moderne est rattaché à la série Explorateur. Hybridé par Felicitas Svedja à Ottawa et testé par Ian Ogilvie à L'Assomption au Québec, son introduction par Agriculture et Agroalimentaire Canada date de 1996. Sur le marché, il est assez facile à se procurer.

Rosier 'Nevada'
Rosa moyesii 'Nevada'
Zone 4b

Ce rosier appartient à la catégorie des rosiers hybrides de Rosa moyesii. Il a été introduit sur le marché par Dot (Espagne) en 1927. Il est vendu par de nombreux rosiéristes.

Port : cet arbuste de grandes dimensions (H. : 2,00 m. L. : 1,80 m) a des tiges arquées, pourpres, peu épineuses. Son feuillage abondant, vert clair, est généralement résistant aux maladies, mais est sensible à la maladie des taches noires.

Fleurs : réunis en grappes, les boutons rose abricot donnent naissance à de très nombreuses fleurs, de grandes dimensions, simples à semi-doubles, blanches à blanc crème. Le parfum est léger. La floraison a lieu au milieu du printemps, puis est un peu répétée en été.

Culture : voir la culture des *Rosa moyesii*.

Au jardin : on l'emploie en association dans les plates-bandes, principalement en isolé ; mais aussi pour les fleurs coupées ou palissé sur un support.

Port : ce buisson compact (H. : 75 cm. L. : 75 cm) porte un feuillage vert bleuté foncé, lustré, résistant à l'oïdium et à la maladie des taches noires.

Fleurs : réunies en grappes, les fleurs doubles sont rouges. La floraison est continue de la fin du printemps à la fin de l'été.

Culture : voir la culture des rosiers de la série Explorateur.

Au jardin : on utilise ce rosier en combinaison dans les plates-bandes, en isolé ou en massif ; ou encore pour confectionner des haies.

Rosier 'Nova Zembla'
Rosa rugosa 'Nova Zembla'
Zone 4b

Ce rosier appartient à la catégorie des rosiers hybrides de Rosa rugosa. *Introduit en 1907 par Mees (Royaume-Uni), il est aujourd'hui cultivé par les rosiéristes.*

Port : cet arbuste érigé, large, vigoureux, aux tiges très épineuses, atteint 1,20 m de haut sur 1,50 m de large. Les nouvelles pousses, pourpre foncé, donnent un feuillage vert foncé, rugueux, prenant une belle coloration automnale. Il est plus ou moins résistant aux maladies, notamment à la rouille.

Fleurs : réunies en petites grappes, les fleurs, en forme de grande coupe, doubles, sont blanc rosé. Elles sont très parfumées. La floraison s'épanouit à la fin du printemps, puis est répétée au cours de l'été. Les fruits sont rouges à la fin de la saison.

Culture : voir la culture des *Rosa rugosa*.

Au jardin : en massif, en isolé, en association dans les plates-bandes ou comme haie, c'est ainsi que l'on peut utiliser ce rosier.

Rosier 'Nozomi'
Rosa hybrida 'Nozomi'
Zone 5b

Ce rosier arbuste moderne a été introduit par Onodera (Japon) en 1968. Il est aussi cultivé sous les noms de Rosa 'Heideroslein', *de* Rosa 'Heideroslein Nozomi' *et de* Rosa 'Heideröslein-Nozomi'. *Il est assez commun chez les rosiéristes.*

Port : cet arbuste étalé, aux branches arquées, forme un couvre-sol de 60 cm de haut sur 1,80 m de large. Les jeunes tiges pourpres donnent un vieux bois vert foncé. Les petites feuilles vert foncé, brillantes, résistent généralement bien aux maladies, mais sont parfois sensibles à la maladie des taches noires.

Fleurs : réunies en petites grappes, les fleurs de petites dimensions sont simples, rose pâle avec un parfum léger. La floraison principale s'ouvre à la fin du printemps.

Culture : voir la culture des rosiers arbustes modernes.

Au jardin : on l'utilise avant tout comme couvre-sol, en massif.

Rosier 'Nuits de Young'
Rosa centifolia muscosa
'Nuits de Young'
Zone 5b

Ce rosier mousseux (Rosa centifolia muscosa) a été introduit par Laffay (France) en 1845. Aussi connu sous le nom de Rosa 'Old Black', il est aujourd'hui vendu par les rosiéristes.

Port : cet arbuste, au port compact et régulier, aux tiges sans aiguillons, mais recouvertes de mousse brun pourpre et aux rameaux grêles, forme un rosier qui s'élève 1,20 m et qui s'étale sur 1,00 m. Les feuilles vert foncé, bordées de rouge, sont plutôt clairsemées.

Fleurs : réunis en petites grappes, les boutons, couverts d'une légère mousse pourpre, donnent naissance à des fleurs doubles, pourpre foncé avec des reflets grenat et des étamines jaunes, voyantes. Elles sont moyennement parfumées. La floraison a principalement lieu à la fin du printemps.

Culture : voir la culture des *Rosa centifolia muscosa*.

Au jardin : on l'emploie en combinaison dans les plates-bandes.

Rosier 'Nymphenburg'
Rosa hybrida 'Nymphenburg'
Zone 5b

Ce rosier appartient à la catégorie des rosiers hybrides de Rosa moschata (rosiers hybrides musqués). Introduit par Kordes (Allemagne) en 1954, il est aujourd'hui vendu chez les rosiéristes.

Port : cet arbuste, au port érigé, large, dont les branches retombent sous le poids des fleurs, forme un rosier de 1,75 m de haut sur 1,25 m de large. Ses grandes feuilles, qui sont vert foncé, lustrées, résistent bien aux maladies.

Fleurs : réunies en grosses grappes, les fleurs semi-doubles sont un mélange de rose saumon avec des reflets d'orange. La couleur varie selon le stade de l'éclosion. Elles laissent émaner un fort parfum de fruits. La floraison principale s'épanouit à la fin du printemps, puis des floraisons secondaires éclosent de façon répétée en été.

Culture : voir la culture des *Rosa moschata*.

Au jardin : on utilise ce rosier en association dans les plates-bandes, en massif ou en isolé.

Rosier 'Nyveldt's White'
Rosa rugosa 'Nyveldt's White'
Zone 3b

Introduit par Nyveldt (Pays-Bas) en 1955, ce rosier fait partie de la classe des rosiers hybrides de Rosa rugosa. Sur le marché, on peut se le procurer chez les rosiéristes.

Port : ce grand arbuste (H. : 1,50 m. L. : 1,50 m), au port large, a des tiges arquées, très épineuses, vert foncé. Le feuillage vert foncé, gaufré, semi-lustré, prend de belles teintes automnales. Il a une bonne résistance aux maladies, excepté à la rouille.

Fleurs : seules ou réunies en petites grappes, les fleurs simples sont blanches avec des étamines jaunes. Elles sont agréablement parfumées. Ce rosier fleurit abondamment à la fin du printemps, puis plusieurs autres floraisons de moindre importance éclosent par la suite. Des fruits rouge orangé brillant mûrissent à l'automne.

Culture : voir la culture des *Rosa rugosa*.

Au jardin : on le plante en association dans les plates-bandes ou pour confectionner des haies.

Rosier 'Œillet Flamand'
Rosa gallica 'Œillet Flamand'
Zone 3b

Ce rosier hybride de rosier gallique (Rosa gallica) a été introduit par Vibert (France) en 1845. Il est aujourd'hui rare chez les rosiéristes.

Port : cet arbuste buissonnant, dense, vigoureux, aux tiges érigées, épineuses, atteint 1,20 m de haut et s'étale sur 90 cm. Les jeunes tiges rougeâtres donnent des feuilles vert foncé.

Fleurs : réunies en petites grappes, les fleurs, plates à pleine ouverture, sont doubles, roses avec des reflets rose pâle. Elles ressemblent à des œillets, d'où leur nom, et exhalent un parfum léger. La floraison éclôt à la fin du printemps ou au début de l'été.

Culture : voir la culture des *Rosa gallica*.

Au jardin : que ce soit en massif ou en isolé, on combine ce rosier à d'autres plantes dans les plates-bandes, où il peut aussi servir pour les fleurs coupées.

Rosier officinal
Rosa gallica officinalis
Zone 3

Ce rosier est une variété de rosiers galliques (Rosa gallica). Il porte aussi les noms français de rosier des apothicaires ou de rosier de Provins. Parmi la dizaine de noms qui lui sont attribués, on peut citer: Rosa gallica 'Officinalis', Rosa 'Red Rose of Lancaster' et Rosa 'Apothecary's Rose'. Son introduction en culture daterait de 1400. C'est en fait une des plus vieilles roses cultivées en Europe. Elle est encore répandue chez les producteurs spécialisés.

Port: ce rosier arbustif, dense, qui produit des rejets, a des tiges érigées, peu épineuses. Il atteint 1,25 m de haut et s'étale sur 1,00 m. Son feuillage vert foncé a une très bonne résistance aux maladies.

Fleurs: réunies en petites grappes, les fleurs, semi-doubles, sont rouge cramoisi clair à rouge cramoisi violet avec des étamines jaunes, voyantes. Leur parfum est très intense. La floraison s'ouvre à la fin du printemps ou au début de l'été.

Culture: voir la culture des *Rosa gallica*.

Au jardin: très longtemps utilisé en herboristerie, on confectionne des pots-pourris avec ses pétales. Au jardin, on le plante en massif ou on l'incorpore dans les plates-bandes.

Rosier 'Omar Khayyam'
Rosa damascena 'Omar Khayyam'
Zone 3b

Ce rosier de Damas (Rosa damascena) a été introduit au Royaume-Uni en 1893. Sur le marché, on le trouve chez les rosiéristes.

Port: cet arbuste, au port compact (H.: 90 cm. L.: 90 cm), porte des tiges épineuses. Les jeunes pousses grisâtres donnent naissance à un feuillage vert grisâtre. Celui-ci est sensible à la maladie des taches noires.

Fleurs: réunies en bouquets, les petites fleurs, de forme originale, sont doubles, rose pâle et très parfumées. La floraison a lieu au début de l'été.

Culture: voir la culture des *Rosa damascena*.

Au jardin: on le plante en association dans les plates-bandes et pour les fleurs coupées.

Rosier 'Othello'
Rosa hybrida 'Othello'
Zone 5b

Ce rosier arbuste moderne a été introduit par Austin (Royaume-Uni) en 1986. Il a été enregistré sous le nom de Rosa 'AUSlo'. Il est assez largement vendu sur le marché.

Port : ce buisson érigé, aux tiges épineuses, rouges, monte à 1,20 m et s'étale sur 90 cm. Les jeunes pousses vert clair et bronze donnent naissance à un feuillage vert foncé qui a généralement une bonne résistance aux maladies, mais qui est parfois sensible au mildiou et à la rouille.

Fleurs : solitaires, les grandes fleurs, en forme de coupe, sont doubles, rouge cramoisi avec des reflets plus ou moins clairs et des teintes de pourpre. Très parfumées, elles exhalent des parfums de roses anciennes et de fruits. La floraison est continue de la fin du printemps au début de l'automne.

Culture : voir la culture des rosiers de David Austin.

Au jardin : on le marie dans les plates-bandes, en isolé ou en massif ; ou encore on le plante pour les fleurs coupées.

Rosier 'Palmengarten Frankfurt'
Rosa hybrida 'Palmengarten Frankfurt'
Zone 4b

Ce rosier arbuste moderne a été introduit par Kordes (Allemagne) en 1988. Il porte aussi les noms de Rosa 'KORsilan', de Rosa 'Beauce', de Rosa 'Our Rosy Carpet' et de Rosa 'Country Dream'. Il est malheureusement rare chez les rosiéristes.

Port : cet arbuste, aux tiges longues et souples, peut être soit un grimpant, soit un couvre-sol. Dans ce dernier cas, il mesure 1,00 m de haut sur 1,20 m de large. Le feuillage vert foncé, lustré, offre une très bonne résistance aux maladies.

Fleurs : réunies en grappes, les fleurs, semi-doubles, sont rose foncé lumineux. Elles sont agréablement parfumées. La floraison est continue de la fin du printemps aux premiers gels.

Culture : voir la culture des rosiers arbustes modernes.

Au jardin : on emploie ce rosier en massif, comme couvre-sol, sur les talus, sur un support, un treillis ou une pergola, ou encore, à cause de ses très longues tiges, pour la fleur coupée.

Rosier 'Paloma Blanca'
Rosa hybrida 'Paloma Blanca'
Zone 4b

Rosier arbuste moderne, il a été introduit en 1984 par Buck (États-Unis). Il est parfois cultivé chez les rosiéristes

Port : ce rosier buisson, érigé et compact, mesure 60 cm en tous sens. Le feuillage abondant, vert olive, coriace, résiste bien aux maladies.

Fleurs : réunies en grappes, les fleurs, en forme de coupe, sont doubles. Elles sont blanches à blanc ivoire suivant le stade de floraison. De petites taches de rose apparaissent parfois. Elles laissent émaner un parfum léger. La floraison est continue du milieu du printemps au début de l'automne.

Culture : voir la culture des rosiers du Dr Buck.

Au jardin : on le plante en association dans les plates-bandes, en massif ou en isolé ; ou pour les fleurs coupées.

Rosier 'Pat Austin'
Rosa hybrida 'Pat Austin'
Zone 5b

Ce rosier arbuste moderne a été introduit par Austin (Royaume-Uni) en 1995. Il a été enregistré sous le nom de Rosa 'AUSmum'. Il est largement vendu par les rosiéristes.

Port : ce grand buisson (H. : 1,20 m. L. : 90 cm) a des tiges érigées, longues, pourpres, plus ou moins épineuses. Les nouvelles pousses, vertes aux reflets rouges, produisent un feuillage vert foncé, lustré, généralement résistant aux maladies, mais parfois un peu sensible à la maladie des taches noires.

Fleurs : réunies en grappes, des boutons rouge et jaune, éclosent de grandes fleurs, semi-doubles, cuivre vif à l'intérieur avec des reflets jaune cuivré, pâles sous les pétales. Elles exhalent un agréable parfum de rose thé. La floraison est continue de la fin du printemps au début de l'automne.

Culture : voir la culture des rosiers de David Austin.

Au jardin : on le plante, en massif ou en isolé, en association dans les plates-bandes ; ou pour les fleurs coupées.

Rosier 'Paul Neyron'
Rosa hybrida 'Paul Neyron'
Zone 5b

*Ce rosier, du groupe des rosiers hybrides per-
pétuels, a été introduit par Levet (France) en
1869. Il est assez répandu chez les rosiéristes.*

Rosa 'Paulii'
Rosa hybrida 'Paulii'
Zone 3b

*Ce rosier est parfois rattaché au groupe des
rosiers hybrides de Rosa rugosa, parfois au
groupe des rosiers arbustes modernes. Il a été
introduit par Paul (Royaume-Uni) vers 1903.
Il porte de nombreux noms tels Rosa x paulii,
Rosa x paulii 'Rehder', Rosa rugosa repens
alba et Rosa rugosa repens alba 'Paul'. Sur
le marché, il est vendu par les rosiéristes.*

*Le rosier 'Paulii Rosea' (Rosa hybrida 'Paulii
Rosea', zone 3b) est identique (port, fleurs,
culture et utilisation). Il ne diffère que par ses
fleurs roses.*

Port : ce buisson, aux tiges longues, vigoureuses, très épineuses, prend la forme d'un
rosier de 1,50 m de hauteur sur 90 cm de
largeur. Le feuillage vert pâle présente une
très bonne résistance aux maladies.

Fleurs : seules ou parfois en petites grappes,
en forme de coupe, les très grandes fleurs,
qui sont doubles, ressemblent à une
pivoine. Elles sont roses avec des reflets
lilas et sont moyennement parfumées. La
floraison éclôt à la fin du printemps, puis est
bien répétée au cours de l'été.

Culture : voir la culture des rosiers hybrides
perpétuels.

Au jardin : on le combine, en isolé ou en
groupe, à d'autres plantes dans les plates-
bandes ; ou encore on le plante pour les
fleurs coupées.

Port : ce couvre-sol aux tiges rampantes, tou-
chant au sol, très épineuses, forme un arbuste de 60 cm de haut et 1,50 m de large.
Ses petites feuilles vert clair, gaufrées, satinées, ont une bonne résistance aux maladies.

Fleurs : réunies en grappes, les fleurs, qui
ressemblent à de petites clématites, sont
simples, blanches aux étamines jaunes,
voyantes. Leur parfum est léger. La floraison a lieu à la fin du printemps, puis est un
peu répétée au cours de l'été. Elle est suivie
de gros fruits rouge orangé.

Culture : voir la culture des rosiers hybrides
de *Rosa rugosa*.

Au jardin : ce couvre-sol, de grandes dimensions, peut être planté sur les talus.

Rosier 'Pearl Drift'
Rosa hybrida 'Pearl Drift'
Zone 5b

Ce rosier arbuste moderne a été introduit par LeGrice (Royaume-Uni) en 1980. Il porte aussi le nom de Rosa 'LEGgab'. Il est vendu chez les rosiéristes. Il existe aussi une forme sarmenteuse, Rosa hybrida 'Pearl Drift Climbing' introduite en 2001 par Kull (États-Unis).

Port : ce rosier couvre-sol, aux nombreuses tiges arquées, s'étale sur 1,20 m et monte à 90 cm. Les jeunes pousses rougeâtres donnent naissance à un feuillage vert foncé, semi-brillant, plutôt résistant aux maladies.

Fleurs : réunies en grosses grappes, en forme de coupe lâche, les fleurs, semi-doubles, sont blanches avec des reflets de rose lilas. Leur parfum musqué est léger. La floraison principale éclôt au printemps, puis est bien répétée au cours de l'été.

Culture : voir la culture des rosiers arbustes modernes.

Au jardin : ce couvre-sol est généralement utilisé en massif, mais aussi parfois dans les plates-bandes.

Rosa 'Pearl Meidiland'
Rosa hybrida 'Pearl Meidiland'
Zone 5b

Ce rosier arbuste moderne a été obtenu en 1989 par Meilland (France). Il porte aussi les noms de Rosa 'MEIplantin' et de Rosa 'Perle Meillandécor'. Il est assez largement vendu sur le marché.

Port : ce couvre-sol, aux tiges arquées et rampantes, atteint 60 cm de haut et s'étale sur 1,20 m. Son feuillage vert foncé, lustré, résiste bien aux maladies.

Fleurs : réunies en bouquets, les petites fleurs, en forme de rosette, sont doubles, blanc perlé et légèrement parfumées. La floraison s'ouvre à la fin du printemps, puis sporadiquement au cours de l'été. Elle est suivie de fruits décoratifs.

Culture : voir la culture des rosiers de la série Meidiland.

Au jardin : on le plante avant tout comme couvre-sol, mais aussi en massif ou dans les plates-bandes.

Rosier 'Penelope'
Rosa hybrida 'Penelope'
Zone 5b

Ce rosier, du groupe des rosiers hybrides musqués (Rosa moschata), a été introduit en 1924 par Pemberton (Royaume-Uni). Sur le marché, il est assez répandu chez les rosiéristes.

Port : cet arbuste, au port souple, a des tiges arquées, peu épineuses. Il mesure 1,50 m de haut sur 1,20 m de large. Le feuillage, vert foncé à reflets pourpres, est généralement assez résistant aux maladies, mais est sensible au mildiou.

Fleurs : réunies en bouquets, les très nombreuses fleurs, aux pétales légèrement frangés, sont semi-doubles, d'abord blanc rosé, puis blanches avec des reflets roses plus ou moins prononcés selon le stade d'épanouissement. Elles ont un agréable parfum de musc. La floraison éclôt au début de l'été et au début de l'automne, avec parfois quelques répétitions en été. Les fruits sont roses avec des reflets corail.

Culture : voir la culture des *Rosa moschata*.

Au jardin : il entre dans la composition des plates-bandes ; ou encore il est planté en massif ou pour les fleurs coupées.

Rosier 'Perdita'
Rosa hybrida 'Perdita'
Zone 5b

Ce rosier arbuste moderne a été introduit par Austin (Royaume-Uni) en 1983. Il a été enregistré sous le nom de Rosa 'AUSperd'. Il est assez largement vendu chez les rosiéristes.

Port : ce buisson, érigé et plus ou moins lâche, forme un rosier de 1,50 m de haut sur 1,00 m de large. Le feuillage, vert foncé, est sensible à la rouille et à la maladie des taches noires en fin de saison.

Fleurs : uniques au bout d'une tige ou en petites grappes, les fleurs doubles, en forme de rosette, présentent différents tons de rose et de jaune dont l'intensité varie avec le degré d'ouverture ou la température. Très odorant, ce rosier a un parfum épicé de rose thé. La floraison est plus importante au début du printemps et au début de l'automne, mais est aussi parfois répétée au cours de l'été.

Culture : voir la culture des rosiers de David Austin.

Au jardin : on l'intègre dans les plates-bandes, en massif ou en isolé ; ou encore pour les fleurs coupées.

Rosier 'Petite de Hollande'
Rosa centifolia 'Petite de Hollande'
Zone 4b

Ce rosier fait partie du groupe des Rosa cen-tifolia. Son introduction aux Pays-Bas date d'avant 1838. Il est aussi connu sous les noms de Rosa centifolia minor, de Rosa 'Petite Junon de Hollande' et de Rosa 'Pompon des Dames'. Sur le marché, il est assez facile à se procurer chez les rosiéristes.

Port : cet arbuste, au port érigé, a des tiges vert grisâtre et des aiguillons brun rouge. Il s'élève à 1,20 m et s'étend sur 90 cm de large. Son feuillage, vert grisâtre, est plutôt sensible aux maladies.

Fleurs : réunies en grappes, les petites fleurs doubles sont roses à reflets plus ou moins foncés. Elles sont bien parfumées. C'est à la fin du printemps que ce rosier fleurit.

Culture : voir la culture des *Rosa centifolia*.

Au jardin : on le plante en association dans les plates-bandes ou pour les fleurs coupées.

Rosier 'Petite Lisette'
Rosa damascena 'Petite Lisette'
Zone 3b

Ce rosier est rattaché à la catégorie des rosiers hybrides de Rosa damascena. Son intro-duction par Vibert (France) date de 1817. Aujourd'hui, seuls les rosiéristes le cultivent.

Port : cet arbuste, au port érigé, compact (H. : 90 cm. L. : 90 cm), a des tiges épineuses. Son feuillage vert grisâtre, mat, présente une bonne résistance aux maladies.

Fleurs : réunies en grappes, les nombreuses fleurs doubles, en forme de rosette, sont rose plus ou moins foncé. Elles sont agréa-blement parfumées. La floraison éclôt en début d'été.

Culture : voir la culture des *Rosa damascena*.

Au jardin : on l'utilise en combinaison dans les plates-bandes, en isolé ou en massif.

Rosier pimprenelle altaica
Rosa pimpinellifolia altaica
Zone 3b

Ce rosier est une variété botanique de Rosa pimpinellifolia. *Son introduction date de 1820. Il porte de nombreux autres noms, notamment :* Rosa 'Altaica', Rosa 'Grandiflora', Rosa grandiflora, Rosa altaica, Rosa sibirica *et* Rosa pimpinellifolia baltica. *Sa mise en marché est plutôt bonne chez les rosiéristes.*

Rosier 'Pierrette Pavement'
Rosa rugosa 'Pierrette Pavement'
Zone 3b

Ce rosier appartient au groupe des rosiers hybrides de Rosa rugosa. *Il a été introduit par Uhl (Allemagne) en 1989. Il porte aussi les noms de* Rosa 'UHLwe', *de* Rosa 'Pierrette' *et de* Rosa 'Yankee Lady'. *Il est assez commun sur le marché.*

Port : cet arbuste, aux tiges rampantes, très épineuses, forme un couvre-sol de 80 cm de haut sur 1,20 m. Son feuillage vert clair, gaufré, prend une belle couleur jaune à l'automne. Il a une bonne résistance aux maladies.

Fleurs : réunies en grappes, les fleurs, semi-doubles, sont rose magenta foncé avec des étamines jaune foncé. Elles dégagent un fort parfum de clou de girofle. La floraison s'épanouit à la fin du printemps, puis un peu au cours de l'été. Les fruits rouge orangé sont décoratifs.

Culture : voir la culture des *Rosa rugosa*.

Au jardin : c'est avant tout un couvre-sol, qui peut habiller les talus, mais qui trouve sa place en massif, dans les plates-bandes et comme haie.

Port : ce grand arbuste (H. : 2,00 m. L. : 2,00 m), très drageonnant, a des tiges érigées, légèrement arquées au bout. Les branches brunes sont très épineuses. Les feuilles vert grisâtre, composées de cinq folioles, gaufrées, ressemblent au feuillage des fougères. Il est très résistant aux maladies.

Fleurs : solitaires ou en petites grappes, les grandes fleurs sont simples, jaune primevère et un peu parfumées. La floraison s'ouvre à la fin du printemps ou au début de l'été. Suivent des fruits bruns à noirs.

Culture : voir la culture des *Rosa pimpinellifolia*.

Au jardin : on le plante en association dans les plates-bandes ou comme haie.

Rosier 'Pink Meidiland'
Rosa hybrida 'Pink Meidiland'
Zone 5b

Ce rosier arbuste moderne a été introduit en 1984 par Meilland (France). Il porte aussi le nom de Rosa 'MEIpoque' et de Rosa 'Schloss Heidegg'. Il est de plus en plus largement vendu sur le marché.

Port : ce rosier, aux tiges arquées et rampantes, forme un couvre-sol de 80 cm de haut sur 1,00 m de large. Le feuillage vert foncé, semi-luisant, résiste très bien aux maladies.

Fleurs : solitaires ou réunies en bouquets, les petites fleurs simples sont roses avec un œil blanc au centre. Elles sont légèrement parfumées. La floraison est continue de la fin du printemps au début de l'automne. Des fruits rouge vermillon suivent en automne.

Culture : voir la culture des rosiers de la série Meidiland.

Au jardin : on le plante comme couvre-sol, en massif ou dans les plates-bandes.

Rosier 'Pink Grootendorst'
Rosa rugosa 'Pink Grootendorst'
Zone 3b

Ce rosier, du groupe des rosiers hybrides de Rosa rugosa, a été introduit par Grootendorst (Pays-Bas) en 1923. Il est très commun sur le marché.

Port : cet arbuste, aux tiges érigées, très épineuses, forme un rosier de 1,20 m de haut sur autant de large. Le feuillage vert clair, gaufré, offre une bonne résistance aux maladies.

Fleurs : réunies en grappes, les fleurs doubles, aux pétales frangés, semblables à des pompons, sont rose clair lumineux. Elles sont peu parfumées. La floraison principale naît à la fin du printemps, puis se répète un peu en été.

Culture : voir la culture des *Rosa rugosa*.

Au jardin : que ce soit en isolé ou en petit groupe, il entre dans la composition des plates-bandes ; ou encore on le plante comme haie.

Rosier 'Pink Pavement'
Rosa rugosa 'Pink Pavement'
Zone 3a

Ce rosier fait partie de la catégorie des rosiers hybrides de Rosa rugosa. *Il a été introduit en 1991 par Baum (Allemagne). Il porte aussi les noms de* Rosa 'Showy Pavement' *et de* Rosa 'Rokoko'. *Il est assez facile à se procurer.*

Port : ce rosier, aux tiges très épineuses, forme un arbuste de 90 cm de haut sur 1,00 m de large. Son feuillage, vert clair, gaufré, a une belle coloration automnale. Il présente une très bonne résistance aux maladies.

Fleurs : réunies en petites grappes, les fleurs semi-doubles, rose saumon, sont très parfumées. La floraison s'ouvre à la fin du printemps, puis est un peu répétée durant la belle saison. Les fruits rouges sont décoratifs.

Culture : voir la culture des *Rosa rugosa*.

Au jardin : on l'installe en combinaison dans les plates-bandes, en isolé ou en massif ; ou encore comme haie.

Rosier 'Pink Robusta'
Rosa hybrida 'Pink Robusta'
Zone 5b

Ce rosier arbuste moderne a été introduit sur le marché en 1987 par Kordes (Allemagne). Il porte aussi les noms de Rosa 'KORpinrob' *et de* Rosa 'The Seckford Rose'. *Il est malheureusement rare chez les rosiéristes.*

Port : cet arbuste est haut de 1,20 m et large de 1,10 m. Ses tiges rigides sont très épineuses. Ses grandes feuilles vert foncé, brillantes, résistent très bien aux maladies.

Fleurs : réunies en bouquets, les grandes fleurs, d'abord en forme de coupe, puis plates, sont simples à semi-doubles, roses avec un cœur plus pâle, presque blanc. Elles exhalent un doux parfum d'églantier. La floraison se fait à la fin du printemps, puis sporadiquement en été.

Culture : voir la culture des rosiers arbustes modernes.

Au jardin : on le cultive en association dans les plates-bandes, en massif ou en isolé, pour les fleurs coupées, ou encore comme haie.

Rosier 'Polstjärnan'
Rosa hybrida 'Polstjärnan'
Zone 3b

Ce rosier sarmenteux, issu de Rosa begge-
riana, *a été introduit par Wasast-jarna
(Finlande) en 1937. Il porte aussi les noms
de* Rosa 'Polestar', *de* Rosa 'The Polar Star',
de Rosa 'The Wasa Star', *de* Rosa 'Wasa-
stiernan', *de* Rosa 'White Rose of Finland' *et
de* Rosa 'White Star of Finland'. *Il est généralement vendu chez les rosiéristes.*

Port : ce rosier sarmenteux a de longues tiges
(H. : 4,00 m. L. : 2,00 m) souples. Ses petites feuilles sont vert foncé. Il a une très
bonne résistance aux maladies.

Fleurs : réunies en grosses grappes, les fleurs,
simples ou semi-doubles, sont blanches
avec des étamines jaune d'or. Le parfum
est léger. La floraison a lieu au milieu du
printemps.

Culture : ce rosier affectionne le plein soleil,
un sol plus ou moins riche, léger, légèrement alcalin et sec. Une protection hivernale est recommandée.

Au jardin : on l'utilise palissé sur un support,
un treillis ou une pergola.

Rosier 'Pompon Blanc Parfait'
Rosa alba 'Pompon Blanc Parfait'
Zone 4b

Ce rosier, de la classe des Rosa alba, *a été
introduit par Verdier (France) en 1876. Sur
le marché, on le trouve chez les rosiéristes.*

Port : cet arbuste, érigé, aux tiges raides, très
épineuses, atteint 1,20 m de haut et s'étale
sur 90 cm. Son feuillage est fin, lisse, vert
clair à reflets cendrés.

Fleurs : réunies en grappes, les fleurs doubles,
en forme de rosette, sont blanc rosé en
boutons et blanches à pleine ouverture. Le
parfum est léger. La floraison a lieu au
début du printemps, mais est de longue
durée.

Culture : voir la culture des *Rosa alba*.

Au jardin : on l'utilise dans les plates-bandes,
en massifs ou pour les fleurs coupées.

Rosier 'Prairie Celebration'
Rosa hybrida 'Prairie Celebration'
Zone 2b

Ce rosier arbuste moderne a été hybridé au Centre de recherche sur les plantes ornementales de Morden au Manitoba et introduit par Agriculture et Agroalimentaire Canada en 2003. Il est encore peu vendu sur le marché.

Rosier 'Prairie Clogger'
Rosa hybrida 'Prairie Clogger'
Zone 4b

Ce rosier arbuste moderne a été introduit par Buck (États-Unis) en 1984. Il est rare sur le marché, même chez les rosiéristes.

Port : cet arbuste vigoureux, très branchu, forme un rosier de 1,00 m sur 80 cm. Le feuillage, coriace et vert olive foncé avec des reflets bronze sur les jeunes pousses, présente une bonne résistance aux maladies.

Port : cet arbuste, au port érigé, a des branches arquées. Il est haut de 1,30 m et large de 1,20 m. Son feuillage, vert foncé aux reflets pourpres, lustré, est résistant aux maladies.

Fleurs : réunies en grappes, plates à pleine ouverture, les fleurs simples sont rouge intense avec des étamines jaunes. La floraison s'épanouit vers la fin du printemps, puis est répétée au cours de l'été.

Culture : voir la culture des rosiers arbustes modernes.

Au jardin : on le plante en massif ou dans les plates-bandes.

Fleurs : solitaires ou réunies en grappes, les fleurs, en forme de coupe large ou plate, sont simples, rouge rubis. Le parfum est doux. La floraison s'étale de la fin du printemps jusqu'aux gelées.

Culture : voir la culture des rosiers du Dr Buck.

Au jardin : on le marie dans les plates-bandes, en isolé ou en massif ; ou on le plante pour les fleurs coupées.

Rosier 'Prairie Dawn'
Rosa hybrida 'Prairie Dawn'
Zone 3b

Ce rosier arbuste moderne, qui fait partie de la série Prairie, a été hybridé par William Godfrey à Morden au Manitoba et introduit par Agriculture et Agroalimentaire Canada en 1959. Il est aujourd'hui vendu chez les rosiéristes.

Port : cet arbuste, très vigoureux, aux branches érigées, atteint 1,80 m de haut sur autant de large. Le feuillage vert foncé, lustré, est généralement résistant aux maladies, mais légèrement sensible à la maladie des taches noires.

Fleurs : réunies en petites grappes, les fleurs doubles, en forme de coupe, sont rose lumineux avec des reflets plus ou moins sombres. Le parfum est léger. La floraison naît à la fin du printemps, puis est répétée durant l'été.

Culture : voir la culture des rosiers arbustes modernes.

Au jardin : on le plante en combinaison dans les plates-bandes, en massif ou en haie.

Rosier 'Prairie Fire'
Rosa hybrida 'Prairie Fire'
Zone 3a

Ce rosier arbuste moderne a été introduit par Phillips (États-Unis) en 1960. Il est rare chez les rosiéristes.

Port : cet arbuste (H. : 90 cm. L. : 90 cm), aux tiges vigoureuses, a un feuillage vert olive, lustré, qui offre une bonne résistance aux maladies.

Fleurs : réunies en grappes, les nombreuses fleurs simples sont rouge cardinal avec un œil blanc et des étamines jaunes. Le parfum est léger. La floraison éclôt à la fin du printemps, puis est répétée au cours de l'été.

Culture : cette plante pousse au plein soleil ou à l'ombre légère dans un sol pauvre ou encore plus ou moins riche, meuble et sec.

Au jardin : on l'installe en massif ou dans les plates-bandes.

Rosier 'Prairie Flower'
Rosa hybrida 'Prairie Flower'
Zone 4b

Introduit en 1975 par Buck (États-Unis), ce rosier arbuste moderne est rare chez les rosiéristes.

Port : cet arbuste, au port érigé, fait 1,20 m de haut sur 90 cm de large. Son feuillage, vert très foncé et coriace, résiste bien aux maladies.

Fleurs : solitaires ou en petites grappes, les fleurs, en forme de coupe, sont simples, rouge cardinal avec un centre blanc. Elles ont un léger parfum de roses anciennes. La floraison débute à la fin du printemps pour se poursuivre jusqu'aux premières gelées.

Culture : voir la culture des rosiers du Dr Buck.

Au jardin : on l'emploie dans les plates-bandes ou pour les fleurs coupées.

Rosier 'Prairie Harvest'
Rosa hybrida 'Prairie Harvest'
Zone 4b

Rare chez les rosiéristes, ce rosier arbuste moderne a été introduit en 1985 par Buck (États-Unis).

Port : ce buisson vigoureux, au port érigé, forme un rosier de 1,10 m de haut sur 1,00 m de large. Son feuillage, vert et coriace, est très résistant aux maladies.

Fleurs : solitaires ou en petits bouquets, les fleurs, très doubles, sont jaunes, puis tournent au blanc crème à pleine éclosion. Elles laissent se dégager un agréable parfum. La floraison est continue, de la fin du printemps au début de l'automne.

Culture : voir la culture des rosiers du Dr Buck.

Au jardin : on le marie à d'autres végétaux dans les plates-bandes, où il peut aussi servir comme fleurs coupées.

Rosier 'Prairie Princess'
Rosa hybrida 'Prairie Princess'
Zone 4b

Ce rosier arbuste moderne a été introduit par Buck (États-Unis) en 1971. Sur le marché, il est vendu chez les rosiéristes.

Port : cet arbuste, au port érigé, atteint 1,20 m de haut sur 90 cm de large. Son feuillage, vert foncé et coriace, résiste bien aux maladies.

Fleurs : réunies en petites grappes, les fleurs, semi-doubles, sont rose corail. Elles dégagent un léger parfum. La floraison s'ouvre à la fin du printemps, puis est bien répétée au cours de l'été.

Culture : voir la culture des rosiers du Dr Buck.

Au jardin : on l'intègre avec d'autres plantes dans les plates-bandes, où il peut aussi servir pour les fleurs coupées.

Rosier 'Prairie Joy'
Rosa hybrida 'Prairie Joy'
Zone 2b

Ce rosier arbuste moderne, hybridé par Lynn M. Collicutt à Morden au Manitoba, a été introduit par Agriculture et Agroalimentaire Canada en 1990. Il fait partie de la série Prairie. Il est assez commun sur le marché.

Port : cet arbuste, aux tiges vigoureuses et arquées, atteint 1,30 m de hauteur sur 1,20 m de largeur. Son feuillage dense, vert foncé, lustré, est très résistant à l'oïdium et à la maladie des taches noires.

Fleurs : réunies en grappes, les fleurs, plates à pleine ouverture, sont doubles, roses et légèrement parfumées. La floraison éclôt à la fin du printemps puis se répète un peu par la suite.

Culture : voir la culture des rosiers arbustes modernes.

Au jardin : on l'utilise en association dans les plates-bandes, en massif ou en isolé, mais aussi pour confectionner des haies.

Rosier 'Prairie Youth'
Rosa hybrida 'Prairie Youth'
Zone 2b

Ce rosier de la série Prairie est un rosier arbuste moderne hybridé par William Godfrey au Centre de recherche sur les plantes ornementales de Morden au Manitoba. Il a été introduit par Agriculture et Agroalimentaire Canada en 1948. Il est aujourd'hui rare chez les rosiéristes.

Port : ce grand arbuste (H. : 1,80 m. L. : 1,80 m) développe de longues tiges vigoureuses. Le feuillage vert foncé, mat, a généralement une assez bonne résistance aux maladies, mais est parfois sensible à la maladie des taches noires.

Fleurs : réunies en grappes, les fleurs semidoubles sont rose saumon. Elles sont moyennement parfumées. La floraison principale s'épanouit à la fin du printemps et une floraison secondaire, moins importante, s'ouvre à l'automne.

Culture : voir la culture des rosiers arbustes modernes.

Au jardin : il entre dans la composition des plates-bandes.

Rosier 'Prairie Star'
Rosa hybrida 'Prairie Star'
Zone 4b

Introduit par Buck (États-Unis) en 1975, ce rosier arbuste moderne est cultivé par les rosiéristes.

Port : cet arbuste vigoureux a un port érigé. Il monte à 1,20 m et s'étend sur 90 cm. Son feuillage vert foncé, coriace, abondant, présente une bonne résistance aux maladies.

Fleurs : réunies en grappes, les fleurs doubles sont jaune clair avec des reflets de rose pâle. Leur couleur varie selon le stade d'éclosion. Elles ont un parfum de pomme verte. La floraison est continue de la fin du printemps aux premières gelées.

Culture : voir la culture des rosiers du Dr Buck.

Au jardin : on le plante en association dans les plates-bandes et pour les fleurs coupées.

HYBRIDÉ AU CANADA

Rosier 'Pretty Jessica'
Rosa hybrida 'Pretty Jessica'
Zone 5b

Ce rosier, du groupe des rosiers arbustes modernes, a été introduit par Austin (Royaume-Uni) en 1983. Aussi connu sous le nom de Rosa 'AUSjess', il est assez répandu sur le marché.

Port : ce rosier buisson, érigé, compact, peu épineux, forme un petit monticule de 75 cm de haut sur 60 cm de large. Le feuillage vert est plus ou moins sensible, suivant les années, au mildiou, à la rouille et à la maladie des taches noires.

Fleurs : réunies en grappes, les fleurs, en forme de coupe, doubles, ressemblent à des roses anciennes. Elles sont d'un rose pâle riche et exhalent un fort parfum de rose ancienne et de miel. La floraison est continue de la fin du printemps au début de l'automne.

Culture : voir la culture des rosiers de David Austin.

Au jardin : idéal pour les petits jardins, on l'utilise en association dans les plates-bandes, en isolé ou en massif ; ou pour les fleurs coupées.

Rosier 'Président de Sèze'
Rosa gallica 'Président de Sèze'
Zone 3b

Ce rosier est rattaché à la catégorie des rosiers hybrides de Rosa gallica. *Son introduction par Hébert (France) date de 1836. Il porte aussi le nom de* Rosa *'Mme Hébert'. Il est assez rare chez les rosiéristes.*

Port : cet arbuste buissonnant, dense, a des branches arquées, épineuses. Haut de 1,20 m, il s'étale sur 90 cm. Son feuillage, vert foncé, présente une bonne résistance aux maladies.

Fleurs : réunies en grappes, des boutons rouge cerise éclosent des fleurs doubles, rose lilas pâle sur le pourtour, rose carmin vif au centre, dont l'intensité varie suivant le stade de floraison. Elles sont très parfumées. C'est à la fin du printemps ou au début de l'été que se produit la floraison.

Culture : voir la culture des *Rosa gallica*.

Au jardin : que ce soit en massif, dans les plates-bandes, en haie ou comme fleurs coupées, il est facile d'utiliser ce rosier.

Rosier 'Pristine Pavement'
Rosa rugosa 'Pristine Pavement'
Zone 3a

Ce rosier fait partie du groupe des rosiers hybride de Rosa rugosa. Il a été introduit en 1990 par Baum (Allemagne). Il porte aussi les noms de Rosa 'Schneeberg' et de Rosa 'White Perfection'. Il est assez répandu chez les rosiéristes.

Port : c'est un arbuste généralement compact (H. : 1,00 m. L. : 1,00 m), au feuillage vert clair, gaufré, plutôt résistant aux maladies.

Fleurs : réunies en grappes, les fleurs, semi-doubles, sont blanches avec des étamines jaune d'or. La floraison éclôt à la fin du printemps, puis est un peu répétée au cours de l'été.

Culture : voir la culture des *Rosa rugosa*.

Au jardin : on l'utilise dans les plates-bandes, en massif ou en haie.

Rosier 'Prolifera de Redouté'
Rosa centifolia 'Prolifera de Redouté'
Zone 4b

Ce rosier appartient à la catégorie des Rosa centifolia. Il a été introduit en France vers 1820. Il est aussi connu sous les noms de Rosa 'Prolifère' et de Rosa 'Isabel'. Il est plutôt rare chez les rosiéristes.

Port : ce grand arbuste (H. : 1,80 m. L. : 1,50 m), au port lâche, porte des tiges vert très foncé et des aiguillons bruns. Le feuillage, vert foncé grisâtre, est sensible à l'oïdium.

Fleurs : réunies en grappes, les fleurs très doubles, en forme de chou, sont rose profond clair avec des étamines jaunes. Elles ont un très fort parfum de rose centfeuilles. La floraison se fait au début du printemps.

Culture : voir la culture des *Rosa centifolia*.

Au jardin : on l'incorpore dans les plates-bandes où il peut aussi servir pour les fleurs coupées.

Rosier 'Prospero'
Rosa hybrida 'Prospero'
Zone 5b

Ce rosier arbuste moderne a été introduit par Austin (Royaume-Uni) en 1982. Il a été enregistré sous le nom de Rosa 'AUSpero'. Il est vendu chez les rosiéristes.

Port : ce rosier buisson, au port érigé, étroit, atteint 80 cm de haut sur 60 cm de large. Le feuillage vert pâle, mat, est parfois sensible à l'oïdium et à la rouille.

Fleurs : réunies en grappes très lâches, les grandes fleurs doubles, en forme de rosette bombée, sont rouge cramoisi et deviennent pourpre intense à pleine éclosion. Le parfum est puissant. À partir de la fin du printemps, la floraison est bien remontante.

Culture : voir la culture des rosiers de David Austin. Ce rosier demande beaucoup de soin pour bien fleurir. Son intérêt réside dans ses petites dimensions, ce qui en fait un rosier idéal pour les petits jardins.

Au jardin : on le plante dans les plates-bandes et pour les fleurs coupées.

Rosier 'Purple Pavement'
Rosa rugosa 'Purple Pavement'
Zone 3b

Ce rosier fait partie du groupe des rosiers hybrides de Rosa rugosa. Il a été introduit par Baum (Allemagne) en 1983. Il porte aussi les noms de Rosa 'Rotes Meer' et de Rosa 'Exception'. Il est commun chez les rosiéristes.

Port : ce rosier, aux tiges érigées, très épineuses, a un port plutôt compact pour un rosier rugueux. Il atteint 1,20 m de haut sur 1,00 m de large. Son feuillage dense, vert foncé, gaufré, semi-lustré, présente une bonne résistance aux maladies.

Fleurs : réunies en grappes, les grandes fleurs, semi-doubles, sont rouge pourpre avec des étamines jaunes. Elles laissent émaner un très fort parfum. La floraison s'épanouit à la fin du printemps puis est répétée par la suite. Elle est suivie de gros fruits rouges.

Culture : voir la culture des *Rosa rugosa*.

Au jardin : que ce soit en massif ou en isolé, on peut l'utiliser dans les plates-bandes ; mais on peut aussi le planter comme couvre-sol, pour les fleurs coupées ou pour confectionner des haies.

Rosier 'Quatre Saisons Blanc Mousseux'
Rosa damascena
'Quatre Saisons Blanc Mousseux'
Zone 5b

Ce rosier fait partie du groupe des Rosa damascena. *Son introduction par Laffay (France) date de 1835. Il porte aussi les noms de* Rosa *'Quatre Saisons Blanche', de* Rosa *'Perpetual White Moss' et de* Rosa *'Rosier de Thionville'. Il est aujourd'hui vendu par les pépiniéristes.*

Rosier 'Quadra'
Rosa hybrida 'Quadra'
Zone 3b

Ce rosier de la série Explorateur appartient au groupe des rosiers hybrides de Rosa kordesii. *Il a été hybridé par Felicitas Svedja à Ottawa, en Ontario, testé par Ian Ogilvie à L'Assomption au Québec et introduit en 1994 par Agriculture et Agroalimentaire Canada. Il porte aussi le nom de* Rosa *'J.F. Quadra'. Sur le marché, il est de plus en plus facile à se procurer.*

Port : ce rosier grimpant, aux longues tiges arquées, s'élève à 1,80 m et s'étale sur 1,00 m. Les jeunes feuilles rougeâtres deviennent vert foncé. Elles résistent à l'oïdium et à la maladie des taches noires.

Fleurs : réunies en grappes, les fleurs doubles sont rouge foncé. Elles sont peu à pas du tout parfumées. Quand le plant arrive à maturité, la floraison est répétée de la fin de l'été au début de l'automne.

Culture : voir la culture des *Rosa kordesii*.

Au jardin : on palisse ce rosier sur une pergola, un support ou un treillis.

Port : cet arbuste a un port érigé (H. : 1,20 m) et large (L. : 90 cm). Ses rameaux rigides sont entourés d'une mousse piquante et résineuse, vert sombre pourpré. Le feuillage vert moyen, peu mousseux, est sensible à l'oïdium.

Fleurs : réunis en bouquets sur de courtes tiges, les boutons sont recouverts de mousse rougeâtre. Les fleurs doubles, blanc pur, ont un parfum léger et agréable. La floraison éclôt à la fin du printemps, puis est sporadique jusqu'aux gelées.

Culture : voir la culture des *Rosa damascena*.

Au jardin : on l'incorpore dans les plates-bandes, en massif ou en isolé.

Rosier 'Queen of the Musks'
Rosa hybrida 'Queen of the Musks'
Zone 5b

Ce rosier est rattaché à la catégorie des rosiers hybrides musqués (Rosa moschata). Il a été introduit par Paul (Royaume-Uni) en 1913. Il est vendu chez les rosiéristes.

Port : cet arbuste, aux tiges souples, arquées, peu épineuses, atteint 1,00 m de haut, mais s'étale sur 1,50 m. Son feuillage vert foncé, lustré, est issu de jeunes pousses rougeâtres.

Fleurs : réunis en grosses grappes, les boutons rouges donnent naissance à des fleurs simples, plates, rose pâle à blanches, suivant le stade d'éclosion, roses sous les pétales, avec des étamines jaunes. Le parfum de musc est très prononcé. La floraison commence au début de l'été et se poursuit jusqu'à l'automne.

Culture : voir la culture des *Rosa moschata*.

Au jardin : on l'utilise en association dans les plates-bandes, en massif ou en isolé ; ou encore comme couvre-sol. On peut aussi l'utiliser palissé sur un support. Il demande alors une protection hivernale.

Rosier 'Raubritter'
Rosa hybrida 'Raubritter'
Zone 5b

Ce rosier arbuste moderne a été introduit par Kordes (Allemagne) en 1936. Il porte aussi les noms de Rosa 'Macrantha Raubritter' ou de Rosa macrantha 'Raubritter'. Il est très facile à se procurer chez les rosiéristes.

Port : cet arbuste large, aux tiges souples, épineuses, forme un monticule de 1,50 m de large et de 90 cm de haut. Son feuillage, vert gris, mat, est sensible à l'oïdium et à la maladie des taches noires.

Fleurs : réunies en grappes, les très nombreuses fleurs doubles, en forme de boule, ressemblant aux roses anciennes, sont rose clair à reflets argentés. Leur parfum est léger. La floraison s'épanouit tardivement, au début de l'été.

Culture : voir la culture des rosiers arbustes modernes.

Au jardin : on le plante comme couvre-sol, sur les talus, en massif ou dans les plates-bandes.

Rosier 'Red Flower Carpet'
Rosa hybrida 'Red Flower Carpet'
Zone 4b

Ce rosier, qui prend la forme d'un couvre-sol, fait partie de la catégorie des rosiers arbustes modernes. Son introduction par Noack (Allemagne) sur le marché date de 2000. Il porte aussi les noms de Rosa *'NOAre', de* Rosa *'Red Heidetraum', de* Rosa *'Alcantara' et de* Rosa *'Vesuvia'. Il est très largement vendu.*

Port : ce rosier couvre-sol, aux tiges arquées qui rampent sur le sol, atteint 80 cm de haut, mais s'étale sur plus de 1,20 m. Son feuillage, vert foncé, luisant, présente une très bonne résistance aux maladies.

Fleurs : réunies en grappes, les boutons rouge foncé donnent des fleurs semi-doubles, rouge lumineux avec des étamines jaunes. Leur parfum est léger. La floraison, qui débute à la fin du printemps, est bien répétée tout au cours de la belle saison.

Culture : voir la culture des rosiers de la série Flower Carpet.

Au jardin : ce couvre-sol est idéal en massif ou sur les talus.

Rosier 'Red Frau Dagmar Hartopp'
Rosa rugosa 'Red Frau Dagmar Hartopp'
Zone 3a

Ce rosier arbustif est rattaché au groupe des rosiers hybrides de Rosa rugosa. *Son introduction par Spek (Pays-Bas) date de 1997. On le connaît aussi sous les noms de* Rosa *'Red Fru Dagmar Hastrup', de* Rosa *'SPEruge' et de* Rosa *'Red Dagmar'. Il est vendu chez les rosiéristes.*

Port : large, buissonnant, ce rosier a un port étalé sur 1,20 m alors qu'il monte à 1,00 m. Il drageonne abondamment. Le feuillage, vert moyen, à l'aspect rugueux, est très décoratif à l'automne. Sa résistance aux maladies est bonne.

Fleurs : réunies en petites grappes, les fleurs, en forme de grande coupe, simples, sont d'un rouge cerise qui tourne au rose foncé, avec des étamines jaunes. Elles sont moyennement parfumées. La floraison principale éclôt à la fin du printemps, puis des floraisons de moindre importance sont répétées au cours de l'été. Des fruits rouge orangé, très décoratifs, apparaissent avec les dernières fleurs de la saison.

Culture : voir la culture des *Rosa rugosa*.

Au jardin : on le plante dans les plates-bandes, en massif, ou encore pour les fleurs ou les fruits coupés.

Rosier 'Red Max Graf'
Rosa hybrida 'Red Max Graf'
Zone 3b

Ce rosier appartient au groupe des rosiers hybrides de Rosa kordesii. Introduit par Kordes (Allemagne) en 1980, il porte aussi les noms de Rosa 'KORmax' et de Rosa 'Rote Max Graf'. Il est parfois vendu chez les rosiéristes.

Port : cet arbuste, aux tiges rampantes, se marcottant naturellement, très épineuses, prend la forme d'un couvre-sol de 90 cm de haut sur 1,80 m de large. Son feuillage vert foncé, lustré, offre une bonne résistance aux maladies.

Fleurs : réunies en grappes, les fleurs sont simples, rouge lumineux avec des étamines jaunes. Elles répandent un léger parfum de pomme. La floraison éclôt longuement à la fin du printemps ou au début de l'été, puis est répétée jusqu'aux premiers gels.

Culture : voir la culture des *Rosa kordesii*.

Au jardin : on emploie ce rosier comme couvre-sol, sur les talus, en massif, ou dans les plates-bandes. Il peut aussi être palissé sur un treillis ou un support.

Rosier 'Red Meidiland'
Rosa hybrida 'Red Meidiland'
Zone 5b

Ce rosier arbuste moderne a été introduit par Meilland (France) en 1989. Il porte les noms de Rosa 'MEIneble' et de Rosa 'Rouge Meillandécor'.

Port : cet arbuste, aux tiges arquées et rampantes, forme un couvre-sol qui monte à 90 cm et s'étale sur 1,10 m. Le feuillage vert foncé, lustré, présente une très bonne résistance aux maladies.

Fleurs : réunies en bouquets, les petites fleurs, en forme de coupe, sont simples, rouges avec un œil blanc au centre et des étamines jaunes. Elles sont légèrement parfumées. La floraison débute à la fin du printemps et est répétée jusqu'à l'automne. Les fruits décoratifs sont rouges.

Culture : voir la culture des rosiers de la série Meidiland.

Au jardin : ce couvre-sol est planté en massif, dans les plates-bandes ou pour les fleurs coupées.

Rosier 'Reine des Centfeuilles'
Rosa centifolia 'Reine des Centfeuilles'
Zone 5b

*Ce rosier appartient au groupe des Rosa cen-
tifolia. Son introduction en Belgique date
de 1824. Il est rare chez les producteurs
spécialisés.*

Rosier 'Redouté'
Rosa hybrida 'Redouté'
Zone 5b

*Introduit par Austin (Royaume-Uni) en
1992, ce rosier de la catégorie des rosiers
arbustes modernes a été enregistré sous le
nom de Rosa 'AUSpale'. Il est aussi connu
sous le nom de Rosa 'Margaret Roberts' et il
est assez commun sur le marché.*

Port : ce rosier buisson, au port érigé, lâche,
aux tiges très épineuses, rougeâtres,
atteint 1,20 m de haut sur 1,00 m de large.
Ses feuilles vert foncé, semi-lustrées, sont
généralement résistantes aux maladies,
mais sont parfois attaquées par la maladie
des taches noires.

Fleurs : réunis en grappes, les boutons, rose
pâle, donnent naissance à des fleurs en
forme de coupe qui ressemblent à des roses
anciennes, doubles, rose pâle changeant,
avec des reflets de rose plus ou moins
foncé. Elles laissent émaner un doux parfum
de miel et de fleurs d'amandier. Elles fleurissent presque sans discontinuer de la fin
du printemps aux premières gelées.

Culture : voir la culture des rosiers de David
Austin. Ce sport de 'Mary Rose' peut prendre du temps pour s'établir.

Au jardin : idéal en association dans les
plates-bandes ou pour les fleurs coupées.

Port : cet arbuste, au port désordonné, atteint
1,50 m de haut sur 90 cm de large. Ses
tiges sont très épineuses. Le feuillage est
vert bleuté.

Fleurs : réunies en bouquets, les grandes
fleurs, très doubles, sont rose clair avec des
reflets plus foncés. Elles sont agréablement
parfumées. La floraison principale, qui a lieu
à la fin du printemps, est suivie de petites
floraisons sporadiques jusqu'aux gelées.

Culture : voir la culture des *Rosa centifolia*.

Au jardin : on l'incorpore généralement dans
les plates-bandes.

Rosier 'Rheinaupark'
Rosa rugosa 'Rheinaupark'
Zone 4b

Ce rosier fait partie de la catégorie des rosiers hybrides de Rosa rugosa. Il a été enregistré sous le nom de Rosa 'KOReipark' par Kordes (Allemagne) en 1983. Sur le marché, il est vendu chez les rosiéristes.

Port : cet arbuste, aux tiges érigées, très épineuses, a un port large (H. : 1,20 m. L. : 1,20 m). Le feuillage vert clair, lustré, a une bonne résistance aux maladies.

Fleurs : réunies en grappes, les fleurs semi-doubles, rouges, ont un parfum léger. La floraison éclôt à la fin du printemps, puis est un peu répétée en été.

Culture : voir la culture des Rosa rugosa.

Au jardin : en association dans les plates-bandes, en isolé ou en massif ; ou encore pour confectionner des haies.

Rosier 'Reine des Violettes'
Rosa hybrida 'Reine des Violettes'
Zone 5b

Ce rosier hybride perpétuel a été introduit par Mille-Mallet (France) en 1860. Il porte aussi le nom de Rosa 'Queen of the Violets'. Il est répandu chez les rosiéristes.

Port : ce rosier ample, touffu, aux tiges érigées, peu épineuses, forme un buisson de 1,30 m de haut sur 80 cm de large. Le feuillage vert cendré, doux au toucher, est un peu sensible aux maladies.

Fleurs : solitaires ou en petites grappes, les grandes fleurs doubles, en forme de coupe, sont pourpres, moirées de rose devenant parme à pleine éclosion. Elles sont très parfumées. Une floraison s'ouvre à la fin du printemps, puis une autre à la fin de l'été.

Culture : voir la culture des rosiers hybrides perpétuels.

Au jardin : on l'emploie en association dans les plates-bandes et pour les fleurs coupées à cause de leurs très longues tiges.

Rosier 'Robbie Burns'
Rosa pimpinellifolia 'Robbie Burns'
Zone 4b

Ce rosier est rattaché à la classe des rosiers hybrides de Rosa pimpinellifolia. Il a été introduit par Austin (Royaume-Uni) en 1985. Il porte aussi le nom de Rosa 'AUSburn'. Il est vendu chez les rosiéristes.

Port : cet arbuste, érigé, aux tiges arquées, vigoureuses, forme un rosier de 1,50 m de haut sur 1,20 m de large. Le feuillage, vert grisâtre, présente une assez bonne résistance aux maladies.

Fleurs : réunies en grappes, les fleurs, en forme de coupe, sont simples, blanches avec des reflets rosés et des étamines brun jaune, décoratives. La floraison naît à la fin du printemps. Des fruits acajou mûrissent à l'automne.

Culture : voir la culture des *Rosa pimpinellifolia*.

Au jardin : on emploie ce rosier en massif, en combinaison dans les plates-bandes et comme haie.

Rosier 'Roberta Bondar'
Rosa hybrida 'Roberta Bondar'
Zone 5b

Ce rosier appartient à la catégorie des rosiers sarmenteux à grandes fleurs. Il a été hybridé par Joyce Fleming à Niagara-on-the-Lake en Ontario en 1993. Il est malheureusement rare chez les rosiéristes. Ce rosier a été nommé en l'honneur de la première astronaute canadienne.

Port : ce rosier sarmenteux, aux longues tiges vigoureuses, peut atteindre 3,00 m de haut sur 1,75 m de large. Les feuilles vert foncé, lustrées, sont très résistantes à l'oïdium, mais légèrement sensibles à la maladie des taches noires à la fin de la saison.

Fleurs : solitaires ou en grappes, les grandes fleurs doubles, qui ressemblent à des hybrides de thé, sont jaunes. Le parfum est léger. La floraison est continue de la fin du printemps aux premières gelées.

Culture : voir la culture des rosiers arbustes modernes. Une protection hivernale s'impose, notamment les premières années après la transplantation.

Au jardin : on le palisse sur un support, un treillis ou une pergola.

Rosier 'Robert le Diable'
Rosa centifolia 'Robert le Diable'
Zone 5b

Ce rosier appartient à la classe des Rosa centifolia. *Il est parfois rattaché au groupe des
rosiers hybrides de* Rosa gallica. *Son introduction en France date d'avant 1837. Sur le
marché, on peut se le procurer assez facilement chez les producteurs spécialisés.*

Port : cet arbuste, compact et régulier, aux
branches minces, souples, épineuses, forme
un monticule de 90 cm sur 90 cm. Son
feuillage, vert sombre, a généralement une
assez bonne résistance aux maladies, mais
est sensible à l'oïdium.

Fleurs : réunies en petites grappes, les fleurs,
très doubles, présentent des teintes de
rouge avec des reflets lilas, gris et pourpres, avec un œil vert au centre. Le coloris
peut varier d'une fleur à l'autre, selon le
stade de floraison ou la température, les
couleurs étant plus vives par temps sec.
Les fleurs sont très parfumées. La floraison
a lieu au début de l'été.
Culture : voir la culture des *Rosa centifolia*.
Au jardin : on le plante en association dans
les plates-bandes, en massif ou en isolé.

Rosier 'Robusta'
Rosa rugosa 'Robusta'
Zone 3b

*Ce rosier fait partie de la catégorie des rosiers
hybrides de* Rosa rugosa. *Il a été introduit en
1979 par Kordes (Allemagne), qui l'a enregistré sous le nom de* Rosa 'KORgosa'. *On le
trouve chez les rosiéristes sous le nom de*
Rosa 'Kordes' Rose Robusta'.

Port : ce grand arbuste (H. : 1,50 m. L. : 1,20 m)
a des tiges érigées, rougeâtres, très vigoureuses et très épineuses. Le feuillage vert
foncé, lustré, offre une très bonne résistance aux maladies.
Fleurs : réunies en grappes, les fleurs simples
sont rouges avec des étamines jaunes.
Elles sont moyennement parfumées. C'est
à la fin du printemps que la floraison principale a lieu. Celle-ci est un peu répétée au
cours de l'été. Il n'y a pas de fructification.
Culture : voir la culture des *Rosa rugosa*.
Au jardin : on l'incorpore, en massif ou en
isolé, dans les plates-bandes ; ou on l'installe pour former une haie.

Rosier 'Rosarium Uetersen'
Rosa hybrida 'Rosarium Uetersen'
Zone 5b

Rosier 'Roger Lambelin'
Rosa hybrida 'Roger Lambelin'
Zone 5b

Ce rosier hybride perpétuel a été introduit par Schwartz (France) en 1890. Sur le marché, il est vendu par les rosiéristes.

Port : ce rosier, aux longues tiges peu épineuses, forme un buisson de 1,20 m de haut sur 90 cm de large. Le feuillage, vert pâle, est sensible à l'oïdium et à la rouille.

Fleurs : réunies en grappes, les fleurs doubles sont très originales avec leur couleur rouge foncé avec un liseré blanc sur le bord des pétales déchiquetés. Elles embaument l'air d'un très fort parfum. Une abondante floraison s'ouvre à la fin du printemps, puis quelques fleurs apparaissent à l'automne.

Culture : voir la culture des rosiers hybrides perpétuels.

Au jardin : intéressant pour les fleurs coupées, ce rosier est généralement marié, en massif ou en isolé, avec d'autres plantes dans les plates-bandes.

Ce rosier du groupe des rosiers grimpants à grandes fleurs a été introduit par Kordes (Allemagne) en 1977. Il porte aussi les noms de Rosa 'KORtersen', de Rosa 'Uetersen', de Rosa 'Netersen' et de Rosa 'Rosarium Netersen'. Il est assez commun chez les rosiéristes.

Port : ce rosier sarmenteux a de longues tiges arquées qui montent à 2,50 m et qui peuvent s'étaler sur 3,00 m. Les grandes feuilles, vert foncé, lustrées, ont une bonne résistance aux maladies.

Fleurs : solitaires ou réunies en grappes, les très grandes fleurs, doubles, plates à pleine éclosion, sont rose foncé. Leur parfum est léger et doux. La floraison a lieu à la fin du printemps, puis est un peu répétée en été.

Culture : voir la culture des *Rosa kordesii*. En zone 5b, une protection hivernale peut s'avérer utile si la plante est installée dans un endroit venteux. Il faut aussi la protéger les premières années après la plantation. Dans les autres zones de rusticité, une protection est nécessaire.

Au jardin : généralement palissé sur un support, un treillis ou une pergola, il peut aussi être utilisé en couvre-sol.

Rosier 'Rose de Meaux'
Rosa centifolia 'Rose de Meaux'
Zone 5b

Rosier 'Rose à Parfum de l'Haÿ'
Rosa rugosa 'Rose à Parfum de l'Haÿ'
Zone 3b

Ce rosier hybride de Rosa rugosa *a été introduit par Gravereaux (France) en 1901. Il porte aussi le nom de* Rosa 'Parfum de l'Haÿ'. *Il est assez commun chez les rosiéristes.*

Port : cet arbuste, aux tiges érigées, très épineuses, forme un rosier de 1,20 m de haut sur 90 cm de large. Le feuillage, vert, mat, résiste généralement bien aux maladies, mais est parfois sensible à l'oïdium.

Ce rosier, de la catégorie des Rosa centifolia, *a été introduit en culture en France avant 1789. Il porte aussi les noms de* Rosa 'Pompon Rose', *de* Rosa 'De Meaux', *de* Rosa centifolia pomponia, *de* Rosa dijoniensis, *de* Rosa pomponia *et de* Rosa pulchella. *Il est aujourd'hui vendu chez les producteurs spécialisés.*

Port : cet arbuste, érigé et compact, atteint 60 cm de haut sur autant de large. Les tiges portent de gros aiguillons. Le feuillage, abondant, vert sombre, présente une assez bonne résistance aux maladies.
Fleurs : réunies en grappes, les petites fleurs, doubles, sont rose argenté, mais leur couleur varie selon le stade d'éclosion. Elles sont moyennement parfumées. La floraison s'épanouit à la fin du printemps.
Culture : voir la culture des *Rosa centifolia*.
Au jardin : c'est principalement en association dans les plates-bandes qu'on utilise ce rosier.

Fleurs : réunies en grappes, les fleurs, doubles, sont rouge cerise à reflets violets, notamment quand il fait chaud. Elles laissent émaner un très fort parfum. La floraison éclôt à la fin du printemps, puis est un peu répétée au cours de l'été. Il ne produit pas de fruits.
Culture : voir la culture des *Rosa rugosa*.
Au jardin : on l'intègre avec d'autres plantes dans les plates-bandes.

Rosier 'Rose des Peintres'
Rosa centifolia 'Rose des Peintres'
Zone 5b

Appartenant à la classe des Rosa centifolia, *ce rosier a été introduit en culture avant 1838. Il porte aussi les noms de* Rosa *'Centifeuilles des Peintres' et de* Rosa *centifolia major. Il est répandu chez les rosiéristes.*

Port : ce grand arbuste érigé, aux tiges portant de gros aiguillons, prend la forme d'un rosier qui culmine à 1,80 m et qui s'étend sur 1,50 m. Son feuillage abondant, vert foncé, présente une assez bonne résistance aux maladies.

Fleurs : réunies en petites grappes, les grandes fleurs, doubles, à la texture des pétales originale, sont rose pur avec un petit bouton vert au centre. Elles sont très parfumées. La floraison s'ouvre au début de l'été.

Culture : voir la culture des *Rosa centifolia*.

Au jardin : on l'incorpore aux plates-bandes, où on le plante en petit groupe ou en isolé.

Rosier 'Rose du Maître d'École'
Rosa gallica 'Rose du Maître d'École'
Zone 3b

Ce rosier hybride de Rosa gallica *a été introduit par Miellez (France) en 1840. Il porte aussi les noms de* Rosa *'De la Maître École', de* Rosa *'Du Maître d'École' et de* Rosa *'Rose de la Maître d'École'. Il est assez répandu chez les rosiéristes.*

Port : cet arbuste, buissonnant, dense, aux tiges peu épineuses, atteint 1,20 m de haut sur 90 cm de large. Son feuillage, vert foncé, présente une assez bonne résistance aux maladies.

Fleurs : solitaires ou en petites grappes, les grandes fleurs, doubles, sont rose lilas avec des reflets de pourpre et de blanc. Elles laissent émaner un agréable parfum. La floraison s'épanouit à la fin du printemps ou au début de l'été.

Culture : voir la culture des *Rosa gallica*.

Au jardin : en massif, en isolé, dans les plates-bandes ou pour les fleurs coupées, c'est ainsi que l'on peut utiliser ce rosier.

Rosier 'Roselina'
Rosa rugosa 'Roselina'
Zone 3b

Ce rosier est rattaché à la catégorie des rosiers hybrides de Rosa rugosa. Il a été introduit par Kordes (Allemagne) en 1992 et il porte aussi les noms de Rosa 'KORsaku', de Rosa 'Playtime' et de Rosa 'Rosalina'. Sur le marché, il est vendu par les rosiéristes.

Port : cet arbuste, aux tiges semi-érigées, très épineuses, a un port très large. Il s'étale sur 1,50 m, mais ne s'élève que sur 75 cm. Le feuillage dense, vert brillant, très nervuré, a une bonne résistance aux maladies.

Rosier 'Roseraie de l'Haÿ'
Rosa rugosa 'Roseraie de l'Haÿ'
Zone 3b

Ce rosier, qui appartient à la catégorie des rosiers hybrides de Rosa rugosa, a été introduit par Gravereaux (France) en 1901. Il est très répandu chez les rosiéristes.

Port : ce grand arbuste (H. : 1,80 m. L. : 1,50 m) a des tiges érigées, très épineuses. Son feuillage vert clair, lustré, gaufré, prend une belle teinte jaune à l'automne. Il a une très bonne résistance aux maladies.

Fleurs : réunies en grappes, les grandes fleurs, semi-doubles, sont rouge cramoisi à rouge pourpre avec des étamines jaunes. Elles exhalent un très fort parfum fruité. La floraison naît à la fin du printemps, puis est répétée au cours de la belle saison.

Culture : voir la culture des *Rosa rugosa*.

Au jardin : en association dans les plates-bandes, en massif ou en isolé, ou comme haie.

Fleurs : réunies en petites grappes, les fleurs simples, aux pétales larges, sont rose soutenu avec des reflets lavande, un cœur blanc et des étamines jaunes. Le parfum est léger. La floraison s'épanouit à la fin du printemps, puis est bien répétée par la suite.

Culture : voir la culture des *Rosa rugosa*.

Au jardin : si ce rosier peut être utilisé incorporé dans les plates-bandes, en isolé ou en massif, il convient aussi à une plantation comme couvre-sol.

Rosier 'Rosy Carpet'
Rosa hybrida 'Rosy Carpet'
Zone 5b

Ce rosier arbuste moderne a été introduit par Interplant (Pays-Bas) en 1984. Il porte aussi les noms de Rosa 'INTercap' et de Rosa 'Matador'. Il est malheureusement rare chez les rosiéristes.

Port : ce rosier semi-rampant, aux tiges arquées, très épineuses, forme un couvre-sol de 80 cm de haut et de 1,20 m de large. Le feuillage, vert foncé, lustré, offre une bonne résistance aux maladies.

Fleurs : réunies en grappes, les fleurs simples sont rouge rosé, tournant au rose foncé, avec des étamines jaunes. Elles sont parfumées. La floraison est continue de la fin du printemps au début de l'automne.

Culture : voir la culture des rosiers arbustes modernes.

Au jardin : ce couvre-sol sert en massif, sur les talus ou en association dans les plates-bandes.

Rosier 'Rosy Cushion'
Rosa hybrida 'Rosy Cushion'
Zone 5b

Introduit par Interplant (Pays-Bas) en 1979, ce rosier arbuste moderne porte aussi le nom de Rosa 'INTerall'. Il est vendu par les rosiéristes.

Port : ce couvre-sol, aux tiges arquées, souples, prend la forme d'un rosier de 90 cm de haut sur 1,20 m de large. Le feuillage vert foncé, très lustré, présente une très bonne résistance aux maladies.

Fleurs : réunies en grappes, les petites fleurs simples sont rose, plus ou moins pâle sur le rebord, et d'un rose presque blanc au centre, avec des étamines jaunes. Elles dégagent un parfum léger. La floraison s'étend de la fin du printemps au début de l'automne.

Culture : voir la culture des rosiers arbustes modernes.

Au jardin : ce couvre-sol sert en massif, sur les talus ou en association dans les plates-bandes.

Rosier 'Royal Bonica'
Rosa hybrida 'Royal Bonica'
Zone 5b

Rosier arbuste moderne introduit par Meil-land (France) en 1994, on le trouve aussi sous les noms de Rosa 'MEIdomac', de Rosa 'MEImodac' et de Rosa 'Royal Bonnika'. Il est assez commun sur le marché.

Port : ce couvre-sol bas, aux branches flexi-bles, arquées, s'étale sur 1,80 m, mais ne monte que sur 90 cm. Les petites feuilles, vert émeraude aux reflets cuivre, sont plutôt résistantes aux maladies, parfois sensibles à la maladie des taches noires.

Fleurs : réunies en grappes, elles forment de petites coupes, doubles, rose foncé. Elles sont peu parfumées. La floraison débute à la fin du printemps et se continue jusqu'aux gelées. Les fruits sont décoratifs.

Culture : voir la culture des rosiers de la série Meidiland.

Au jardin : on l'emploie avant tout comme couvre-sol, mais aussi dans les plates-bandes, en massif et comme fleurs coupées.

Rosa 'Royal Edward'
Rosa hybrida 'Royal Edward'
Zone 3b

Ce rosier arbuste moderne, qui fait partie de la série Explorateur, a été hybridé par Felicitas Svedja à Ottawa, en Ontario, testé par Ian Ogilvie à L'Assomption au Québec et introduit par Agriculture et Agroalimentaire Canada en 1995. Il est souvent vendu sur le marché.

Port : ce rosier semi-nain, aux tiges dont les extrémités retombent, forme un monticule de 40 cm de haut sur 60 cm de large. Son feuillage vert foncé, lustré, présente une bonne résistance à l'oïdium et à la maladie des taches noires.

Fleurs : abondants, réunis en grappes, les boutons rose foncé donnent naissance à des fleurs semi-doubles, rose pâle avec des étamines jaunes. Le parfum est léger. La floraison se prolonge de la fin du printemps au début de l'automne.

Culture : voir la culture des *Rosa kordesii* (bien qu'il soit classé dans la catégorie des rosiers arbustes modernes, son parentage comporte une bonne part de *Rosa kordesii*).

Au jardin : on le place dans les petits espaces, en massif, dans les plates-bandes et comme couvre-sol.

Rosier rugueux
Rosa rugosa
Zone 3b

C'est une espèce botanique qui a donné de très nombreux hybrides. Originaire d'Asie, elle a été introduite en Europe depuis très longtemps. En Amérique du Nord, elle s'est naturalisée après s'être échappée des jardins des premiers colons. Elle a joué un rôle très important dans le développement des cultivars de rosiers au Canada. Ce rosier est assez commun sur le marché.

Rosier rugueux
à fleurs blanches
Rosa rugosa alba
Zone 3b

Cette variété botanique a été introduite en Europe vers 1800. Elle est parfois vendue sous les noms de Rosa rugosa *'Alba' ou de* Rosa rugosa albiflora. *Elle est assez facile à se procurer sur le marché.*

Port : semblable à celui de *Rosa rugosa*.

Fleurs : semblable à celles de *Rosa rugosa*. Elles n'en diffèrent que par leur couleur blanche.

Culture : voir la culture des *Rosa rugosa*.

Au jardin : elle est utilisée en massif, dans les plates-bandes, comme haie ou pour la naturalisation.

Port : ce grand arbuste (H. : 2,00 m. L. : 1,80 m) a des tiges érigées, brun clair, très épineuses. Ses petites feuilles sont vert clair, semi-lustrées et gaufrées. Elles prennent un beau coloris jaune doré à l'automne. Elles ont une bonne résistance aux maladies.

Fleurs : uniques, ou par deux au bout des tiges, les fleurs sont simples, rose foncé brillant avec des étamines jaune foncé. Elles sont très parfumées. Une floraison principale s'épanouit à la fin du printemps, puis quelques fleurs éclosent parfois au cours de la belle saison. Les gros fruits, rouge foncé, sont décoratifs.

Culture : voir la culture des *Rosa rugosa*.

Au jardin : on le plante en massif, dans les plates-bandes, comme haie ou pour la naturalisation.

Rosier 'Rush'
Rosa hybrida 'Rush'
Zone 5b

Ce rosier arbuste moderne a été introduit par Lens (Belgique) en 1983. Il porte aussi le nom de Rosa 'LENmobri'. Il est plus ou moins facile à se procurer sur le marché.

Port : cet arbuste érigé, large, forme un monticule de 1,00 m de diamètre. Son feuillage vert foncé, lustré, offre une bonne résistance aux maladies.

Fleurs : réunies en grappes, les fleurs simples sont rose clair avec un centre blanc. Leur parfum est léger. La floraison s'ouvre de façon continuelle de la fin du printemps aux premières gelées.

Culture : voir la culture des rosiers arbustes modernes.

Au jardin : on l'installe en massif, dans les plates-bandes ou comme haie.

Rosier rugueux à fleurs rouges
Rosa rugosa rubra
Zone 3b

Introduite au Royaume-Uni en 1796, cette variété botanique est parfois vendue sous les noms de Rosa rugosa 'Rubra' ou de Rosa rugosa atropurpurea. Elle est assez facile à se procurer sur le marché.

Port : de forme semblable à celle de *Rosa rugosa*, ses dimensions sont cependant plus restreintes (H. : 1,50 m. L. : 1,50 m).

Fleurs : semblables à celles de *Rosa rugosa*, elles n'en diffèrent que par leur couleur. Celles-ci sont rouge pourpre.

Culture : voir la culture des *Rosa rugosa*.

Au jardin : généralement utilisé en association dans les plates-bandes, on peut aussi le planter en massif, comme haie ou pour la naturalisation.

Rosier 'St Cecilia'
Rosa hybrida 'St Cecilia'
Zone 5b

Enregistré sous le nom de Rosa 'AUSmit', ce rosier arbuste moderne a été introduit par Austin (Royaume-Uni) en 1987. Il est assez répandu chez les rosiéristes.

Port : ce rosier, aux tiges érigées, légèrement arquées aux extrémités, portant des aiguillons rouges, forme un buisson de 90 cm de haut sur 70 cm de large. Le feuillage, peu abondant, est vert foncé, semi-lustré, généralement résistant aux maladies, mais parfois sensible à la rouille et à l'oïdium.

Fleurs : solitaires ou réunies en grappes, en forme de coupe, les fleurs, très doubles, qui ressemblent à des roses anciennes, sont abricot pâle virant au rose très pâle, puis au blanc pur suivant le stade de floraison. Le parfum, très fort, exhale la myrrhe avec des accents de citron et d'amande. La floraison se fait de façon continue de la fin du printemps au début de l'automne.

Rosier 'Ruskin'
Rosa rugosa 'Ruskin'
Zone 3b

Ce rosier fait partie de la classe des rosiers hybrides de Rosa rugosa. Il a été introduit en 1928 par Van Fleet (États-Unis). Il porte aussi le nom de Rosa 'John Ruskin'. Il est rare sur le marché, même chez les rosiéristes.

Port : cet arbuste aux tiges érigées, brun clair, très épineuses, forme un rosier de 1,20 m de haut sur 90 cm de large. Le feuillage vert clair, semi-lustré, épais, gaufré, prend un beau coloris jaune doré à l'automne. Il est moyennement résistant aux maladies, notamment à la maladie des taches noires.

Fleurs : réunies en grappes, les fleurs doubles sont rouge cramoisi et très parfumées. Une floraison principale s'épanouit à la fin du printemps, puis quelques fleurs éclosent parfois au cours de la saison de végétation. La pluie endommage la floraison. Les petits fruits, rouges, sont décoratifs.

Culture : voir la culture des *Rosa rugosa*.

Au jardin : on l'emploie en massif, dans les plates-bandes ou comme haie.

Culture : voir la culture des rosiers de David Austin.

Au jardin : on le plante en massif, dans les plates-bandes et pour les fleurs coupées.

Rosier 'St Nicholas'
Rosa damascena 'St Nicholas'
Zone 3b

Ce rosier fait partie de la classe des Rosa
damascena. *Il a été introduit en 1950 par
James (Royaume-Uni). Il est vendu chez les
rosiéristes.*

Port : cet arbuste érigé, au port compact (H. :
90 cm. L. : 90 cm), a des tiges gris vert,
couvertes de nombreux aiguillons crochus.
Le feuillage, vert grisâtre, est sensible à
l'oïdium, mais généralement résistant aux
autres maladies.

Fleurs : regroupées en corymbes, les fleurs,
semi-doubles, sont rose argent vif, plus
clair au centre, avec des pétales aux bords
ciselés et des étamines jaune d'or, très
voyantes. Elles laissent émaner un très fort
parfum. La floraison s'ouvre au début de
l'été. Les fruits rouges sont décoratifs.

Culture : voir la culture des *Rosa damascena.*

Au jardin : on le plante, en massif ou en isolé,
en combinaison dans les plates-bandes.

Rosier 'Salet'
Rosa centifolia muscosa 'Salet'
Zone 5b

Ce rosier est rattaché au groupe des Rosa
centifolia muscosa. *Son introduction par
Lacharme (France) date de 1854. Il est
aujourd'hui répandu chez les producteurs
spécialisés.*

Port : ce rosier, à la croissance vigoureuse,
aux tiges peu épineuses, mais recouvertes
d'une mousse rougeâtre, forme un arbuste
de 1,20 m de haut sur 90 cm de large. Le
feuillage, vert tendre quand les feuilles sont
jeunes, devient vert clair. Il a une assez
bonne résistance aux maladies.

Fleurs : réunis en petites grappes, les boutons, légèrement recouverts d'une mousse
rougeâtre, donnent naissance à de très
grandes fleurs doubles, rose vif, qui sont
très parfumées. La floraison éclôt à la fin du
printemps puis est sporadique jusqu'aux
gelées.

Culture : voir la culture des *Rosa centifolia
muscosa.*

Au jardin : on le marie, en massif ou en isolé,
avec d'autres plantes dans les plates-bandes.

Rosier 'Sally Holmes'
Rosa hybrida 'Sally Holmes'
Zone 5b

Ce rosier arbuste moderne a été introduit par Holmes (Royaume-Uni) en 1976. Il est assez souvent vendu par les rosiéristes.

Port : ce rosier érigé, aux longues tiges peu épineuses, forme un grand arbuste de 1,60 m de haut sur 1,40 m de large. Le feuillage, vert foncé, coriace, brillant, offre une bonne résistance aux maladies, mais est parfois sensible à la maladie des taches noires.

Fleurs : réunies en grappes, des boutons pointus, rose abricot, éclosent des fleurs simples, blanc crémeux avec des reflets roses ou rose pâle si le temps est frais. Le parfum est léger. La floraison a lieu à la fin du printemps puis est répétée au cours de l'été.

Culture : voir la culture des rosiers arbustes modernes.

Au jardin : on l'utilise en association dans les plates-bandes, en massif ou en isolé ; ou pour les fleurs coupées.

Rosier 'Sarah van Fleet'
Rosa rugosa 'Sarah van Fleet'
Zone 4b

Ce rosier est rattaché à la catégorie des rosiers hybrides de Rosa rugosa. *Il a été introduit en 1926 par Van Fleet (États-Unis). Sur le marché, il est vendu chez les rosiéristes.*

Port : cet arbuste, aux tiges érigées, très épineuses, atteint 1,20 m de haut et s'étend sur 90 cm de large. Le feuillage, vert foncé, lustré, gaufré, est parfois sensible à l'oïdium et à la maladie des taches noires en fin de saison.

Fleurs : réunies en grappes, les grandes fleurs, en forme de coupe profonde, sont semi-doubles, rose lilas avec des étamines jaune d'or. Elles sont agréablement parfumées. La floraison s'épanouit à la fin du printemps, puis est un peu répétée en été. Il n'y a pas production de fruits.

Culture : voir la culture des *Rosa rugosa*.

Au jardin : on l'emploie en massif, en association dans les plates-bandes ou comme haie.

Rosier 'Scarlet Fire'
Rosa hybrida 'Scarlet Fire'
Zone 5b

Introduit par Kordes (Allemagne) en 1952, ce rosier arbuste moderne porte aussi les noms de Rosa 'Scharlachglut' et de Rosa 'Scarlet Glow'. Il est assez répandu chez les rosiéristes.

Port : ce grand arbuste, au port large (H. : 1,80 m. L. : 1,50 m), a des tiges épineuses. Son feuillage vert, semi-lustré, présente une bonne résistance aux maladies.

Fleurs : solitaires ou réunies en petites grappes, les fleurs simples sont rouge écarlate avec un petit œil blanc au centre et des étamines jaunes, très décoratives. Leur parfum est léger. C'est à la fin du printemps que la floraison s'épanouit. Elle est suivie par une profusion de fruits rouge orangé.

Culture : voir la culture des rosiers arbustes modernes.

Au jardin : on le plante en combinaison dans les plates-bandes, en isolé ou en massif.

Rosier 'Scabrosa'
Rosa rugosa 'Scabrosa'
Zone 2b

Ce rosier fait partie de la classe des rosiers hybrides de Rosa rugosa. Son introduction par Harkness (Royaume-Uni) date de 1960. Il porte aussi les noms de Rosa rugosa scabrosa, de Rosa 'Rugosa Superba' et de Rosa 'Superba'. Il est assez commun chez les rosiéristes.

Port : ce grand arbuste (H. : 1,80 m. L. : 1,20 m) a des tiges érigées, très épineuses. Le feuillage, vert clair, gaufré, prend des teintes d'orangé à l'automne. Il a une très bonne résistance aux maladies.

Fleurs : réunies en grappes, les fleurs, simples, sont rouge cerise à reflets argentés avec des étamines jaunes. Elles ont un agréable parfum d'œillet. La floraison s'épanouit à la fin du printemps, puis est répétée régulièrement par la suite. Les nombreux fruits sont rouges.

Culture : voir la culture des *Rosa rugosa*.

Au jardin : on l'installe dans les plates-bandes, en massif ou comme haie.

Rosier 'Scarlet Meidiland'
Rosa hybrida 'Scarlet Meidiland'
Zone 5b

Introduit en 1987 par Meilland (France) sous le nom d'enregistrement de Rosa 'MEIkrotal', ce rosier arbuste moderne porte aussi le nom de Rosa 'Scarlet Meillandécor'. Il est assez largement vendu, notamment chez les rosiéristes.

Port : ce rosier, aux tiges arquées et rampantes, forme un couvre-sol de 2,00 m de large sur 1,00 m de haut. Le feuillage vert foncé, lustré, résiste bien aux maladies.

Fleurs : réunies en grands bouquets, très nombreux, les petites fleurs, semi-doubles, sont rouge foncé. Elles laissent dégager un léger parfum. Une floraison principale s'ouvre à la fin du printemps, puis d'autres, de moindre importance, se succèdent toute la belle saison.

Culture : voir la culture des rosiers de la série Meidiland.

Au jardin : ce rosier couvre-sol est planté en massif ou dans les plates-bandes.

Rosier 'Scarlet Pavement'
Rosa rugosa 'Scarlet Pavement'
Zone 3b

Ce rosier est rattaché à la catégorie des rosiers hybrides de Rosa rugosa. Introduit par Uhl (Allemagne) en 1991, il porte aussi le nom de Rosa 'Rote Apart'. Il est plus ou moins facile à se procurer sur le marché.

Port : cet arbuste buissonnant, très épineux, forme un monticule de 1,25 m de haut sur 1,00 m de large. Le feuillage vert sombre, nervuré, a une bonne résistance aux maladies. Il prend de belles teintes orange en automne.

Fleurs : réunies en grappes, les fleurs, semi-doubles, sont rouge carmin foncé à reflets pourpres avec des étamines jaune d'or pâle. Elles sont bien parfumées. La floraison s'ouvre à la fin du printemps, puis éclôt de façon répétée jusqu'en automne. Les fruits rouge profond mûrissent rapidement.

Culture : voir la culture des *Rosa rugosa*.

Au jardin : on le plante en massif ou dans les plates-bandes.

Rosier 'Schneezwerg'
Rosa rugosa 'Schneezwerg'
Zone 2b

Ce rosier appartient au groupe des rosiers hybrides de Rosa rugosa. Son introduction par Lambert (Allemagne) date de 1912. Il porte aussi les noms de Rosa 'Snow Dwarf' et de Rosa 'Snowdwarf'. Il est assez commun chez les rosiéristes.

Port : cet arbuste, aux tiges plus ou moins érigées, très épineuses, forme un monticule de 1,00 m de diamètre. Le feuillage est vert clair, gaufré, lustré, rouge orangé et jaune en automne. Celui-ci présente une très bonne résistance aux maladies.

Fleurs : réunies en grappes, les fleurs sont semi-doubles, blanc pur avec des étamines jaunes. Elles ont un agréable parfum épicé. La floraison éclôt à la fin du printemps, puis est un peu répétée au cours de l'été. Les fruits sont rouge orangé.

Culture : voir la culture des *Rosa rugosa*.

Au jardin : ce couvre-sol trouve sa place aussi bien en massif que dans les plates-bandes.

Rosier 'Sea Foam'
Rosa hybrida 'Sea Foam'
Zone 5b

Ce rosier arbuste moderne a été introduit par Schwartz (États-Unis) en 1964. Il est aussi cultivé sous le nom de Rosa 'Seafom'. Sur le marché, il est assez commun chez les rosiéristes.

Port : ce rosier vigoureux, aux tiges arquées, rampantes, forme un couvre-sol de 60 cm de haut sur 1,10 m de large. Son feuillage vert foncé, très lustré, présente une bonne résistance aux maladies.

Fleurs : réunies en grappes, abondantes, les petites fleurs en forme de pompon sont doubles, blanches au centre rose. Elles embaument l'air d'un parfum délicat. La floraison principale s'épanouit au printemps, puis est constamment remontante en été.

Culture : voir la culture des rosiers arbustes modernes.

Au jardin : on le plante comme couvre-sol, en massif ou dans les plates-bandes.

Rosier sericea pteracantha
Rosa sericea pteracantha
Zone 5b

Il s'agit d'une espèce botanique introduite sur le marché vers 1890. Elle porte aussi le nom de Rosa sericea *'Pteracantha' ou de* Rosa omeiensis pteracantha. *Elle est cultivée pour ses tiges décoratives plutôt que pour ses fleurs. Elle est assez facile à se procurer chez les rosiéristes.*

Port : cet arbuste ne devient généralement pas très haut (H. : 1,00 m. L. : 80 cm), car on le rabat au sol à chaque année pour favoriser les jeunes tiges. Celles-ci sont vertes et portent de très gros aiguillons rouge sang qui deviennent bruns en été. Ce sont ses tiges remplies d'aiguillons qui sont décoratives. Le feuillage léger, vert bleuté, résiste très bien aux maladies.

Fleurs : de peu d'intérêt, les fleurs sont simples, blanc crème à blanches avec des étamines jaunes. Elles n'ont pour ainsi dire pas de parfum.

Culture : voir la culture des *Rosa pimpinellifolia*.

Au jardin : on utilise ce rosier dans la composition des plates-bandes.

Rosier 'Shadow Dancer'
Rosa hybrida 'Shadow Dancer'
Zone 5b

Ce rosier sarmenteux à grandes fleurs est apparenté à Rosa kordesii. *Il a été introduit par Moore (États-Unis) en 1998 sous le nom d'enregistrement de* Rosa *'MORstrort'. Il est assez commun sur le marché.*

Port : avec ses longues tiges très dressées, ce rosier sarmenteux atteint 2,50 m de haut sur 1,20 m de large. Son feuillage, vert foncé, lustré, résiste bien aux maladies.

Fleurs : réunies en petites grappes, les fleurs semi-doubles, aux pétales légèrement torsadés, sont rose foncé avec des bandes, rose pâle, plus ou moins larges. Elles sont agréablement parfumées. La floraison printanière est répétée par la suite.

Culture : voir la culture des *Rosa kordesii*.

Au jardin : on l'emploie palissé sur un support, un treillis ou une pergola.

Rosier 'Simon Fraser'
Rosa hybrida 'Simon Fraser'
Zone 3b

Hybridé par Felicitas Svedja à Ottawa, en Ontario, et testé par Ian Ogilvie à L'Assomption au Québec, ce rosier arbuste moderne fait partie de la série Explorateur. Il a été introduit par Agriculture et Agroalimentaire Canada en 1992. Il est aujourd'hui assez commun sur le marché.

Port : ce rosier nain, au port dressé et aux tiges peu épineuses, prend la forme d'un petit arbuste de 60 cm de haut et de 90 cm de large. Le feuillage vert foncé, semi-lustré, offre une bonne résistance à l'oïdium et à la maladie des taches noires.

Fleurs : réunies en grappes, les fleurs, simples à semi-doubles, sont rose lumineux avec un cœur plus clair et des étamines jaunes. La floraison est répétée de la fin du printemps au milieu de l'été.

Culture : voir la culture des rosiers de la série Explorateur.

Au jardin : on le marie dans les plates-bandes, en isolé ou en massif ; ou on l'utilise pour les fleurs coupées.

Rosier 'Sharifa Asma'
Rosa hybrida 'Sharifa Asma'
Zone 5b

Ce rosier arbuste moderne a été introduit par Austin (Royaume-Uni) en 1989. Il porte aussi les noms de Rosa 'AUSreef' et de Rosa 'Sharifa'. Il est assez commun chez les rosiéristes.

Port : ce buisson, érigé et vigoureux, est haut de 1,25 m et large de 1,00 m. Son feuillage vert, satiné, a une bonne résistance aux maladies.

Fleurs : réunies en petites grappes, les fleurs, très doubles, sont rose pâle à blanc crème suivant le stade d'éclosion et la température. Leur agréable parfum est fruité, avec des notes de raisins et de mûres. La floraison qui commence à la fin du printemps est bien remontante au cours de l'été.

Culture : voir la culture des rosiers de David Austin.

Au jardin : on le plante, en massif ou en isolé, intégré dans les plates-bandes ; ou encore pour les fleurs coupées.

Rosier 'Sir Clough'
Rosa hybrida 'Sir Clough'
Zone 5b

Introduit en 1983 par Austin (Royaume-Uni) sous le nom de Rosa 'AUSclough', ce rosier arbuste moderne porte aussi le nom de Rosa 'Sir Glaugh'. Sur le marché, il est vendu par les rosiéristes.

Port : ce rosier érigé, plutôt étroit, aux tiges très épineuses, forme un buisson de 1,20 m de haut sur 80 cm de large. Les jeunes pousses, vertes avec des reflets bronze, produisent un feuillage épais, vert foncé, très résistant aux maladies.

Fleurs : regroupés en grappes, les petits boutons ronds donnent des fleurs semi-doubles, rose cerise intense avec un cœur plus clair, presque blanc, et des étamines jaunes. Elles exhalent un exquis parfum de roses anciennes. La floraison est répétée du début du printemps au début de l'automne.

Culture : voir la culture des rosiers de David Austin.

Au jardin : on le plante en association dans les plates-bandes, en massif ou en isolé ; ou encore pour les fleurs coupées.

Rosier 'Sir Thomas Lipton'
Rosa rugosa 'Sir Thomas Lipton'
Zone 4b

Ce rosier fait partie du groupe des rosiers hybrides de Rosa rugosa. Son introduction par Van Fleet (États-Unis) date de 1900. Il est assez commun sur le marché.

Port : ce rosier, au port érigé, large, et aux tiges très très épineuses, forme un arbuste de 1,50 m de haut sur 1,20 m de large. Le feuillage, vert sombre, épais, gaufré, résiste bien aux maladies.

Fleurs : réunies en grappes, les fleurs sont doubles, blanches et très parfumées. La floraison principale a lieu à la fin du printemps, puis est un peu répétée en été.

Culture : voir la culture des *Rosa rugosa*.

Au jardin : on l'emploie en massif, dans les plates-bandes ou comme haie.

Rosier 'Sir Walter Raleigh'
Rosa hybrida 'Sir Walter Raleigh'
Zone 5b

Hybridé par Austin (Royaume-Uni), ce rosier arbuste moderne a été introduit en 1985. Il a été enregistré sous le nom de Rosa *'AUSspry'. Il est assez largement vendu chez les rosiéristes.*

- **Port :** ce buisson érigé prend la forme d'un rosier de 1,20 m sur 1,00 m. Le feuillage, vert foncé, semi-lustré, résiste généralement bien aux maladies, mais est sensible à la rouille.
- **Fleurs :** le plus souvent solitaires, parfois en petites grappes, les grosses fleurs, doubles, ressemblant à des fleurs de pivoine, sont roses à reflets rose pâle. Elles ont un parfum très prononcé de roses anciennes. La floraison est bien répétée de la fin du printemps au début de l'automne.
- **Culture :** voir la culture des rosiers de David Austin.
- **Au jardin :** idéal en association dans les plates-bandes, en massif ou en isolé ; on le cultive aussi pour les fleurs coupées.

Rosier 'Smarty'
Rosa hybrida 'Smarty'
Zone 5b

Introduit par Ilsink (Pays-Bas) en 1979, ce rosier fait partie de la classe des rosiers arbustes modernes. Il porte aussi le nom de Rosa *'INTersmart'. Il est malheureusement rare chez les rosiéristes.*

- **Port :** ce couvre-sol vigoureux a des tiges rampantes, très nombreuses, portant de nombreux petits aiguillons, qui s'étalent sur 1,50 m et qui s'élèvent sur 1,00 m. Le feuillage, vert vif, mat, offre une bonne résistance aux maladies, mais est parfois sensible à la maladie des taches noires.
- **Fleurs :** réunies en grappes, les fleurs simples, en forme de coupe, sont rose pâle, puis deviennent encore plus pâle à pleine éclosion. Le parfum léger est suave et fruité. La floraison est très abondante au printemps, puis est un peu répétée au cours de l'été.
- **Culture :** voir la culture des rosiers arbustes modernes.
- **Au jardin :** ce couvre-sol, idéal pour les endroits difficiles, est généralement planté en massif, parfois dans les plates-bandes.

Rosier 'Snow Pavement'
Rosa rugosa 'Snow Pavement'
Zone 3b

Ce rosier hybride de Rosa rugosa *a été introduit par Baum (Allemagne) en 1984. Son nom original est* Rosa 'Schneekoppe'. *Il est assez commun sur le marché.*

Port : ce rosier bas, aux tiges courtes, plus ou moins érigées, très épineuses, forme un rosier couvre-sol de 80 cm de haut sur 1,20 m de large. Le feuillage dense, vert foncé, gaufré, semi-lustré, présente une bonne résistance aux maladies.

Fleurs : réunies en grappes, les fleurs, semi-doubles à doubles, sont blanches avec des reflets lavande, plus ou moins prononcés, et des étamines jaunes. Elles sont très parfumées. La floraison s'épanouit à la fin du printemps, puis est un peu répétée par la suite. Les grands fruits rouges mûrissent à l'automne.

Culture : voir la culture des *Rosa rugosa.*

Au jardin : on le plante comme couvre-sol, sur les talus, en massif ; mais aussi en combinaison dans les plates-bandes.

Rosier 'Soupert et Notting'
Rosa centifolia muscosa
'Soupert et Notting'
Zone 5b

Ce rosier, qui fait partie du groupe des Rosa centifolia muscosa, *a été introduit par Pernet (France) en 1874. Il n'est vendu que chez les producteurs spécialisés.*

Port : ce rosier compact, aux rameaux grêles, peu épineux, portant une fine mousse olivâtre, forme un arbuste de 1,00 m sur 60 cm. Son feuillage fin, vert cendré, résiste assez bien aux maladies, mais est parfois sensible à l'oïdium à la fin de la saison.

Fleurs : regroupés en petits bouquets, les boutons, légèrement mousseux, ouvrent sur des fleurs qui sont très doubles, en forme de coupe, puis plates, rose vif au bord et au dessous des pétales plus clair. Le parfum est agréable. La floraison éclôt à la fin du printemps, puis quelques fleurs s'ouvrent à l'automne.

Culture : voir la culture des *Rosa centifolia muscosa.*

Au jardin : on l'emploie dans les petits jardins, en association dans les plates-bandes, en massif ou en isolé.

Rosier 'Spencer'
Rosa hybrida 'Spencer'
Zone 5b

Ce rosier hybride perpétuel a été introduit par Paul (Royaume-Uni) en 1892. Il est plutôt rare, même chez les rosiéristes.

Port : ce rosier, aux tiges longues, fermes, épineuses, forme un buisson qui monte à 1,50 m et qui s'étend sur 90 cm. Le feuillage vert foncé, satiné, est sensible à l'oïdium.

Rosier 'Sparrieshoop'
Rosa hybrida 'Sparrieshoop'
Zone 5b

L'introduction par Kordes (Allemagne) de ce rosier arbuste moderne date de 1953. Il est assez facile à se procurer chez les rosiéristes.

Port : cet arbuste vigoureux, aux branches arquées, lâches, forme un rosier de 1,50 m de haut sur 1,20 m de large, parfois plus. Les jeunes tiges, vert foncé teinté de bronze, donnent naissance à un feuillage vert sombre, lustré, épais. Généralement résistantes aux maladies, les feuilles de ce rosier sont sensibles à l'oïdium.

Fleurs : regroupées en grappes, les grandes fleurs, simples à semi-doubles, sont roses avec un cœur plus pâle et des étamines jaunes, voyantes. Elles sont très parfumées. Après une importante floraison à la fin du printemps, quelques grappes de fleurs éclosent jusqu'au début de l'été.

Culture : voir la culture des rosiers arbustes modernes. Les tiges étant parfois flexibles, elles peuvent nécessiter un tuteur, à moins qu'on ne les palisse sur un support.

Au jardin : on le marie à d'autres plantes dans les plates-bandes.

Fleurs : solitaires, les fleurs, plates à pleine ouverture, sont très doubles, roses avec des reflets blancs au revers. Elles laissent émaner un très fort parfum. La floraison s'épanouit à la fin du printemps, puis quelques fleurs apparaissent au cours de l'été.

Culture : voir la culture des rosiers hybrides perpétuels. Par temps pluvieux au moment de la floraison, les boutons peuvent pourrir.

Au jardin : on l'installe dans les plates-bandes, en massif, en haie ou pour les fleurs coupées.

Rosier 'Stanwell Perpetual'
Rosa pimpinellifolia 'Stanwell Perpetual'
Zone 4b

Rosier 'Square Dancer'
Rosa hybrida 'Square Dancer'
Zone 4b

Introduit par Buck (États-Unis) en 1973, ce rosier est rattaché à la classe des rosiers arbustes modernes. Il est malheureusement plutôt rare sur le marché.

Port : ce rosier vigoureux, érigé, forme un buisson de 1,20 m de haut sur 90 cm de large. Son feuillage, vert et coriace, résiste bien aux maladies.

Ce rosier appartient à la catégorie des rosiers hybrides de Rosa pimpinellifolia. *Son introduction par Lee (Royaume-Uni) date de 1838. Sa mise en marché est assez bonne chez les rosiéristes.*

Port : cet arbuste érigé, vigoureux, à croissance rapide, a des tiges arquées, très épineuses. Il atteint 1,20 m de haut sur autant de large. Le feuillage, vert foncé à reflets grisâtres, présente une bonne résistance aux maladies.

Fleurs : seules ou en petites grappes, en forme de coupe, les fleurs doubles, qui sont rose pâle, tournent au blanc à pleine ouverture. Elles sont bien parfumées. La floraison s'ouvre à la fin du printemps, puis quelques fleurs éclosent durant la belle saison. Des fruits marron apparaissent à l'automne.

Fleurs : réunies en grappes, les grandes fleurs, en forme de coupe, sont doubles, rose foncé et agréablement parfumées. Ce rosier fleurit à la fin du printemps, puis de manière bien répétée au cours de l'été.

Culture : voir la culture des rosiers du Dr Buck.

Au jardin : on le combine, en massif ou en isolé, à d'autres plantes dans les plates-bandes ; ou il peut aussi servir pour les fleurs coupées.

Culture : voir la culture des *Rosa pimpinellifolia*. Il ne faut pas tailler avant la floraison, car les fleurs apparaissent sur le bois de l'année précédente.

Au jardin : on le plante en massif ou dans les plates-bandes.

Rosier 'Suaveolens'
Rosa alba 'Suaveolens'
Zone 4b

D'origine inconnue, ce Rosa alba *a été introduit en culture vers 1750. Il porte aussi les noms de* Rosa alba suaveolens *et de* Rosa *'Alba Suaveolens'. Il diffère assez peu de* Rosa alba semi-plena *avec lequel il est souvent confondu. Il est plus ou moins facile à se procurer chez les rosiéristes.*

Port : ce grand arbuste (H. : 2,50 m. L. : 1,50 m), au port lâche, a des tiges épineuses qui retombent à leur extrémité. Le feuillage gris vert est plutôt sensible aux maladies.

Fleurs : réunies en petites grappes, les fleurs, en forme de coupe, sont grandes, semi-doubles à doubles, blanc crème en boutons, mais blanc pur à pleine ouverture. Elles répandent un très fort parfum. C'est au début du printemps que s'ouvre la floraison.
Culture : voir la culture des *Rosa alba*.
Au jardin : on l'incorpore dans les plates-bandes, ou on le plante en massif ou comme haie.

Rosier 'Summer Wind'
Rosa hybrida 'Summer Wind'
Zone 4b

Ce rosier arbuste moderne a été introduit par Buck (États-Unis) en 1975. Il est plus ou moins facile à se procurer chez les rosiéristes.

Port : ce rosier compact a la forme d'un monticule de 90 cm de diamètre. Le feuillage, vert foncé et coriace, a une bonne résistance aux maladies.
Fleurs : seules ou en petites grappes, les fleurs simples, plates, parfois semi-doubles, sont rose orangé avec un petit cœur blanc et des étamines jaunes. Le parfum, moyennement épicé, exhale une odeur de clou de girofle. La floraison éclôt à la fin du printemps, puis est bien répétée au cours de l'été.
Culture : voir la culture des rosiers du Dr Buck.
Au jardin : on l'emploie en combinaison dans les plates-bandes, en massif ou en isolé.

Rosier 'Suzanne'
Rosa pimpinellifolia 'Suzanne'
Zone 4b

Ce rosier fait partie de la catégorie des rosiers hybrides de Rosa pimpinellifolia. Il a été introduit à Dropmore au Manitoba en 1950 par Frank L. Skinner. Il a servi pour l'hybridation d'un très grand nombre de rosiers de la série Explorateur. Aujourd'hui il est difficile à se procurer sur le marché.

Rosier 'Swan'
Rosa hybrida 'Swan'
Zone 5b

Ce rosier arbuste moderne a été introduit par Austin (Royaume-Uni) en 1987. Il a été enregistré sous le nom de Rosa 'AUSwhite'. Il est assez facile à se procurer chez les rosiéristes.

Port : ce rosier érigé, vigoureux, forme un buisson de 1,50 m de haut sur 90 cm de large. Ses tiges sont peu épineuses. Ses feuilles de grandes dimensions sont vert foncé, lustrées. Le feuillage est généralement résistant aux maladies, mais est légèrement sensible à la rouille.

Fleurs : solitaires ou en grappes, les grandes fleurs, plates, sont doubles, blanches avec des reflets chamois. Elles embaument l'air d'un léger parfum fruité. La floraison dure de la fin du printemps au début de l'automne. Les périodes de pluie prolongées tachent les fleurs.

Culture : voir la culture des rosiers de David Austin.

Au jardin : on le plante, en petit groupe ou en isolé, dans les plates-bandes où on peut y prélever des fleurs coupées.

Port : cet arbuste vigoureux, au port érigé, a des branches arquées à leur extrémité. Il atteint 1,20 m de haut sur autant de large. Les petites feuilles, vert foncé, mates, ont une assez bonne résistance aux maladies.

Fleurs : réunies en grappes, les fleurs, en forme de coupe, sont très doubles, rose corail pâle, peu parfumées. La floraison naît à la fin du printemps, puis de façon bien répétée en été. Les fruits, d'abord rouges, deviennent marron à l'automne.

Culture : voir la culture des *Rosa pimpinellifolia*.

Au jardin : il entre dans la combinaison des plates-bandes.

Rosier 'Sweet Juliet'
Rosa hybrida 'Sweet Juliet'
Zone 5b

Enregistré sous le nom de Rosa *'AUSleap', ce rosier arbuste moderne a été introduit par Austin (Royaume-Uni) en 1989. Il est assez facile à se procurer chez les rosiéristes.*

Port : ce buisson érigé atteint 1,20 m de haut et s'étend sur 90 cm. Ses tiges sont plutôt épineuses. Le feuillage, vert clair aux reflets brunâtres, semi-lustré, est parfois sensible à l'oïdium.

Fleurs : réunies en petites grappes, les fleurs plutôt petites, en forme de coupe, sont très doubles. Elles ont différents tons d'abricot, de pêche, d'orange et de cuivre suivant le stade de floraison. Leur parfum intense rappelle celui de la rose thé. La floraison se prolonge de la fin du printemps au début de l'automne.

Culture : voir la culture des rosiers de David Austin. Ce rosier peut prendre du temps avant de donner son plein potentiel.

Au jardin : on l'incorpore, en massif ou en isolé, dans les plates-bandes où on l'utilise aussi pour les fleurs coupées.

Rosier 'Sympathie'
Rosa hybrida 'Sympathie'
Zone 5b

Ce rosier sarmenteux est rattaché à la catégorie des rosiers hybrides de Rosa kordesii. *Il a été introduit par Kordes (Allemagne) en 1964. Il est aussi cultivé sous le nom de* Rosa *'Sympathy'. Sur le marché, il est assez facile de se le procurer.*

Port : ce rosier, aux longues tiges sarmenteuses, flexibles, monte à 3,50 m et s'étale sur 3,00 m. Le feuillage, vert foncé, lustré, offre une bonne résistance aux maladies.

Fleurs : réunies en grappes, les fleurs, qui ressemblent à celles des hybrides de thé, s'ouvrent en coupe. Elles sont doubles, rouge sang et légèrement parfumées. La floraison a lieu à la fin du printemps, puis est un peu répétée en été. Elle résiste bien à la pluie et au vent.

Culture : voir la culture des *Rosa kordesii*. Une protection hivernale est nécessaire.

Au jardin : on l'emploie sur un support, un treillis ou une pergola, mais aussi comme couvre-sol.

Rosier 'Symphony'
Rosa hybrida 'Symphony'
Zone 5b

Enregistré sous le nom de Rosa 'AUSlett', aussi connu sous les noms de Rosa 'Allux Symphony' et de Rosa 'Symphonie', ce rosier arbuste moderne a été introduit par Austin (Royaume-Uni) en 1986. Il est assez facile à se procurer sur le marché.

Port : ce buisson est érigé et large (H. : 1,20 m. L. : 90 cm). Son feuillage est dense, vert, brillant.

Fleurs : regroupés en bouquets, les boutons, teintés de rouge, donnent des fleurs de grandeur moyenne, très doubles, jaune pâle pur, pâlissant au rosé à l'éclosion. Elles sont bien parfumées. Elles redoutent les étés trop humides et pluvieux. La floraison s'étire de la fin du printemps au début de l'automne.

Culture : voir la culture des rosiers de David Austin.

Au jardin : on l'incorpore dans les plates-bandes, en massif ou en isolé ; ou encore on l'utilise pour les fleurs coupées.

Rosier 'Tamora'
Rosa hybrida 'Tamora'
Zone 5b

Introduit par Austin (Royaume-Uni) en 1983, ce rosier arbuste moderne porte aussi le nom de Rosa 'AUStamora'. Il est vendu par les rosiéristes.

Port : ce petit rosier buisson est érigé et compact. Il atteint 1,00 m de haut et 75 cm de large. Les tiges, brun très foncé, portent quelques aiguillons rougeâtres. Les jeunes pousses bronze donnent naissance à des feuilles vert foncé, légèrement rugueuses, semi-lustrées. Elles ont une très bonne résistance aux maladies.

Fleurs : réunies en petites grappes, les fleurs, en forme de coupe profonde, très doubles, sont abricot avec des reflets cuivre. Elles laissent émaner un très fort parfum de myrrhe. La floraison s'épanouit de la fin du printemps au début de l'automne.

Culture : voir la culture des rosiers de David Austin.

Au jardin : on le plante en association dans les plates-bandes, en massif ou en isolé ; ou encore pour les fleurs coupées.

Rosier 'The Alexandra Rose'
Rosa hybrida 'The Alexandra Rose'
Zone 5b

L'introduction de ce rosier arbuste moderne par Austin (Royaume-Uni) date de 1992. Il porte aussi les noms de Rosa 'AUSday', de Rosa 'Alexandra Rose' et de Rosa 'Alexander Rose'. Il faut se le procurer chez les rosiéristes.

Port: ce buisson robuste, érigé, vigoureux, a de longues tiges vertes, peu épineuses, qui s'arquent parfois au bout. Il prend donc la forme d'un rosier de 1,20 m de haut sur 1,10 m de large. Le feuillage vert grisâtre, semi-lustré, résiste bien aux maladies.

Fleurs: réunies en grappes, produites en abondance, les petites fleurs sont simples, rose cuivre avec un centre jaune pâle et des étamines jaune d'or, voyantes. Leur parfum est léger. La floraison est continue de la fin du printemps au début de l'automne. Certaines années, les fruits sont nombreux.

Culture: voir la culture des rosiers de David Austin. Ce cultivar peut prendre du temps pour donner tout son potentiel.

Au jardin: on l'emploie en combinaison dans les plates-bandes, en massif ou en isolé; ou encore pour les fleurs coupées.

Rosier 'The Bishop'
Rosa centifolia 'The Bishop'
Zone 4b

Ce rosier fait partie du groupe des Rosa centifolia. Son introduction en France a été faite vers 1790. Il porte aussi les noms de Rosa 'Le Rosier Évêque' et de Rosa 'Bishop'. Sur le marché, il est assez facile de se le procurer chez les rosiéristes.

Port: cet arbuste, érigé et touffu, aux tiges très épineuses, forme un rosier compact de 1,20 m de hauteur sur 90 cm de largeur. Son feuillage, vert foncé, semi-mat, présente une bonne résistance aux maladies.

Fleurs: réunis en grappes, les boutons rose foncé forment des rosettes plates, très doubles, magenta, cerise et pourpre, donnant à distance une impression de violet pur. La couleur varie selon le stade de floraison. Les fleurs sont agréablement parfumées. Sa floraison, une des plus hâtives du groupe, éclôt au milieu du printemps.

Culture: voir la culture des *Rosa centifolia*.

Au jardin: on le plante dans les plates-bandes, en massif, en haie ou sur les talus.

Rosier 'The Dark Lady'
Rosa hybrida 'The Dark Lady'
Zone 5b

Ce rosier, de la catégorie des rosiers arbustes modernes, a été introduit en 1991 par Austin (Royaume-Uni). Il est vendu par les rosié-ristes sous les noms de Rosa 'AUSbloom' et de Rosa 'Dark Lady'.

Port : ce buisson érigé, compact, forme un rosier de 1,20 m de haut sur autant de large. Les tiges portent de nombreux petits aiguillons. Le feuillage, vert foncé, satiné, est parfois sensible à l'oïdium et à la rouille.

Fleurs : solitaires ou en petites grappes, les grandes fleurs, en forme de coupe, très doubles, sont bien remplies. Elles ressemblent à des pivoines et sont rouge cramoisi foncé. Les couleurs peuvent être différentes suivant le climat. Elles sont généralement plus foncées en climat frais. Très parfumées, elles exhalent une odeur de vieille rose. La floraison se prolonge de la fin du printemps au début de l'automne.

Culture : voir la culture des rosiers de David Austin. Ce cultivar peut prendre du temps pour donner tout son potentiel.

Au jardin : on l'intègre dans les plates-bandes, en massif ou en isolé ; ou il peut être utilisé pour les fleurs coupées.

Rosier 'The Herbalist'
Rosa hybrida 'The Herbalist'
Zone 5b

Enregistré sous le nom de Rosa 'AUSsemi', ce rosier arbuste moderne, hybridé par Austin (Royaume-Uni), a été introduit en 1991. Il est vendu par les rosiéristes.

Port : ce buisson érigé, large, compact, forme un monticule de 90 cm de diamètre. Les tiges vertes portent de nombreux aiguillons rougeâtres. Les jeunes pousses, vert pâle, donnent un feuillage vert foncé qui résiste bien aux maladies.

Fleurs : réunies en petites grappes, les fleurs semi-doubles, aux pétales ondulés, varient du rouge foncé au rose, en passant par le rouge cerise pâle. Le dessous des pétales est rose et les étamines sont jaunes, très voyantes. Elles dégagent un léger parfum de roses anciennes. La floraison s'étend de la fin du printemps au début de l'automne.

Culture : voir la culture des rosiers de David Austin. Ce cultivar peut prendre du temps pour donner tout son potentiel.

Au jardin : on le combine, en massif ou en isolé, à d'autres plantes dans les plates-bandes ; ou encore on le cultive pour les fleurs coupées.

Rosier 'The Pilgrim'
Rosa hybrida 'The Pilgrim'
Zone 5b

C'est à Austin (Royaume-Uni) que l'on doit l'introduction de ce rosier arbuste moderne. C'est en 1991 qu'il a été enregistré sous le nom de Rosa 'AUSwalker'. Il est vendu chez les rosiéristes.

Port : ce rosier, au port érigé, étroit, aux tiges vert clair et aux aiguillons verts, forme un buisson de 1,00 m de haut sur 90 cm de large. Son feuillage vert foncé, lustré, offre une bonne résistance aux maladies, mais est parfois sensible à l'oïdium.

Fleurs : réunis en grosses grappes, les boutons, jaune rougeâtre, donnent des fleurs très doubles, en forme de coupe au dessus plat. Le centre des fleurs, jaune clair, tourne au jaune crème vers l'extérieur. La couleur est moins prononcée, elle tourne au blanc, si la plante est exposée à de grandes chaleurs ou à un fort soleil. Les fleurs répandent un fin parfum d'épices et de rose thé. La floraison s'étire de la fin du printemps au début de l'automne.

Culture : voir la culture des rosiers de David Austin. Ce cultivar peut prendre du temps pour donner tout son potentiel.

Au jardin : on le marie, en massif ou en isolé, à d'autres plantes dans les plates-bandes ; ou encore on le plante pour les fleurs coupées.

Rosier 'The Nun'
Rosa hybrida 'The Nun'
Zone 5b

L'introduction par Austin (Royaume-Uni) de ce rosier date de 1987. C'est un rosier arbuste moderne qui a été enregistré sous le nom de Rosa 'AUSnun'. Il est vendu chez les rosiéristes.

Port : ce rosier, érigé et lâche, forme un buisson qui monte à 1,20 m et qui s'étend sur 90 cm. Les tiges vertes portent des aiguillons rouges. Le feuillage vert foncé présente généralement une bonne résistance aux maladies, mais est parfois sensible à l'oïdium.

Fleurs : réunies en grappes, les fleurs de dimensions moyennes, en forme de coupe profonde, sont semi-doubles, blanc crème à blanc pur avec des étamines jaune d'or. Elles embaument la myrrhe et le miel. La floraison se prolonge de la fin du printemps au début de l'automne. Des fruits décoratifs suivent en automne.

Culture : voir la culture des rosiers de David Austin. Ce cultivar peut prendre du temps pour donner tout son potentiel.

Au jardin : on le plante, en massif ou en isolé, en combinaison dans les plates-bandes ; ou encore pour les fleurs coupées.

Rosier 'Thérèse Bugnet'
Rosa rugosa 'Thérèse Bugnet'
Zone 2b

Ce rosier appartient au groupe des rosiers hybrides de Rosa rugosa. Il a été introduit en 1950 par George Bugnet de Legal en Alberta. Il est largement vendu sur le marché.

Port : ce grand arbuste (H. : 2,00 m. L. : 1,20 m) a des tiges érigées, rougeâtres, très épineuses. Les longues folioles, vert gris, gaufrées, rouges à l'automne, sont très résistantes à la maladie des taches noires, mais sensibles à l'oïdium.

Fleurs : réunies en grappes, les fleurs doubles sont rouge clair, puis tournent au rose. Elles sont très parfumées. La floraison éclôt longtemps à la fin du printemps, puis est un peu répétée au cours de l'été.

Culture : voir la culture des *Rosa rugosa*.

Au jardin : on le plante en massif, dans les plates-bandes ou comme haie.

Rosier 'The Reeve'
Rosa hybrida 'The Reeve'
Zone 5b

Ce rosier arbuste moderne, enregistré sous le nom de Rosa 'AUSreeve', a été introduit par Austin (Royaume-Uni) en 1979. Il est vendu chez les rosiéristes.

Port : ce rosier érigé, dont les tiges brunes qui portent de nombreux petits aiguillons rouges sont arquées à leur extrémité, forme un buisson rond, haut de 1,20 m et large de 1,00 m. Les jeunes pousses bronze donnent des feuilles vert foncé qui sont parfois sensibles à l'oïdium et à la maladie des taches noires.

Fleurs : réunis en grappes, les boutons rouges à rose foncé, donnent des fleurs, en forme de coupe, doubles, aux pétales incurvés, rose foncé, aux étamines jaune et rouge. C'est un des rosiers de David Austin les plus parfumés. Il exhale un parfum de musc et de rose ancienne.

Culture : voir la culture des rosiers de David Austin.

Au jardin : on l'emploie en association dans les plates-bandes, en massif ou en isolé ; ou encore pour les fleurs coupées.

Rosier 'Topaz Jewel'
Rosa rugosa 'Topaz Jewel'
Zone 4b

On doit ce rosier hybride de Rosa rugosa, introduit en 1987, à Moore (États-Unis). Il porte de nombreux autres noms : Rosa 'MORyelrug', Rosa 'Yellow Dagmar Hastrup', Rosa 'Yellow Fru Dagmar Hartopp', Rosa 'Rustica '91' et Rosa 'Gelbe Dagmar Hastrup'. Il est assez facile à se procurer sur le marché.

Port : cet arbuste érigé, au port large, monte à 1,25 m et s'étend sur 1,50 m. Ses tiges sont très épineuses. Le feuillage, vert clair, satiné, est sensible à la maladie des taches noires.

Fleurs : réunies en grappes, les fleurs, plates à pleine ouverture, sont doubles, jaunes, tournant au jaune crème, avec un parfum fruité. La floraison éclôt à la fin du printemps, puis est un peu répétée durant la belle saison.

Culture : voir la culture des *Rosa rugosa*.

Au jardin : on l'utilise aussi bien en massif que dans les plates-bandes ou que pour confectionner une haie.

Rosier 'Tour de Malakoff'
Rosa centifolia 'Tour de Malakoff'
Zone 4b

Introduit par Soupert et Notting (Luxembourg) vers 1856, ce rosier est rattaché à la catégorie des rosiers centfeuilles (Rosa centifolia). Il est parfois regroupé avec les rosiers hybrides de Rosa chinensis. Sur le marché, il est vendu par les rosiéristes.

Port : ce grand arbuste érigé (H. : 1,50 m. L. : 1,00 m) a un port lâche et des tiges grisâtres, souples, peu épineuses. Le feuillage vert foncé, semi-mat, présente générale-ment une bonne résistance aux maladies, mais est parfois sensible à l'oïdium et à la maladie des taches noires.

Fleurs : réunies en grappes, les grandes fleurs d'abord en forme de coupe, puis plates, sont doubles. Elles présentent des tons changeants de magenta vibrant avec des reflets pourpres virant au lilas. Elles laissent émaner un très fort parfum. C'est un des rosiers les plus hâtifs de ce groupe. Il fleurit tôt à la fin du printemps.

Culture : voir la culture des *Rosa centifolia*. Il demande parfois d'être tuteuré.

Au jardin : on le plante en combinaison dans les plates-bandes, en massif ou comme haie.

Rosier 'Tradescant'
Rosa hybrida 'Tradescant'
Zone 5b

Hybridé par Austin (Royaume-Uni), ce rosier arbuste moderne a été introduit en 1993. Son nom d'enregistrement est Rosa 'AUSdir'. Il est assez largement vendu chez les rosiéristes.

Port : ce buisson compact, aux tiges épineuses, atteint 90 cm de haut sur autant de large. Ses jeunes pousses, vert foncé avec des reflets rougeâtres, donnent naissance à de grandes feuilles vertes, qui ont une très bonne résistance aux maladies.

Fleurs : des boutons rouge noir, réunis en grappes, éclosent des fleurs très doubles, rouge velouté avec des reflets noirs. Leur fort parfum de roses anciennes est très agréable. La floraison a d'abord lieu à la fin du printemps, puis est bien répétée au cours de l'été.

Culture : voir la culture des rosiers de David Austin.

Au jardin : que ce soit en massif ou en isolé, il entre dans la composition des plates-bandes ; ou il peut être cultivé pour les fleurs coupées.

Rosier 'Troilus'
Rosa hybrida 'Troilus'
Zone 5b

L'introduction de ce rosier arbuste moderne date de 1983. Il a été hybridé par Austin (Royaume-Uni), qui l'a enregistré sous le nom de Rosa 'AUSoil'. Il est plus ou moins vendu chez les rosiéristes.

Port : ce rosier érigé forme un buisson de 1,20 m de haut sur 90 cm de large. Les tiges portent des aiguillons rouges, peu nombreux. Les grandes feuilles, vertes, mates, sont sensibles à l'oïdium, à la rouille et à la maladie des taches noires.

Fleurs : réunies en grosses grappes, les fleurs de moyennes dimensions, en forme de coupe, sont très doubles et ont les pétales disposés en quartiers. Elles sont crème et miel, teintées de traces d'abricot et exhalent un agréable parfum de miel et de myrrhe. La floraison, qui éclôt à la fin du printemps, est bien répétée en été.

Culture : voir la culture des rosiers de David Austin. Ce rosier, qui préfère les climats chauds et secs, demande beaucoup de soins.

Au jardin : on le plante en association dans les plates-bandes et pour les fleurs coupées.

Rosier 'Turbo'
Rosa rugosa 'Turbo'
Zone 3a

Ce rosier, qui fait partie du groupe des rosiers hybrides de Rosa rugosa, *a été introduit par Meilland (France) en 1994. Il porte aussi les noms de* Rosa *'MEIrozrug', de* Rosa *'Turbo Meidiland' et de* Rosa *'Turbo Rugostar'. Il est assez commun chez les rosiéristes.*

Port : cet arbuste, aux tiges érigées, très épineuses, atteint 1,50 m de haut sur 1,20 m de large. Ses petites feuilles vert clair, satinées, rugueuses, ont une bonne résistance aux maladies.

Fleurs : les fleurs de moyennes dimensions, réunies en grappes, ont une forme de coupe large. Elles sont semi-doubles à doubles, rose fuchsia avec des plages de blanc au centre de la fleur et des étamines jaune d'or. Leur parfum est léger. La floraison a lieu à la fin du printemps et elle est plus ou moins continue par la suite.

Culture : voir la culture des *Rosa rugosa*.

Au jardin : on l'emploie en association dans les plates-bandes, en massif ou en isolé ; ou encore comme haie.

Rosier 'Tuscany'
Rosa gallica 'Tuscany'
Zone 3b

Ce rosier, un des plus anciennement cultivés, de la catégorie des rosiers hybrides de Rosa gallica, *a été introduit, possiblement en Italie, vers 1596. On le trouve aussi sous les noms de* Rosa *'Black Tuscany', de* Rosa *'Old Velvet Rose' et de* Rosa *'The Old Velvet Rose'. Il est plutôt rare chez les rosiéristes.*

Port : cet arbuste, aux tiges épineuses, prend la forme d'un buisson dense de 1,00 m de haut sur autant de large. Le feuillage vert foncé, mat, est sensible à la maladie des taches noires.

Fleurs : réunies en grappes, les fleurs semi-doubles, aux pétales à la texture veloutée, sont rouge vin foncé avec des reflets noirâtres et des étamines jaunes. Le parfum est intense. La floraison éclôt à la fin du printemps et au début de l'été.

Culture : voir la culture des *Rosa gallica*. Cette plante a avantage à être plantée au plein soleil, car sa couleur y est alors plus prononcée.

Au jardin : on l'incorpore dans les plates-bandes où on peut l'utiliser pour les fleurs coupées.

Rosier 'Vanity'
Rosa hybrida 'Vanity'
Zone 5b

Ce rosier hybride musqué (Rosa moschata) a été introduit en 1920 par Pemberton (Royaume-Uni). Il est vendu chez les rosiéristes.

Port : ce rosier, vigoureux, a des tiges peu épineuses, souples, arquées. Il forme un arbuste de 1,80 m en tout sens. Son feuillage peu dense, clairsemé, est fait de feuilles épaisses, lustrées, vert foncé, qui ont une bonne résistance aux maladies.

Fleurs : réunies en grosses grappes, les fleurs, simples à semi-doubles, en forme de coupe, sont rose cerise avec des étamines jaunes. Elles laissent exhaler un intense parfum de freesia. La floraison principale éclôt au début de l'été, puis des floraisons secondaires s'épanouissent sporadiquement jusqu'à l'automne.

Culture : voir la culture des *Rosa moschata*.

Au jardin : on utilise ce rosier, en massif ou en isolé dans les plates-bandes.

Rosier 'Tuscany Superb'
Rosa gallica 'Tuscany Superb'
Zone 3b

Du groupe des rosiers hybrides de Rosa gallica, ce rosier a été introduit par Rivers (Royaume-Uni) en 1848. Il s'agit en fait d'un hybride, possiblement naturel, de Rosa gallica 'Tuscany'. Il porte aussi les noms de Rosa 'Superb Tuscany' et de Rosa 'Super Tuscan'. Il est plutôt rare chez les rosiéristes.

Port : cet arbuste dense, aux tiges épineuses, est plus vigoureux que *Rosa gallica* 'Tuscany'. Il forme un buisson de 1,20 m de haut sur 1,00 m de large. Le feuillage vert foncé, mat, est sensible à la maladie des taches noires.

Fleurs : très semblables à *Rosa gallica* 'Tuscany', les fleurs en diffèrent par leurs dimensions plus importantes, leur couleur plus pourpre foncé et leurs étamines jaunes, moins nombreuses. Le parfum est plus léger. La floraison s'épanouit à la fin du printemps et au début de l'été.

Culture : voir la culture des *Rosa gallica*. Cette plante a avantage à être plantée au plein soleil, car sa couleur y est plus prononcée.

Au jardin : on l'installe en combinaison dans les plates-bandes et pour les fleurs coupées.

Rosier 'Veilchenblau'
Rosa hybrida 'Veilchenblau'
Zone 5a

Ce rosier, qui prend la forme d'un rosier grimpant liane, appartient au groupe des rosiers hybrides de Rosa multiflora. *Il a été introduit par Schmidt (Allemagne) en 1909. Il porte aussi les noms de* Rosa 'Blue Rambler', *de* Rosa 'Blue Rosalie' et de Rosa 'Violet Blue'. *Il est plutôt commun chez les rosiéristes.*

Port : ce rosier sarmenteux a de longues tiges semi-érigées qui montent à 3,00 m et peuvent s'étendre sur 2,00 m. Les rameaux verts sont peu épineux. Le feuillage vert pomme, lustré, offre une bonne résistance aux maladies.

Fleurs : regroupées en gros bouquets, les petites fleurs, en forme de coupe, sont semi-doubles, violet vif, marquées de blanc au centre avec des étamines jaunes, voyantes. À pleine éclosion, les fleurs tournent au lilas. Le parfum léger sent la pomme verte. La floraison a lieu à la fin du printemps. Elle est suivie à l'automne par des fruits orange.

Culture : ce rosier de plein soleil demande un sol plus ou moins riche (il s'adapte aux sols pauvres), meuble, est indifférent au pH, mais exige une terre fraîche et bien drainée. Une protection hivernale est nécessaire.

Au jardin : on l'emploie palissé sur un support, un treillis ou une pergola ; mais aussi comme couvre-sol.

Rosier velu
Rosa villosa
Zone 3b

Cette espèce botanique a été introduite d'Asie et d'Europe. On trouve sa trace en culture à partir de 1771, mais elle a sûrement été cultivée avant cette période. Elle porte aussi les noms de Rosa pomifera, *de* Rosa hispida *ou de* Rosa 'Apple Rose'. *En français elle porte aussi le nom de rosier pomme.*

Port : ce grand arbuste touffu atteint 1,50 m de haut sur autant de large. Son bois est vert grisâtre et ses aiguillons sont raides et acérés. Le feuillage vert grisâtre, velouté, a une odeur de pomme.

Fleurs : solitaires ou réunies par trois, les fleurs simples, rose pur, en forme de coupe, ont des pétales frangés. Le parfum est léger. La floraison a lieu à la fin du printemps. Les fruits ronds, rouge orangé puis rouge foncé, ressemblent à des pommes.

Culture : ce rosier d'ombre légère s'adapte à tous les types de sols, pour autant que ceux-ci soient frais et bien drainés. Attention : les drageons peuvent devenir envahissants.

Au jardin : on le plante en massif ou en combinaison dans les plates-bandes.

Rosier versicolore
Rosa gallica versicolor
Zone 4b

Il s'agit d'une variété botanique de Rosa gallica. Certains spécialistes en font même une espèce à part entière : Rosa mundii. Elle porte de très nombreux autres noms, notamment en français où on la nomme rosier de Provins panaché. Son introduction au Royaume-Uni daterait de 1560. Ce rosier est très facile à se procurer chez les rosiéristes.

Port : cet arbuste compact (H. : 90 cm. L. : 90 cm), qui a des tiges arquées, peu épineuses, se développe par rejets. Son feuillage vert pomme, mat, est très résistant à la maladie des taches noires.

Fleurs : semi-doubles, les fleurs, plates à pleine éclosion, réunies en grappes, sont rouges avec des stries, plus ou moins larges, blanc rosé à rose pâle, et des étamines jaunes. Elles sont bien parfumées. La floraison s'épanouit à la fin du printemps ou au début de l'été. Elle est suivie par des fruits rouge clair.

Culture : voir la culture des *Rosa gallica*. Il faut éviter de trop fertiliser ce rosier, sinon les stries sur les fleurs disparaissent.

Au jardin : on l'utilise en massif ; en association dans les plates-bandes ; comme haie ou pour les fleurs coupées.

Rosier 'Warwick Castle'
Rosa hybrida 'Warwick Castle'
Zone 5b

Ce rosier arbuste moderne a été hybridé par Austin (Royaume-Uni). Son introduction, sous le nom d'enregistrement de Rosa 'AUSlian', date de 1986. Il est vendu par les rosiéristes.

Port : ce buisson bas, aux tiges lâches, presque rampantes, forme un monticule de 90 cm de diamètre. Les jeunes pousses, vert rougeâtre, donnent des feuilles vertes, parfois sensibles à l'oïdium et à la rouille.

Fleurs : réunies en grappes, les fleurs, en forme de rosette, sont très doubles, rose foncé à rose pâle et très parfumées. La floraison est répétée de la fin du printemps au début de l'automne.

Culture : voir la culture des rosiers de David Austin. Ce cultivar aime les situations chaudes.

Au jardin : idéal en association dans les plates-bandes ; on l'utilise aussi en massif, comme couvre-sol ou pour les fleurs coupées.

Rosier 'Wasagaming'
Rosa rugosa 'Wasagaming'
Zone 3b

Hybridé par Frank L. Skinner à Dropmore au Manitoba et introduit en 1939, ce rosier fait partie de la catégorie des rosiers hybrides de Rosa rugosa. Il est plus ou moins facile à se procurer chez les rosiéristes.

Port : c'est un grand arbuste (H. : 1,80 m. L. : 1,80 m), drageonnant, aux tiges érigées, très épineuses. Il a le feuillage des *Rosa rugosa* (vert foncé, gaufré) qui est légèrement sensible à la maladie des taches noires.

Fleurs : réunies en grappes, les fleurs doubles, plates à pleine ouverture, sont rose clair avec des étamines jaune d'or. Elles sont moyennement parfumées. La floraison, qui a lieu à la fin du printemps, est un peu répétée au cours de l'été.

Culture : voir la culture des *Rosa rugosa*.

Au jardin : on le marie avec d'autres plantes dans les plates-bandes.

Rosier 'Wenlock'
Rosa hybrida 'Wenlock'
Zone 5b

Ce rosier arbuste moderne, introduit par Austin (Royaume-Uni) en 1985, porte aussi le nom de Rosa 'AUSwen'. Il est vendu chez les rosiéristes.

Port : ce grand buisson vigoureux atteint 1,50 m de haut et autant de large. Ses tiges sont très épineuses. Le feuillage vert, semi-lustré, présente une bonne résistance à l'oïdium, mais est parfois sensible à la maladie des taches noires.

Fleurs : les grandes fleurs, regroupées en petites grappes, en forme de coupe, sont doubles, rouge cramoisi à pourpres. Elles dégagent un intense parfum de rosiers anciens. La floraison est bien répétée de la fin du printemps au début de l'automne.

Culture : voir la culture des rosiers de David Austin.

Au jardin : on l'intègre dans les plates-bandes, ou on le plante en massif ou en isolé, ou encore pour les fleurs coupées.

Rosier 'White Meidiland'
Rosa hybrida 'White Meidiland'
Zone 5b

Hybridé par Meilland (France), ce rosier est un arbuste moderne couvre-sol qui a été introduit en 1986. On le trouve aussi sous les noms de Rosa 'MEIcoublan', de Rosa 'Blanc Meidiland' et de Rosa 'Blanc Meillandécor'. Il est assez largement vendu sur le marché.

Port : ce rosier couvre-sol, aux tiges arquées et rampantes, s'élève sur 60 cm et se répand sur 1,20 m. Le feuillage vert foncé, luisant, est très résistant aux maladies.

Fleurs : les petites fleurs, très nombreuses, réunies en bouquets, sont doubles, blanc pur et légèrement parfumées. La floraison a lieu à la fin du printemps, puis est sporadique au cours de l'été.

Culture : voir la culture des rosiers de la série Meidiland.

Au jardin : on le plante en massif ou comme couvre-sol.

Rosier 'White Pavement'
Rosa rugosa 'White Pavement'
Zone 3b

Introduit en 1989 par Uhl (Allemagne), ce rosier est rattaché à la catégorie des rosiers hybrides de Rosa rugosa. Les noms de Rosa 'UHLensch', de Rosa 'Snow Ohl' et de Rosa 'Schnee-Eule' lui sont aussi attribués. Il est assez répandu chez les rosiéristes.

Port : cet arbuste compact, aux tiges érigées, très épineuses, forme un monticule de 1,00 m de diamètre. Le feuillage, typique des *Rosa rugosa*, offre une bonne résistance aux maladies.

Fleurs : réunies en grappes, les fleurs semi-doubles, plates à pleine ouverture, sont blanches. Elles sont agréablement parfumées. La floraison s'épanouit à la fin du printemps, puis est un peu répétée durant la belle saison. Des fruits rouges mûrissent en automne.

Culture : voir la culture des *Rosa rugosa*.

Au jardin : on utilise ce rosier comme couvre-sol, en massif, en association dans les plates-bandes ou encore comme haie basse.

Rosier 'White Rose of York'
Rosa alba 'White Rose of York'
Zone 4b

Ce rosier fait partie de la catégorie des Rosa alba. Il s'agit d'un très vieux rosier dont l'origine incertaine remonte avant 1597. C'est la célèbre rose de la Guerre des roses qui eut lieu en Angleterre au XVᵉ siècle. Il porte de nombreux noms tels: Rosa 'Bonnie Prince Charlie's Rose', Rosa 'Jacobite Rose' et Rosa 'La Rose de York'. Il s'agirait en fait d'un sport de Rosa alba maxima ou de Rosa alba semi-plena. Il est aujourd'hui assez répandu chez les rosiéristes.

Port : ce grand arbuste forme un buisson au port lâche, haut de 2,00 m et large de 1,50 m. Le feuillage dense, vert à reflets gris bleuté, est plus ou moins résistant aux maladies.

Fleurs : les grandes fleurs, semi-doubles à doubles, sont blanc immaculé, satiné avec des étamines jaune d'or. Elles sont très parfumées et servent encore à l'extraction de l'essence de rose. La floraison éclôt à la fin du printemps. Elle est suivie de fruits ovales, rouge écarlate.

Culture : voir la culture des *Rosa alba*.

Au jardin : on le plante en association dans les plates-bandes et pour les fleurs coupées.

Rosier 'Will Alderman'
Rosa rugosa 'Will Alderman'
Zone 3

Hybridé à Dropmore au Manitoba par Frank L. Skinner en 1949, ce rosier est rattaché au groupe des rosiers hybrides de Rosa rugosa. Sur le marché, il est vendu par les rosiéristes.

Port : cet arbuste, compact (H. : 1,20 m. L. : 1,20 m) pour un hybride de *Rosa rugosa*, a des tiges érigées, très épineuses. Le feuillage, vert pâle, gaufré, a généralement une bonne résistance aux maladies, mais est légèrement sensible à la maladie des taches noires. Il prend de belles couleurs jaune brillant à l'automne.

Fleurs : réunies en grappes, les fleurs semi-doubles, rose lilas, sont bien parfumées. La floraison s'épanouit à la fin du printemps, puis est un peu répétée au cours de l'été. Les fruits rouges sont ronds.

Culture : voir la culture des *Rosa rugosa*.

Au jardin : idéal dans les petits jardins, on l'utilise en massif, dans les plates-bandes ou comme haie.

Rosier 'William Baffin'
Rosa hybrida 'William Baffin'
Zone 2a

Rosier de la série Explorateur, il est rattaché au groupe des Rosa kordesii. *Il a été hybridé par Felicitas Svedja à Ottawa en Ontario et introduit en 1983 par Agriculture et Agro-alimentaire Canada. Il est très largement vendu sur le marché.*

Port : ce rosier sarmenteux a de longues tiges, très érigées, mais arquées au bout, qui sont produites à partir de la base. Souples quand elles sont jeunes, elles deviennent rigides par la suite. Très vigoureuses, elles peuvent atteindre 3,00 m de haut et s'étendre sur 1,80 m. Le feuillage vert clair, devenant plus foncé par la suite, mat, est très résistant à la maladie des taches noires et à l'oïdium.

Fleurs : réunies en grappes, les très nombreuses fleurs sont plates à pleine ouverture. Elles sont semi-doubles, rouges à rose foncé, avec des étamines jaunes. Leur parfum est léger. C'est à la fin du printemps que la floraison principale éclôt. Par la suite, quelques bouquets font leur apparition. Les fruits sont rouges.

Culture : voir la culture des *Rosa kordesii*. Cette plante peut prendre deux à trois ans avant d'atteindre son plein développement. À moins d'être dans une situation protégée des grands froids et des vents d'hiver, une protection hivernale est nécessaire. Sinon, ce rosier prend la forme d'un gros arbuste.

Au jardin : on l'utilise palissé sur un treillis, une pergola ou sur n'importe quel support.

Rosier 'William Booth'
Rosa hybrida 'William Booth'
Zone 2a

Ce rosier est une des plus récentes introductions de la série Explorateur. Elle date de 1999 et elle est due à Agriculture et Agroalimentaire Canada. On le trouve aussi sous le nom de Rosa 'AC William Booth'. Il s'agit d'un rosier arbuste moderne, très proche d'un rosier hybride de Rosa kordesii, qui est de plus en plus vendu sur le marché.

Port : ce petit rosier arbustif a un port lâche. Il atteint 1,50 m de haut sur autant de large. Les jeunes pousses, vertes, teintées de pourpre, produisent un feuillage vert à vert foncé, lustré. Celui-ci est très résistant à l'oïdium et à la maladie des taches noires.

Fleurs : regroupées en grappes, les fleurs simples sont d'abord rouge foncé, puis rouges et parfois même rouge clair. Elles portent un œil blanc et des étamines jaune d'or. Le parfum est léger. La floraison est généralement continue de la fin du printemps aux premières gelées.

Culture : voir la culture des rosiers de la série Explorateur.

Au jardin : idéal dans les plates-bandes, en massif ou en isolé ; on peut aussi l'utiliser comme un petit sarmenteux ou pour les fleurs coupées.

Rosier 'William Lobb'
Rosa centifolia muscosa 'William Lobb'
Zone 5b

Ce rosier mousse (Rosa centifolia muscosa) a été introduit en 1855 par Laffay (France). Il porte aussi les noms de Rosa 'Duchesse d'Istrie' et de Rosa 'Old Velvet Moss'. Il est assez facile à se procurer chez les rosiéristes.

Port : cet arbuste vigoureux (H. : 2,00 m. L. : 1,50 m) a de longues tiges recouvertes de mousse brunâtre. Le feuillage, gris vert sombre, rugueux, est généralement résistant aux maladies, mais est parfois sensible à la maladie des taches noires.

Fleurs : les boutons, recouverts d'une mousse vert intense, épaisse, sont réunis en grappes. Ils produisent des fleurs, semi-doubles à doubles, carmin pourpré, puis pourpre plus ou moins foncé pour devenir violets à gris lilas. Le revers est plus clair et la base extérieure plus blanche. Les étamines sont jaune d'or. Les fleurs sont très parfumées. La floraison s'épanouit à la fin du printemps.

Culture : voir la culture des *Rosa centifolia muscosa*.

Au jardin : on l'emploie en association dans les plates-bandes, en isolé ou en massif.

Rosier 'William Shakespeare'
Rosa hybrida 'William Shakespeare'
Zone 5b

Hybridé par Austin (Royaume-Uni), ce rosier arbuste moderne, enregistré sous le nom de Rosa 'AUSroyal', a été introduit en 1987. Il est vendu chez les rosiéristes.

Port : ce grand et robuste buisson se dresse à 1,20 m et s'étend sur 90 cm. Les tiges épineuses portent des aiguillons bruns. Les jeunes pousses, bronze, produisent un feuillage vert jade, satiné, sensible à la rouille et à la maladie des taches noires en climat humide.

Rosier 'William III'
Rosa pimpinellifolia 'William III'
Zone 4b

Ce rosier hybride de Rosa pimpinellifolia aurait été introduit au Royaume-Uni en 1910. Il est aujourd'hui rare chez les rosiéristes.

Port : cas particulier chez les rosiers hybrides de *Rosa pimpinellifolia*, il s'agit ici d'un arbuste dense qui forme un monticule de 90 cm de diamètre. Par contre, il est très drageonnant. Ses tiges brunes sont très épineuses. Son feuillage vert bleuté est décoratif à l'automne.

Fleurs : les petites fleurs, semi-doubles, qui sont d'abord magenta pourpre, virent au rose lilas. Le cœur est blanc et les étamines jaunes. Elles sont moyennement parfumées, aux arômes d'épices. Ce rosier fleurit à la fin du printemps. Suivent à l'automne des fruits brun chocolat.

Culture : voir la culture des *Rosa pimpinellifolia*.

Au jardin : on l'utilise en massif ou en association dans les plates-bandes.

Fleurs : réunis en grappes, les boutons rouge foncé donnent des fleurs très doubles, qui ressemblent à des pompons, rouge foncé avec des reflets encore plus foncés sur les pétales extérieurs à pleine éclosion. Elles laissent émaner un très fort parfum de rose de Damas. La floraison est bien répétée de la fin du printemps au début de l'automne.

Culture : voir la culture des rosiers de David Austin.

Au jardin : on l'emploie en association dans les plates-bandes, en massif ou en isolé ; mais aussi pour les fleurs coupées.

Rosier 'William's Double Yellow'
Rosa pimpinellifolia
'William's Double Yellow'
Zone 4b

Introduit par Williams (Royaume-Uni) en 1828, ce rosier hybride de Rosa pimpinellifolia porte aussi le nom de Rosa 'Double Yellow Scots Rose'. Il est vendu chez les rosiéristes.

Port : c'est un arbuste vigoureux, aux branches d'abord érigées, puis arquées à leur extrémité, qui drageonne vigoureusement. Son envergure est de 1,20 m de haut et 90 cm de large. Ses petites feuilles, vert foncé, forment un feuillage fin qui a une assez bonne résistance aux maladies.

Fleurs : très florifère, ce rosier se couvre de grappes de petites fleurs semi-doubles, jaune vif. Leur parfum est doux, mais intense. La floraison éclôt tôt à la fin du printemps. Les fruits sont marron à l'automne.

Culture : voir la culture des *Rosa pimpinellifolia*.

Au jardin : on plante ce rosier en massif, dans les plates-bandes ou comme haie.

Rosier 'Winchester Cathedral'
Rosa hybrida 'Winchester Cathedral'
Zone 5b

Introduit en 1988 par Austin (Royaume-Uni), c'est un rosier arbuste moderne. Il s'agit d'un sport de Rosa 'Mary Rose'. Il porte aussi le nom de Rosa 'AUScat'. Il est vendu par les rosiéristes.

Port : ce buisson vigoureux a un port érigé, large, qui prend la forme d'un rosier de 1,20 m de haut et autant de large. Le feuillage, vert foncé aux reflets bleutés, offre une très bonne résistance aux maladies.

Fleurs : solitaires ou en forme de coupe, les fleurs, très doubles, sont blanches avec parfois des lignes jaunes au centre, notamment en fin de saison ou dans les climats plus froids. Elles sont peu parfumées. La floraison est répétée de la fin du printemps au début de l'automne.

Culture : voir la culture des rosiers de David Austin.

Au jardin : on le marie, en massif ou en isolé, dans les plates-bandes où on peut prélever des fleurs coupées.

Rosier 'Winnipeg Parks'
Rosa hybrida 'Winnipeg Parks'
Zone 2b

Hybridé par Lynn M. Collicutt à Morden au Manitoba, ce rosier a été introduit par Agriculture et Agroalimentaire Canada en 1990. C'est un rosier arbuste moderne de la série Parkland qu'il est aujourd'hui très facile à se procurer.

Port : cet arbuste dense, compact, forme un petit monticule de 60 cm de haut sur autant de large. Le feuillage, vert foncé, mat, prend de beaux coloris rougeâtres à l'automne. Il a une assez bonne résistance à l'oïdium et à la maladie des taches noires.

Fleurs : regroupées en grappes, les fleurs doubles sont rose foncé à rouge clair avec des étamines jaunes. Le parfum est léger. La floraison a lieu à la fin du printemps, puis est répétée au cours de l'été.

Culture : voir la culture des rosiers de la série Parkland.

Au jardin : on intègre cette plante en combinaison dans les plates-bandes, en massif ou en isolé ; ou on la plante pour confectionner une haie ou pour les fleurs coupées.

Rosier 'Wise Portia'
Rosa hybrida 'Wise Portia'
Zone 5b

Ce rosier arbuste moderne a été introduit par Austin (Royaume-Uni) en 1982. On le nomme aussi Rosa 'AUSport'. Il est cultivé par les rosiéristes.

Port : ce rosier compact forme un buisson de 60 cm sur 60 cm. Les jeunes pousses bronze portent de petits aiguillons verts. Le feuillage vert, semi-mat, est plutôt sensible aux maladies.

Fleurs : réunis en petits bouquets, les boutons rouge cerise donnent naissance à des fleurs doubles, en forme de coupe, rouge carmin à pourpres, avec des étamines parfois visibles quand la fleur est plus ou moins ouverte. Elles exhalent un fort parfum de roses anciennes. La floraison est répétée de la fin du printemps au début de l'automne.

Culture : voir la culture des rosiers de David Austin.

Au jardin : on l'incorpore, en massif ou en isolé, dans les plates-bandes ; mais aussi on le plante pour les fleurs coupées.

Rosier 'York & Lancaster'
Rosa damascena 'York & Lancaster'
Zone 3b

Ce rosier, à l'origine inconnue, cultivé depuis très longtemps (avant 1550), est rattaché à la classe des rosiers hybrides de Rosa damascena. *On lui attribue, entre autres, les noms de* Rosa damascena variegata, *de* Rosa damascena versicolor *et de* Rosa 'York et Lancastre'. *Il est vendu chez les rosiéristes.*

Port : cet arbuste, aux branches épineuses, érigées, arquées au bout, mesure 1,50 m de haut sur 1,20 m de large. Le feuillage est vert gris clair, d'aspect cendré.

Fleurs : réunies en bouquets lâches, les fleurs sont semi-doubles à doubles, soit blanches, soit rose pâle ou encore en mélange sous forme de panachures ou de rainures. Elles sont très parfumées. La floraison a lieu au début de l'été.

Culture : voir la culture des *Rosa damascena*.

Au jardin : on cultive ce rosier en massif ou dans les plates-bandes.

Rosier 'Yellow Flower Carpet'
Rosa hybrida 'Yellow Flower Carpet'
Zone 4b

Ce rosier, qui prend la forme d'un couvre-sol, fait partie de la catégorie des rosiers arbustes modernes. Son introduction sur le marché par Noack (Allemagne) date de 1997. Il porte aussi les noms de Rosa 'NOAson', *de* Rosa 'Flower Carpet Sunshine' *et de* Rosa 'Flower Carpet Yellow'. *Il est très largement vendu.*

Port : ce rosier arbustif, aux tiges arquées qui rampent sur le sol, atteint 80 cm de haut et s'étale sur 80 cm. Son feuillage vert foncé, luisant, présente une très bonne résistance aux maladies.

Fleurs : réunies en grappes, les fleurs, semi-doubles, sont jaunes à jaune pâle, avec des étamines jaunes, voyantes. Leur parfum est léger. La floraison, qui débute à la fin du printemps, est bien répétée tout au cours de la belle saison.

Culture : voir la culture des rosiers de la série Flower Carpet.

Au jardin : ce couvre-sol est idéal en massif ou sur les talus.

Bibliographie

Austin, David. *David Austin's English Roses,* Coran Octopus, Londres, 1993 et 1997.

Beales, Peter. *Classic Roses,* Henry Holt and Company, New York (NY), 1997.

Beales, Peter *et al. Rosa, Rosea, l'encyclopédie des roses,* Könemann, Köln, 2000.

Beales, Peter. *Roses,* Henry Holt and Company, New York (NY), 1992.

Boudreau, Julie. *Guide des jardins à visiter au Québec,* Bertrand Dumont éditeur, Boucherville, 2005.

Cairns, Tommy *et al. Modern Roses XI,* Academic Press, San Diego (CA), 2000.

Catoire, Christian et Cruse, Éléonore. *Les Roses sauvages,* Études et Communications Éditions, Esparon (France), 2001.

Cruse, Éléonore et Starosta, Paul. *Roses anciennes et botaniques,* Éditions du Chêne, Paris, 1997.

Divers auteurs. *Roses – Rodale organic gardening basics,* Rodale, Emmaus (PA), 2000.

Druitt, Liz. *The Organic Rose Garden,* Taylor Publishing Company, Dallas (TX), 1996.

Dumont, Bertrand. *Les niches écologiques des arbres, arbustes et conifères,* Bertrand Dumont éditeur, Boucherville, 2005.

Harkness, Peter. *The Illustrated Encyclopedia of Roses,* Headline Book Publishing, Londres, 1993.

Harrap, David. *Roses for the Northern Gardeners,* Lone Pine Publishing, Edmonton, 1993.

Haudebourg, Marie-Thérèse. *Roses et jardins,* Hachette, Paris, 1998.

Jacob, Anny; Grimm, Hedi & Wernt et Muller, Bruno. *Roses anciennes et roses sauvages,* Éditions Eugen Ulmer, Paris, 1993.

Mather, Jan. *The Prairie Rose Garden,* Red Deer College Press, Red Deer, 1997.

Olson, Jerry et Whitman, John. *Growing Roses in Cold Climates,* Contemporary Books, Chicago, 1998.

Osborne, Robert. *Hardy Roses,* Key Porter Books, Toronto, 2001.

Phillips, Roger et Rix, Martin. *Best Rose Guide,* Firefly Books, Richmond Hill, 2004.

Phillips, Roger et Rix, Martin. *Histoire des roses,* La Maison Rustique, Paris, 1993.

Quest-Ritson, Charles & Brigid. *Encyclopedia of Roses,* Dorling Kindersley, Toronto, 2003.

Quest-Ritson, Charles. *Climbing Roses of the World,* Timber Press, Portland (OR), 2003.

Renaud, Michel. *Fleurs et jardins écologiques – L'art d'aménager des écosystèmes,* Bertrand Dumont éditeur, Boucherville, 2005.

Richer, Claude et Davidson, G. Campbell. *Rosiers rustiques – Séries Explorateur, Parkland et Prairie,* Agriculture et Agroalimentaire Canada, Ottawa, 2004.

Roseraie du Témiscouata. *La culture des rosiers,* Guérin, Montréal, 2000.

Verrier, Suzanne. *Rosa gallica, Capability's Books,* Deer Park (WI), 1995.

Verrier, Suzanne. *Rosa rugosa, Capability's Books,* Deer Park (WI), 1991.

Zuzek, Kathy; Richards, Marcia; McNamara, Steve et Pellet, Harold. *Roses for the North,* University of Minnesota, St-Paul (MN), 1995.

ADRESSES UTILES

SOCIÉTÉS HORTICOLES

Société des roses du Québec Rose Society, 31, Avenue Lorne, Saint-Lambert (Québec) J4P 2G7 (www.westcliffemarketing.com/rosequebec).

National-Roses-Canada. Fédération des sociétés de roses au Canada.
(www3.sympatico.ca/mor-pol/index.htm).

SITES INTERNET

Les roses AARS : All-America Roses Selections (www.rose.org)

Des photos de roses par milliers : (www.rosenfoto.de).

Beaucoup d'informations sur les roses : (www.HelpMeFind.com/rose).

ROSERAIE AU CANADA

Jardin botanique de Montréal, 4101, rue Sherbrooke Est, Montréal (Québec) H1X 2B2.
Tél. : (514) 872-1400. Téléc. : (514) 872-4917.
Internet : (www.ville.montreal.qc.ca/jardin).

Roseraie du Témiscouata, 81, rue Caldwell, Cabano (Québec) G0L 1E0. Tél. : (418) 854-2375. Téléc. : (418) 854-5454. Internet : (www.roseraie.qc.ca).

Royal Botanical Gardens, 680 Plains Road West, Burlington (Ontario) L7T 4H4. Tél. : 905-825-5040. Téléc. : 905-577-0375. Internet : (www.rbg.ca)

Carte des zones de rusticité

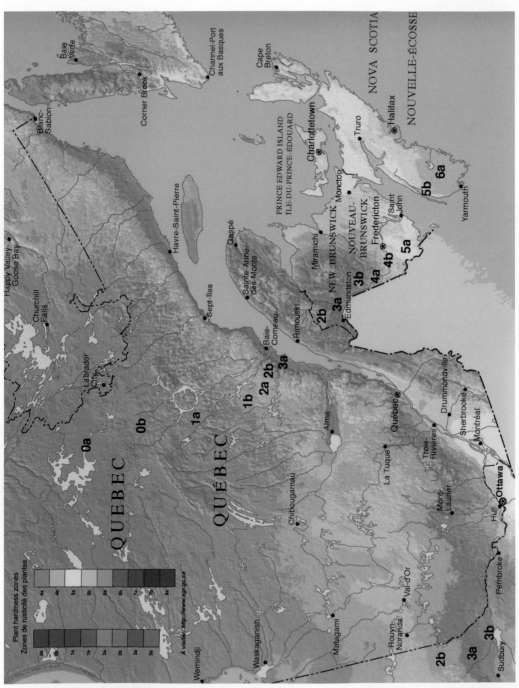

Index

PAR GROUPE OU ESPÈCE

Imprimé sur nos presses